여암 신경준의 장자

새로 발굴된 유학적 장자 읽기

이 책은 旅菴 申景濬의 『文章準則莊子選』(필사본)을 국역한 것이다.

원전총서
여암 신경준의 장자 — 새로 발굴된 유학적 장자 읽기

지은이   신경준
역주자   김남형
펴낸이   오정혜
펴낸곳   예문서원

편 집   김병훈
인 쇄   ㈜상지사 P&B
제 책   ㈜상지사 P&B

초판 1쇄   2014년 7월 25일

주   소   서울시 성북구 안암동 4가 41-10 건양빌딩 4층
출판등록   1993. 1. 7 제6-0130호
전화번호   925-5913~4 / 팩시밀리 929-2285
Homepage http://www.yemoon.com
E-mail   yemoonsw@empas.com

ISBN 978-89-7646-320-3 93150
YEMOONSEOWON #4 Gun-yang B.D. 41-10 Anamdong 4-Ga, Seongbuk-Gu Seoul KOREA 136-074
Tel) 02-925-5913~4, Fax) 02-929-2285

값 20,000원

원전총서

여암 신경준의 장자

새로 발굴된 유학적 장자 읽기

신경준 지음 ‖ 김남형 역주

예문서원

책머리에

이 책은 조선 후기의 저명한 실학자 여암旅菴 신경준申景濬(1712~1781)의 『문장준칙文章準則 장자선莊子選』에 대하여 해제하고 원문을 교감·역주한 것이다. 『문장준칙 장자선』은 신경준이 『장자』 가운데 「소요유逍遙遊」, 「제물론齊物論」, 「양생주養生註」 등 3편을 나름대로 분단하여 특정 글자의 음과 훈, 어語·구句의 뜻 등을 주석하고 각 단락의 구조와 의미에 대하여 해설한 다음, 각 편의 주제, 구조 등을 평석한 것이다. 최근 필자가 발굴하여 학계에 소개한 이 책은 불분권 1책의 필사본으로, 현재로서는 유일본인 것으로 판단된다.

유교국가였던 조선시대의 학자들은 노장사상을 이단으로 지목하여 배척하였으나 『장자』에 대한 학문적 접근이나 독서 그 자체를 문제시하지는 않았다. 이 점은 조선 초기 이래 『장자』가 여러 번 공간되었고 장자의 사상이 문학작품의 이미지원으로 작용하거나 『장자』의 특정 어·구를 용사한 시문이 조선시대 문집의 도처에서 발견된다는 사실을 통해 확인할 수 있다. 그러나 『장자』 주석서는 극히 드물어, 『장자』 전편을 주석한 주해서는 박세당朴世堂(1629~1703)의 『남화경주해산보南華經註解刪補』 외에 지금까지 알려진 것이 없다. 필자가 『문장준칙 장자선』의 국역을 시도한 것은 주석 내용이 참신한 데다가 저자가 조선 후기의 저명한 학자이기 때문이기도 하지만, 이 책의 존재 자체가 일정한 사상사적 의의를 지닐 수 있다고 판단하였기 때문이다.

필자가 처음 이 일을 시작할 때에는 원전을 알기 쉽게 의역하고 해설을 붙여 교양서로 간행할 계획이었으나, 이미 일반인들을 위한 『장자』 관련 교양도서가 여러 권 출간되어 현재 필자의 역량으로는 기존의 담론을 능가하는 해설을 한다는 것이 거의 불가능함을 깨달았다. 이에 필자는 이 책이 한국철학, 한국한문학, 한국사 등 국학 관련 전공자들이 참고자료로 활용하는 데 도움이 될 수 있도록 가능한 한 직역을 하고, 직역만으로는 의미전달이 불가능한 경우에 한하여 의역을 하였으며, 『장자』 원문은 신경준의 주해에 의거하여 국역하였다.

필자는 20대 초반에 『장자』를 처음 접한 뒤 세속적 구속으로부터의 정신적 해방을 추구하는 장자의 사상에 깊이 공감하였다. 이후 『장자』에 관심을 가지고 각종 주석서를 입수하여 주석을 대비하면서 그 뜻을 온전히 이해하기 위해 노력해 왔다. 그러나 해독이 어렵기로 정평이 나 있는 『장자』 원문과 낯선 주석에 대한 국역은 도가철학에 대한 전문적인 지식이 부족한 필자에게 참으로 힘겨운 작업이었다. 다만 기존 연구자들의 선행 업적에 힘입어 이 정도의 역주나마 가능하였다. 국역대본에 인용된 곽상郭象, 임희일林希逸 등 역대 중국 주석가들과 박세당의 주석에 대한 국역은 박헌순朴憲淳이 옮긴 『박세당의 장자 읽기』를 참고하였다. 이 자리를 빌려 감사의 뜻을 전한다. 그 밖에 『문장준칙 장자선』에 인용된 역대 중국 주석가들의 주석을 확인·교감하는 데 주로 참고한 책은 방용方勇의 『장자

찬요莊子纂要』와 진고응陳鼓應의 『장자금주금석莊子今註今釋』이다. 여러모로
부족하지만 필자의 이 역주본이 국학도들의 연구에 일정한 도움이 되기를
기대한다.

   이 책의 원고를 정리하고 주석작업에 도움을 준 이도훈李度勳 동학과
이 책의 출간을 결정하고 교정을 맡아 준 예문서원 오정혜 사장 및 관계자
여러분께 감사드린다.

                                              2014년 5월
                                            김남형金南馨 씀

일러두기

1. 『장자』 원문과 편제扁題에 대한 해설, 각 단락 및 각 편의 평석評釋은 번역문 뒤에 원문을 두었다.
2. 『장자』 원문에 대한 신경준의 주석은 해당 원문을 제시하고 쌍점(:) 표시를 한 다음 번역문과 주석문 원문(原註)을 두었다. 해당 원문이 3구句 이상인 경우 중간 부분을 생략하고 말줄임표(……)로 표시하였다.
3. 국역대본에 명백한 오류가 있어 교감한 경우 해당 부분에 * 표시를 하고 원문의 끝부분 괄호 속에 교감 내용을 기록하였다.
4. 주석문 원문 등에 대한 각주는 역자 주이다.
5. 『 』는 서책, 「 」는 편명 또는 논문제목 표시 부호이다.
6. 특정 어구나 상황에 대한 보충설명이 불가피한 경우 ( )를 사용하였다.

해제

1.

학계에 보고된 바에 따르면 『장자莊子』가 조선시대 선비들의 독서목록에서 배제되지는 않았으나, 그 사상에 대한 본격적인 연구나 독자적인 주석은 극히 드문 실정이다. 특히 『장자』에 대한 본격적인 주석서는 지금까지 『장자』 전편을 주석한 서계西溪 박세당朴世堂(1629~1703)의 『남화경주해산보南華經註解刪補』와, 남당南塘 한원진韓元震(1682~1751)이 『장자』 내칠편內七篇을 전주箋註한 『장자변해莊子辨解』가 학계에 알려져 있을 뿐이다.

여암旅菴 신경준申景濬(1712~1781)이 주석한 『문장준칙文章準則 장자선莊子選』은 비록 『장자』 전편에 대한 주석서는 아니지만 저자가 조선 후기의 저명한 실학자라는 점과, 내용을 일별할 때 기존의 역대 주석서와는 구별되는 뚜렷한 특징을 드러내고 있다는 점에서 대단히 주목된다. 특히 『장자』에 대한 조선시대의 주석서가 위에 언급한 2종밖에 없다는 실정을 감안하면 이 저술의 전반적인 면모에 대한 연구는 조선 후기 사상사 내지 문학사의 실상을 온전히 해명하는 데 필수적이라고 할 수 있을 것이다.

2.

최근 학계에 알려진 『문장준칙 장자선』은 전통적인 한적韓籍의 장정방식에 따라 장정한 오침五針 선장본線裝本으로, 보존 상태가 양호하며 품질이 우수한 도침지에 능숙한 해서체楷書體로 쓰인 정사본淨寫本이다. 불분권 1책으로 장정된 이 책의 크기는 30.5×19cm이고, 반곽半郭은 21.5×15cm이다. 계선界線이 있고 10행行 22자字로 정서되었으며, 주註는 쌍행雙行이고 총 57장張으로 구성되어 있다. 책의 표지에는 '장자선莊子選'이라고 묵서되어 있고, 제1장 제1행 상단에 '문장준칙장자선文章準則莊子選'이라는 책제冊題 표시가 있다. 서문과 발문이 없으며, 저자와 필사자에 대한 정보 또한 찾을 수 없다. 이 책은 제목에 드러나 있듯이 『장자』 전편全篇에 대한 주석서가 아니다. 『장자』 내편內篇 중의 「소요유逍遙遊」, 「제물론齊物論」, 「양생주養生主」와 외편外篇 중의 「추수秋水」에 대한 원문과 주석을 수록하고 있는데, 이 가운데 「추수」의 주석은 송대의 저명한 학자 임희일林希逸(1193~ 1271)의 『장자권재구의莊子鬳齋口義』의 주석을 그대로 옮긴 것이다.

각 편의 첫머리에는 편제篇題에 대한 저자의 해설이 실려 있고, 「소요유」와 「제물론」의 끝에는 각 편의 구조, 주제, 의의 등에 대한 저자의 견해가 논리적으로 서술되어 있다. 특히 「제물론」 말미에는 1400자에 달하는 비교적 장편의 논설이 수록되어 있다. 저자는 각 편을 나름의 기준으로 분단하였는데, 「소요유」는 11단락, 「제물론」은 18단락, 「양생주」는 5단락으로 분장分章하였다. 각 단락의 끝에는 해당 단락의 요지에 대한 설명과, 역대 학자들의 견해가 상충되는 문제에 대한 저자의 견해 등이 기술되어 있다. 원문 주해 내용은 대체로 반절법으로써 특정 글자의 음을 표시한 것, 글자의 뜻을 설명한 것, 기존의 주해를 소개한 것, 저자 자신의 의견을 제시한 것 등으로 구분할 수 있다. 기존의 주해를 소개하거나 자신의 의견을 제시할 경우 주해 시작 부분이 아니면 모두 동그라미 표시를 하여 구분하였는데, 저자의 견해는 '안按'이라 하여 대체로 끝부분에 제시하였다. 글자의 뜻을 풀이하는 경우에도 특정 고전을 인용할 때는 동그라미

표시를 하였다. 그 밖에 「소요유」와 「제물론」편의 대의와 주제를 해설한
부분에도 문단이 나누어지는 곳에 동그라미 표시를 하였다. 역대 연구자들
에 의해 다양한 견해가 제출된 「소요유」의 "거이육월식자야去以六月息者也"
(여섯 달을 날아가서 쉬는 것이다)에 대한 저자의 주해를 예거하면 다음과 같다.

> 곽상은 "한 번에 반년을 날아가서 천지에 이르러 쉰다"라고 말하였다. ○ 임희
> 일은 "붕새가 왕래할 때에는 반드시 반년 동안 쉬어야 바야흐로 움직일 수가
> 있다"라고 말하였다. ○ 어떤 사람은 "'유월식六月息'이란 반년의 음양지기陰陽之
> 氣이니 '식息' 또한 바람이다"라고 말하였다. ○ 살펴건대 곽상의 설을 따라야
> 옳을 것이다. 저 "바닷물이 3천 리에 걸쳐 출렁이며 서로 부딪친다"는 것은
> 그 장쾌함을 말한 것이고, "9만 리 날아오른다"는 것은 그 높음을 말하는 것이
> 며, "여섯 달 가서 쉰다"는 것은 그 멀리 감을 말하는 것이니, 모두 붕새의
> 큼을 표현한 것이다.1)

저자는 이 주해에서 진대晋代 곽상郭象(252~312)과 송대 임희일의 주해를
소개하고 곽상의 주해가 옳다는 자신의 견해를 밝힌 다음, 나름대로 이
부분의 요지에 대해 정리하고 있다. 이 책에는 임희일, 곽상 이외에 박세당,
한원진 등 조선 후기 학자들의 주해를 위시하여 최선崔譔, 여혜경呂惠卿(1032~
1112), 유개劉槩, 저백수楮伯秀, 유신옹劉辰翁(1232~1297), 유인劉因(1249~1293),
이원탁李元卓, 초횡焦竑(1541~1620), 진심陳深, 양신楊愼(1488~1559), 능현관凌玄
觀, 육서성陸西星(1502~1606), 원굉도袁宏道(1568~1610) 등 역대 중국의 저명한
학자들의 주해가 인용되어 있다. 특히 비교적 논리적인 형태를 갖추고
있는 30여 항에 이르는 저자의 안설按說은 이 책이 역대 학자들의 주해를
선택적으로 수록한 단순한 편집서가 아님을 시사한다.

---

1) 『文章準則 莊子選』, 1張 뒷면, "去以六月息者也.(郭象云, 一去半歲, 至天池而息. ○林希逸
云, 鳥之往來必歇, 住半年, 方可動也. ○一說, 六月息, 半年陰陽之氣, 息亦風也. ○按, 當
從郭說. 夫水擊之千里, 言其壯也, 九萬里, 言其高也, 六月息, 言其遠也, 皆形容鵬之大者
也.)"

3.

앞에서 언급했듯이 이 책에는 저자를 확인할 수 있는 서序, 발跋 등이
수록되어 있지 않고 저자와 관련된 정보를 제공하는 직접적인 자료도
없다. 그러나 이 책에 박세당과 한원진의 주해가 인용된 것으로 미루어
저자가 조선 후기의 학자임을 짐작할 수 있다. 필자가 이 책의 저자가
신경준인 것으로 판단한 것은, 「제물론」편의 말미에 1400여 자에 달하는
「제물론」에 대한 총괄적 논의가 부록되어 있는데, 이 글이 신경준의 문집인
『여암유고旅菴遺稿』 권5에 수록되어 있는 「서장자제물론후書莊子齊物論後」[2]
와 정확하게 일치하기 때문이다. 이 밖에도 신경준의 학문과 사상을 점검해
보면 저자를 신경준으로 추정할 만한 개연성은 더욱 높아진다.

신경준의 자는 순민舜民이고 호는 여암旅菴이며 본관은 고령高靈인데,
신숙주申叔舟(1417~1475)의 아우이면서도 세조의 왕위찬탈에 협조하지 않고
한때 전라도 순창順昌에 은거하였던 귀래정歸來亭 신말주申末舟(1439~1503)의
10대손이다. 신경준은 세거지가 된 순창에서 진사 래淶와 한산이씨 사이에
서 장남으로 태어났다. 그의 집안은 대대로 소북계小北系로 분류되는데,
증조부 운濡(1617~1645)의 형제들인 유濡(1610~1665), 혼混(1624~1656)은 소북계
명사名士였다. 「행장行狀」에 의하면 신경준은 어려서부터 특이한 재능을
지니고 있었다. 4세 때 『천자문千字文』을 읽고 글자의 뜻을 알았으며, 5세
때에는 이미 『시경詩經』을 수학하였다. 8세 때에 유학차 상경하여 9세
때에 강화도로 가서 수학하다가 12세 때에 순창으로 돌아왔다. 고향에
돌아온 뒤에도 한곳에 정착하지 못하고 정읍井邑, 옥과玉果 등으로 옮겨
살았다. 23세 때에 온양에 우거하면서 『시칙詩則』을 저술하였고, 27세 때에
소사로 거처를 옮겨 「소사문답素沙問答」을 저술하였으며, 33세 때에 순창으

---

2) 申景濬, 『旅菴遺稿』(한국문집총간 231; 민족문화추진회, 1999), 73~75쪽; 권5.

로 돌아왔다. 43세 때이던 1754년(영조 30)에 이계耳溪 홍양호洪良浩(1724~1802)
가 시관試官으로 파견된 증광향시增廣鄕試와 그해 시행된 갑술증광시甲戌增廣
試에 급제함으로써 관계에 진출하였다.

신경준은 이처럼 이주가 거듭되는 불안정한 삶 속에서도 학문에 열중하
여 40세 이전에 이미 많은 저술을 남겼다. 과거급제 후 신경준은 승문원기주
관을 시작으로 성균관전적, 사간원정언, 사헌부지평 등 청요직을 두루
역임하였다. 51세 때에 서산군수에 임명되었는데, 바닷물을 끓여 소금을
만들어 팔아서 기민을 구제하는 등 선정을 베풀었다. 56세 때에 사간원정언
으로 승진했으나, 간관들 가운데 자리를 지키지 않은 자가 많았는데 신경준
도 연좌되어 충청도 면천으로 유배되었다가 해배 후 순창으로 돌아갔다.
얼마 후 영의정 홍봉한洪鳳漢(1713~1778)의 추천으로 비변사의 낭관에 임명
되어 『문헌비고文獻備考』 편찬에 참여하였는데, 「여지고輿地考」 부분의 편찬
을 담당하였다. 이후 승지, 북청부사, 동부승지, 순천부사 등을 역임하였고,
63세의 나이로 제주목사에 임명되어 재임하다가 영조가 승하하자 삼년상
을 마치고 고향으로 돌아갔다. 1781년 70세를 일기로 세상을 떠났다.

신경준이 호남에 기반을 둔 소북小北 가문의 후예라는 점은 그의 사상
형성에 적지 않은 영향을 끼쳤을 것으로 판단된다. 특히 그는 호남지역에
도가사상이 유행할 수 있었던 배경을 다음과 같이 지리적 환경과 관련시켜
설명하기도 한다.

초楚나라의 산은 기이하고 빼어나서 특이하게 생긴 바위가 많다. 그래서 가끔
맑고 고상한 사람이 태어나는데, 노자, 노래자老萊子, 장저長沮, 걸닉桀溺, 접여接
輿, 장주莊周 같은 자들이 있다.…… 이후에도 도사道士와 선종禪宗이 남쪽에
많으니, 모인 기운이 그래서인가? 우리나라 호남지방은 곧 중국의 초나라에
해당한다. 방장산, 서석산, 내장산, 추월산, 조계산, 백양산, 월출산, 달마산,
대관산 등 여러 산은 모두 석산石山인데, 맑디맑으며 우뚝이 빼어나고 아득히

깊으며 괴상하고 기이하여, 보며 즐거워하고 놀랄 만하다. 초나라 산도 이런지
는 알지 못하겠다.3)

신경준이 언급한 것처럼 관계로의 진출이 쉽지 않았다는 점과 영리추구
에 악착스럽지 못했던 호남인들의 기질4)과 빼어난 산세가 어우러져 자연스
럽게 호남의 선비들은 도가사상에 관심을 가지게 되었다는 것이다. 조선
후기의 대표적인 도가사상가로서 『주역참동계주해周易參同契註解』를 저술
한 청하자靑霞子 권극중權克中(1585~1659) 또한 고부 출신이다. 물론 도가에
대한 관심은 호남지역뿐만 아니라 서울을 위시한 근기지역을 중심으로
임·병 양란 후 주자학적 세계관이 이완 내지 해체되어 가는 과정에서
나타난 사상사적 변화의 조짐 가운데 하나였다고 할 수 있다. 신경준의
「본생조고진사공묘지명本生祖考進士公墓誌銘」에 의하면, 신경준의 생조부인
신선부申善溥 또한 일찍부터 속세를 떠나 자연에 은둔할 뜻을 품고 즐겨
청하자의 단결丹訣을 읽었다고 한다.5) 뿐만 아니라 신선부는 시문詩文,
서화書畵, 병법兵法, 복서卜筮, 기계機械, 주거舟車 등 예술과 과학에 이르기까
지 폭넓게 섭렵한6) 개방적이면서 박학다식한 학자였다. 어려서부터 매우
총명하였던 신경준은 이러한 호남의 학풍과 가학을 자연스럽게 계승하였

---

3) 申景濬, 『旅菴遺稿』(한국문집총간 231), 46쪽; 권3, 「霜月禪師詩集序」, "楚之山奇秀, 石
多瑰異. 出人往往淸高, 有若老聃老萊子長沮桀溺接輿莊周者……後來道士禪宗多在南, 氣
之所鍾者然歟. 我國湖南, 卽中國之楚分也, 方丈瑞石內藏秋月曹溪白羊月出達磨天冠八影
諸山皆石耳, 淸絶逈拔, 幽敻詭奇, 見之可怡可愕. 未知楚山亦如此乎否."

4) 申景濬, 『旅菴遺稿』(한국문집총간 231), 38쪽; 권3, 「孝友堂權公行蹟序」, "南州自古多偉
人善士……其性氣, 不甚醴酲專意榮利者, 豈肯爲此哉."

5) 고동환, 「여암 신경준의 학문과 사상」, 『지방사와 지방문화』 제6집(역사문화학회,
2003), 92쪽 참조.

6) 申景濬, 『旅菴遺稿』(한국문집총간 231), 159쪽; 권12, 「本生祖考進士公墓誌銘」, "公於
文章天得也, 不大肆力而就. 世稱公有三絶藝, 詩學唐筆法晉, 畵以逼神名……又悅孫吳書,
攻守營陣, 奇正合散, 天時陰陽之法, 皆通焉. 不居一語未嘗及此, 凡璣衡儀器報時鍾, 戰陣
機械舟車水車, 其他開物利用之具, 解古制之難解, 或創智以成者多, 而皆試之己, 不示於人,
畏其名也."

던 것으로 생각된다.

공은 사람됨이 침착하고 생각이 깊었다. 일찍이 말하기를, "대장부가 이 세상
에 태어남에 천하의 일이 모두 나의 직분이다. 하나의 사물이라도 궁구하지
못하면 부끄러운 일이며, 하나의 기예라도 능통하지 못하면 병통이다"라고
하였다. 드디어 성인이 남긴 책으로부터 마음을 가라앉히고 깊이 탐구하여
그 큰 뜻을 알았고, 제자백가와 도교道教, 불교佛教에 두루 통하였으며, 천관天官,
직방職方, 성률聲律, 의복醫卜에 관한 학문과 역대의 헌장憲章, 해외海外의 기이하
고 특수한 책에 이르기까지 그 깊은 이치를 밝히고 그 요점을 밝히지 않은
것이 없었다. 무릇 우리나라의 산천山川과 도리道里에 대해서는 더욱 눈 안에
있는 듯이 분명하게 하고 말하기를 "무릇 장수된 자는 모름지기 먼저 지리를
알아야 한다"라고 하였으니, 그 자임함이 이와 같았다.7)

위의 인용문은 홍양호가 찬撰한 「묘갈명墓碣銘」 가운데 일부이다. 여기서
홍양호가 파악하고 있는 신경준의 학문세계는 한마디로 박학博學 그 자체라
고 일컬을 만하다. 신헌구申獻求가 「행장」에서 나열하고 있는 신경준의
저서로는 천문 분야의 『의표도儀表圖』·『부앙도頫仰圖』, 지리 분야의 『강계
지疆界志』·『산수경山水經』·『도로고道路考』, 언어문자 분야의 『일본증운日
本證韻』·『언서음해諺書音解』·『오성운해五聲韻解』, 철학 분야의 『소사문답
素沙問答』 등이 있다.8) 이 밖에 『여암유고旅菴遺稿』·『여암전서旅菴全書』에

---

7) 申景濬, 『旅菴遺稿』(한국문집총간 231), 171쪽; 권13, 附錄, 「墓碣銘」(洪良浩), "公爲人
沈深有大志. 嘗曰, 大丈夫生斯世, 天下事皆吾職, 一物未格耻也, 一藝不能病也. 遂自聖人
書, 潛心探賾, 得其大旨, 汎濫于九流二敎, 以至天官職方聲律醫卜之學, 歷代憲章海外奇僻
之書, 靡不鉤其奧而絜其要, 於本國山川道里, 尤瞭然如在目中, 曰, 凡爲將者, 須先識地理.
其自任如此." 이준영도 「旅菴 申景濬의 學問傾向과 詩世界」(서울대학교 국문과 석사
학위논문, 2011)에서 이 자료를 인용하여 신경준의 박학을 논증하였다.
8) 申景濬, 『旅菴遺稿』(한국문집총간 231), 170쪽; 권13, 附錄, 「行狀」(申獻求), "先生之爲
文章, 本諸經史……所著述頗多, 而若儀表圖頫仰圖, 如漢書之天文志也, 疆界誌山水經道路
考, 倣周官之職方圖也, 日本證韻諺書音解五聲韻解, 若紀文與字書也, 素沙問答, 所謂道者
不離不雜乎形器, 而卽器亦道道亦器之論也. 雖其汗漫著述, 皆卓然有可行之實."

수록된 「동음해東音解」·「사연고四沿考」·「병선제兵船製」·「태정금인泰定
琴引」·「해주시해海珠詩解」·「순원화훼잡설淳園花卉雜說」·「가람고伽藍考」
등을 통해서도 신경준의 학문적 관심의 폭을 짐작할 수 있다.

「묘갈명」이나 「행장」의 기술내용 가운데 특별히 주목되는 것은 신경준
이 '구류이교九流二敎' 즉 제자백가와 도교·불교에 널리 통했다는 부분이다.
홍양호와 신헌구가 신경준의 학문세계를 기술하면서 이 점을 특기한
것은, 다양성과 개방성을 신경준의 학문 및 사상이 지닌 특성으로 파악하였
기 때문일 것이다. 실제 신경준은 도道·불佛에 대해 학문적 식견이 깊었을
뿐만 아니라 긍정적·관용적인 태도를 지니고 있었던 것으로 판단된다.

> 대저 문文이란 마음에 근원을 둔 것이고 마음이란 리理와 기氣가 모여서 이루어
> 진 것이다. 리理는 하나일 뿐이지만, 기氣는 둘이고 둘이 변하여 천만 가지가
> 되는 것이니 어찌 같을 수 있겠는가? 어떤 사람이 말하기를, "기 가운데 지극히
> 맑고 순수한 것을 얻은 자는 성인이 된다고 하였으니 성인의 기는 의당 같아야
> 한다. 그런데 공자의 「문언전文言傳」, 「계사전繫辭傳」과 문왕文王의 「단전彖傳」,
> 주공의 「상전象傳」이 같지 않은 것은 어째서인가"라고 하였다. 대답하기를,
> "성인의 기가 맑고 밝고 순수하여 천지간에 충만한 것은 같다. 그러나 성인의
> 외모가 같지 않고 음성도 같지 않으며 수명 및 빈궁함과 영달함도 같지 않으니,
> 성인의 기 또한 어찌 같지 않음이 없겠는가? 또 성인의 제작制作도 시대에
> 따라 바뀌었다.…… 저 제자諸子들은 얻은 기가 같지 않아 리를 본 것이 같지
> 않은 데다가 세상의 변화가 끝이 없어, 얕은 경우 사조詞藻가 되고 깊은 경우
> 술수術數가 되었다. 이단을 주장하는 자들은 다투어 신기함을 숭상해서 지루하
> 게 끝이 없으니 성인의 도道에 위배되는 것이 많다. 그러나 또한 천하사물의
> 변화를 궁구하여 나의 지식을 넓힐 수 있다. 학자들은 반드시 같지 않은 것에서
> 그 박식함을 극진히 하고, 같은 것에서 그 요약된 핵심을 지켜, 그 기를 기르고
> 리를 밝힘으로써 근원을 바르게 할 따름이다"라고 하였다.9)

---

9) 申景濬, 『旅菴遺稿』(한국문집총간 231), 44~45쪽; 권3, 「四部節選序」, "夫文者原於心
者也, 心者合理與氣而成. 理一而已, 氣則二, 二之變化千萬, 烏可同乎. 或曰, 得氣之至淸至
粹者爲聖人, 聖人之氣, 宜無不同, 而孔子之文言繫辭與文王之象周公之象不同何歟. 曰, 聖

유치경柳稚敬이라는 사람이 8년 동안 제자백가의 글을 모아 38권으로 된 『사부절선四部節選』을 엮었는데, 위의 인용문은 신경준이 쓴 그 책의 「서序」이다. 위에서 신경준은 '리일분수理一分殊'라는 유가의 존재론적 이념을 근거로 제자백가사상의 존재가치에 대한 긍정적 인식을 드러내고 있다. 즉, '리기理氣—심心—문文'이라는 논리적 연쇄구조를 설정한 후, '문文'이 드러내고자 하는 '리理'는 동일하다 하더라도 '기氣'에 해당하는 표현방식은 시대와 상황에 따라 다양한 면모를 보일 수 있다고 보는 것이다. 그 예로 그는 공자, 문왕, 주공과 같은 성인들이 『주역』의 특정 괘卦 혹은 효爻에 대하여 해설한 「문언전」, 「계사전」, 「단전」, 「상전」의 해설방식이 각기 다름을 들고 있다. 나아가 그는, 이른바 성인은 타고난 원기元氣가 '청명순수淸明純粹'하다는 점에서는 같으나 외모·음성·수명·궁달이 각기 다르듯이 기의 발현 양상 또한 다를 수밖에 없기 때문에 제작制作이 시대에 따라 달라진다고 주장함으로써, 비록 제한적이기는 하나 제자백가 출현의 당위성에 대한 논리적 해명을 시도하고 있다. 이러한 논리를 근거로 그는 천하사물의 변화를 궁구하여 지식을 넓히는 데 제자백가의 글이 도움이 된다고 주장한다. 실제 『여암유고』에는 장자莊子적 세계인식에 근거한 것으로 판단되는 논설들을 발견할 수 있다.

그러나 나는 나보다 먼저 태어난 자를 앞사람이라고 하고, 나보다 뒤에 태어난 사람은 나를 앞사람이라고 한다. 내가 다른 사람을 따라가면 그가 나를 뒷사람이라고 하고, 다른 사람이 나를 따라오면 내가 그를 뒷사람이라고 한다.[10]

人之氣淸明純粹, 塞乎天地之間者同, 而聖人之形貌不同也, 音聲不同也, 年壽窮達不同也, 聖人之氣亦豈無不同者乎. 此聖人制作與世推移……彼諸子者, 得氣不同, 見理不同, 加之以世變無窮, 淺之爲詞藻, 深之爲術數, 異端者, 競尙新奇, 支離曼衍, 其於聖人之道違背者多, 而亦足以窮天下事物之變, 而廣吾識矣. 學者必於不同者而致其博, 於同者而守其約, 養其氣明其理, 以正其原而已."

10) 申景濬, 『旅菴遺稿』(한국문집총간 231), 78쪽; 권5, 「後齋說」, "然而先我而生者, 我以爲前, 而生於我之後者, 以我爲前. 我隨人而行, 則以我爲後, 而隨於我行者, 我以爲後焉."

이 글은 김군회金君晦라는 사람의 당호堂號 '후재後齋'에 대한 해설인 「후재설後齋說」의 일부이다. 여기에 표명된 신경준의 주장은 『노자』 제2장의 "유有와 무無가 서로 낳아 주고, 난難과 이易가 서로 이루어 주며, 장長과 단短이 서로 보태어 주고, 성聲과 음音이 서로 창화하며, 전前과 후後가 서로 따른다"(有無相生, 難易相成, 長短相傾, 聲音相和, 前後相隨)라는 상대주의적인 세계인식태도와 크게 다르지 않다. '무無'라는 관념이 '유有'를 전제로 성립되는 관념이듯이 '전前'이라는 관념은 '후後'라는 관념을 전제로 성립되는 관념이라는 것, 즉 '전前'과 '후後'라는 관념은 그 자체가 고정불변적인 것이 아니라 기준점에 따라서 변한다는 것이다.

신경준의 시문詩文에서도 장자적 세계관을 시적 모티브로 삼은 경우와 『장자』에서 용사用事한 어구를 다수 발견할 수 있다. 예컨대 "누가 장자 앞에서 곤鯤과 붕鵬을 말하는가(鯤鵬誰說漆園前), 큰 것 좋아하는 기이한 문장 지으며 일생을 마쳤네(好大奇文載末年)"에서는 직접 장자를 지칭하고 있고, 「순원화훼잡설淳園花卉雜說」의 "천하에 쓰임새가 없는 물건은 없다"[11]라는 언표 또한 "공효功效로써 보면, 그 있는 것에 근거하여 있다고 하면 없는 사물이 없다"[12]라는 장자적 세계관과 관련이 있는 것으로 판단된다. 보다 면밀한 검토가 요구되지만, 시문을 창작하면서 빈번히 『장자』에서 용사한 사실 그 자체만으로도 신경준이 『장자』에 비상한 관심을 지니고 있었음을 감지할 수 있다.

신경준은 노장사상뿐만 아니라 불교에도 주목할 만한 관심과 조예가 있었던 것으로 판단된다. 우선 『여암유고』에는 승려들과의 폭넓은 교류를 시사하는 시문이 여러 편[13] 수록되어 있는데, 특히 「모암사화상찬慕菴師畵像

---

11) 申景濬, 『旅菴遺稿』(한국문집총간 231), 133쪽; 권10, 「淳園花卉雜說·枳」, "天下無不可用之物."
12) 『莊子』, 「秋水」, "以功觀之, 因其所有而有之, 則萬物莫不有, 因其所無而無之, 則萬物莫不無."

贊에서는 "그러나 사람들에게 우러러 보게 하고, 자기도 모르는 사이에 저절로 무릎 꿇고 손을 모으게 하네……. 당堂에 가득 찬 사미승들 중엔 반드시 서쪽으로 돌아갈 자 있으리니, 가서 18나한 속에 스님이 몇 번째 자리에 앉았는가를 보시오"14)라고 하여 모암慕菴이란 승려의 행적을 칭송하고 있다. 이 밖에 신경준은 전국각지에 있는 사찰의 명칭과 소재지, 기문記文, 현판, 금석문 등을 망라한 『가람고伽藍考』를 저술하였으며, 18세기의 고승 상월선사霜月禪師를 위시하여 용담선사龍潭禪師, 추파대사秋波大師, 서악선사西岳禪師, 간선사侃禪師 등의 시문집에 서문을 썼고, 「변산내소사기卞山來蘇寺記」, 「용천사기龍泉寺記」 등 여러 편의 사찰기문을 남겼다. 그의 도불道佛에 대한 이해 수준 또한 상당한 경지에 이르렀음은 「서악집서西岳集序」, 「용담선사시집서龍潭禪師詩集序」 등에서 확인할 수 있다.

이상에서 간략히 검토한 바와 같이 신경준은 조선 후기의 사대부 가운데 유례를 찾기 어려울 정도로 노장사상에 관심과 조예가 깊었다고 할 수 있는데, 이 점은 신경준의 사상적 개방성을 시사하는 사실로서 『문장준칙 장자선』 저술의 사상적 배경이 되고 있는 것으로 판단된다.

4.

『문장준칙 장자선』에 투영된 저자의 『장자』관을 온전히 파악하기 위해서는 이 책의 주해를 면밀히 분석하는 작업이 선행되어야 할 것이다.

---

13) 『旅菴遺稿』 권1의 「示宗上人」・「次鄒山人竇謝茂秦書來謁作此以贈」・「寄山中友二首」・「初夏懷二上人」, 권2의 「答慣拭上人」 등 승려와의 교류를 시사하는 詩文들이 남아 있다.

14) 申景濬, 『旅菴遺稿』(한국문집총간 231), 80쪽; 권5, 「慕菴師畵像贊」, "猶然使人瞻之, 不覺膝自跪而手自叉……沙彌滿堂, 必有西歸者, 試觀於十八大羅漢之列, 師之坐在第幾坐."

그러나 여기서는 우선 이 책을 일별할 때 드러나는 특징적 부면들을 검토함으로써 『장자』에 대한 신경준의 시각과 그것이 지닌 의의를 간략히 정리하려 한다.

한국사상사에서 노장사상에 대한 논리적 접근이 처음으로 이루어진 것은 정도전鄭道傳(1342~1398)의 「심기리편心氣理篇」이다. 정도전은 이 논설문에서 주자학적 리기론理氣論의 구도 아래 『장자』의 이질성과 이단성을 명료하게 정리하였다.15) 주자학적 이념을 공고히 하기 위한 이단배척의 차원에서 『장자』에 대한 검토가 이루어진 셈이다. 그러나 『장자』에 대한 본격적 주해서인 박세당의 『남화경주해산보』는 오히려 주자학의 견고한 틀에서 벗어나 유학의 본모습을 되찾기 위한 성찰 과정의 일환이었던 것16)으로 이해할 수 있다. 박세당은 장자의 사상이 성인의 도에 어긋나는 측면이 있기는 하지만 시각에 따라 성인의 도와 계합契合하는 부분도 있을 뿐만 아니라 유가사상의 원형이 되는 측면도 있다고 보았다. 이러한 박세당의 『장자』관은 송대 성리학자들의 『장자』 이해의 기본 틀에서 크게 벗어난 것은 아니나, 장자사상을 이단으로만 이해하는 폐쇄적 관점과는 확연히 구별된다. 한원진의 『장자변해』는 『장자』를 배척하기 위하여 집필된 것이기 때문에, 일부 긍정적인 시각이 있기는 하나 장자철학의 단점을 지적하는 것이 주된 내용을 이루고 있다.17)

신경준이 『장자』를 대하는 기본적인 시각은 유가의 입장에서 『장자』를 해명하는 박세당의 관점을 계승하는 것으로 보인다. 예컨대 「소요유逍遙遊」의 "요임금이 천하의 백성을 다스리고 해내海內의 정치를 평정한 다음

---

15) 김형석, 「韓·中·日 莊子學의 비교검토를 통한 朴世堂·韓元震의 莊子注 연구」, 『양명학』 제25호(한국양명학회, 2010), 294~295쪽 참조.

16) 김송희, 「朴世堂『南華經註解』「逍遙遊」篇考察」, 『中國學研究』 제7집(숙명여자대학교 중국연구소, 1991), 98쪽 참조.

17) 송항룡·조민환, 「朝鮮朝 老莊註釋書 硏究(Ⅱ)」, 『동양철학연구』 제27집(동양철학연구회, 2002), 333쪽 참조.

막고야산 분수의 북쪽에 가서 네 사람을 만나보고 멍하니 그 천하를 잊었다"(堯治天下之民, 平海內之政, 往見四子藐姑射之山, 汾水之陽, 窅然喪其天下焉)라는 대목에 대해서는 "요임금은 천하를 다스리고 평정할 만한 덕이 있었기 때문에 네 신인의 지극함을 알 수 있었던 것이다. 천하를 잊은 것은 천하를 양보한 것보다 높은 경지이다"[18]라고 주해함으로써 유가에서 성인으로 숭배하는 요임금의 덕을 찬양하고 있다. 또 「제물론」의 "저것이 아니면 내가 없고, 내가 아니면 취하는 주체가 없다. 이 말이 또한 실상에 가까우나 무엇에 부림을 당하는지는 알지 못한다"(非彼無我, 非我無所取. 是亦近矣, 而不知其所爲使)라는 대목에 대해서는 "천天이 아니면 사람이 생겨날 수 없고, 사람이 아니면 천에서 취하여 정情으로 삼을 수가 없다. 따라서 천天과 인人은 서로 결합되어 틈이 없으니 단지 '가깝다'라고만 할 수는 없다. 그런데도 '가깝다'라고 한 것은 『중용』에서 '충忠과 서恕는 도에서 떨어진 것이 멀지 않다'라고 말한 것과 같다"[19]라고 주해하였다. 그는 천과 인의 관계에 대한 장자의 인식을 『중용』 제13장의 "충서위도불원忠恕違道不遠" 대목을 인용하여, '나를 다하는 마음'과 '나를 미루어 남에게 미침'이라는 지고한 윤리적 덕목이 바로 도 그 자체는 아니나 도에 도달하는 과정[20]이 되듯이 인人 그 자체가 천天은 아니나 천이라는 존재의 근원에 대한 인식은 인을 통해서만 가능하다고 주해하고 있는 것이다.

『문장준칙 장자선』에는 장자가 유가를 배척한 것이 아니라는 주장, 즉 장자를 위한 변론에 해당함직한 주장 또한 여러 곳에 실려 있다. 이 점은 「제물론」의 "도는 작은 성공에 은폐되고 말은 과장하고 꾸미는 것에

---

18) 『文章準則 莊子選』, 9張 앞면, "堯旣治天下平海內, 而猶此茫然自失, 則四子之德, 可謂至矣. 而堯有能治天下平海內之德, 故能知四子之至也. 喪天下, 高於讓天下."

19) 『文章準則 莊子選』, 16張 앞·뒷면, "言非天無以生人, 非人無以取於天而爲情. 天與人相合無間, 不可徒以近言之, 而曰近者, 與中庸忠恕違道不遠之義同."

20) 이동환, 『大學·中庸』(玄巖社, 1975), 187쪽 참조.

은폐된다. 그래서 유가와 묵가의 시비가 있게 되어, 상대가 그르다고 하는 것을 옳다고 하고 상대가 옳다고 하는 것을 그르다고 한다"(道隱於小成, 言隱於榮華. 故儒墨之是非, 以是其所非, 而非其所是)라는 부분에 대한 다음과 같은 주해를 통해 확인할 수 있다.

전국시대에는 도술道術이 분열되어 백가百家가 무리지어 일어나서 서로 시비하였다. 이른바 '물론物論'이라는 것이 바로 이것이다. 유가儒家와 묵가墨家는 그 가운데 세력이 큰 것이었다. 그러나 여기서 말한 유자儒者는 참다운 유자가 아니니, 작은 성공에 얽매이고 과장된 수식에 빠져서 시비 다투기를 좋아하는 자이다. 장자의 입장에서 이들을 본다면 새끼 새의 울음소리와 무엇이 다르겠는가? 이런 것 때문에 장자가 유도儒道를 배척했다고 한다면, 이는 장자의 본심을 잘못 파악한 것이다.[21]

그러나 「제물론」의 이 대목에서 지목한 '유儒'가 신경준이 말한 '비진유非眞儒'라고 보기는 어렵다. 이 부분의 문맥으로 보아 장자는 '유儒'와 '묵墨'을 '물론物論' 가운데 하나로 예거한 것일 뿐, '진유'와 '비진유'를 나누어 특별히 '비진유'만 지목해서 비판한 것이 아니다. 따라서 이러한 신경준의 주장은 장자에 대한 우호적인 시각이 작용하여 성립된 것이라고 할 수 있다. 이 밖에도 그는 "이것은 황제黃帝도 잘 모르는 것인데 구丘가 어찌 알겠는가!"(是黃帝之所聽瑩也, 而丘也何足以知之)라고 하여 장오자長梧子가 공자의 이름자를 지칭하며 조소한 대목에 대해서는, "분노가 지극하여 골계가 심해진 것"[22]이라고 변론하기도 하였다.

『장자』 주해서로서의 이 책이 지닌 가장 큰 특징은 책의 제목에 '문장의

---

21) 『文章準則 莊子選』, 20張 앞면, "戰國之世, 道術分裂, 百家朋起, 互相是非. 所謂物論卽此而儒墨卽其中之大者也, 然而此云儒者, 非指眞儒, 而乃拘於小成耽於榮華, 而好爭是非者也, 若莊子者視之, 以鷇音不異矣. 以此爲莊子斥儒道, 則非本心."
22) 『文章準則 莊子選』, 33張 앞면, "莊子並與祖師而譏之, 憤激之極, 滑稽之甚也."

준칙이 되는 전범'이라는 『장자』에 대한 저자의 관점을 표방하고 있다는 점이다. 신경준이 『장자』를 주해하면서 문장론文章論임을 표방한 이면에는 이단으로 지목된 사상서를 주해하는 데 따른 부담감이 작용하였으리라고 짐작할 수 있다. 그러나 23세의 어린 나이에 이미 학시법學詩法을 창작론, 풍격론 등으로 요령 있게 정리하여 『시칙詩則』을 편찬한 사실에서 확인할 수 있듯이, 문예에 각별한 관심을 가졌던 저자가 『시칙』과 대비될 만한 '문칙文則'의 저술을 의도했을 가능성도 배제할 수 없다. 다만 방대한 주석 가운데 문장비평에 해당하는 내용은 30여 항에 불과하고, 그마저도 간략한 인상비평과 조응관계에 대한 언급에 해당할 뿐 본격적인 문장분석을 시도한 예는 몇 항에 지나지 않는다. 여기서 문장비평의 예를 살펴보면, 「제물론齊物論」의 "이 바람이라는 것은 불지 않을지언정 불었다 하면 온갖 구멍들이 떨쳐 소리 지른다. 너 혼자 저 윙윙거리는 바람소리를 듣지 못했는가?…… 앞에서 우우 소리치면 뒤따라 응응 소리를 낸다. 산들바람이면 작게 화답하고 거센 바람이면 크게 화답하다가 매서운 바람이 잠잠해지면 여러 구멍이 텅 빈다. 너만 유독 그 움직임과 가늘게 흔들림을 보지 못했는가?"(子綦曰, 夫大塊噫氣, 其名爲風, 是唯無作, 作則萬竅怒號, 而獨不聞, 之翏翏乎……前者唱于, 而隨者唱喁, 泠風則小和, 飄則大和, 厲風濟則, 衆竅爲虛, 而獨不見, 之調調之刁刁乎)라는 구절에 대해 다음과 같이 비교적 긴 비평을 하고 있다.

장자의 문장은 영롱한 곳에 이르면 운어韻語를 많이 썼으니, "떨쳐 일어나 소리 지른다"(怒號)에서부터 여기까지 운자韻字를 썼고, 뒤에 나오는 "크게 지혜로운 사람은 여유롭고"(大知閒閒)의 구절에서도 운자를 썼다. '조조조조調調刁刁'는 숲의 나무가 흔들리는 모양이다. 소리는 그쳤으나 나뭇가지 끝이 가늘게 움직이니, 이것은 바람의 여운이다. 마치 즐겁게 노래한 사람은 곡이 끝나도 눈썹에 기쁜 기색이 남아 있고 슬피 운 사람은 우는 소리가 그쳐도 얼굴에 슬픈 기색이 아직 남아 있는 것과 같다.…… 무릇 소리는 있으나 형체는 없는 것이 바람이지만, 여기에서는 또한 바람의 모양도 볼 수가 있다. 남화노선南華老仙은 문장에만 신묘했던 것이 아니고 깊은 깨달음이 있었던 것이다.[23]

신경준이 극찬한 대목은 「제물론」 첫 부분의 지뢰地籟, 즉 대지가 내뿜는 기운인 바람이 천태만상의 나무구멍을 통과하면서 내는 다양한 소리와 그 여운을 묘사한 부분이다. 여기서 신경준은 이 대목의 내용과 관련된 언급을 생략하고, 대신 산문散文에서의 운자활용과 적절한 의태어 사용이 주는 정서적 효과를 거론하고 있다. 인용문 말미에서 "깊은 깨달음이 있었다"라고 하여 장자를 극찬한 것도 이 대목을 구성하고 있는 문장을 통해 신경준이 도달한 장자관에 다름 아니다. 즉, 이 대목을 통해 그가 분분한 물론物論의 발생원인과 양상에 대한 장자의 견해에 논리적인 긍정을 넘어 정감적으로 깊이 공감했다는 뜻으로 이해되는 것이다. 이 밖에 주목되는 사례는 문장구조의 분석을 통해 문예미의 해명을 시도한 경우이다. 예컨대, 「소요유」의 "그러므로 지혜가 한 관직을 감당할 만하고 행실이 한 고장을 화합시킬 만하며 덕이 한 군주에게 맞아 나라의 신임을 받을 만한 사람이라도 스스로를 봄에 이와 같다"(故夫知效一官, 行比一鄕, 德合一君而徵一國者, 其自視也, 亦若此矣)라는 대목을 다음과 같이 분석하고 있다.

> '관官'과 '향鄕'과 '국國'은 그 처한 곳에 세 등급이 있는 것이고, '지知'와 '행行'과 '덕德'은 그 이룬 것에 세 등급이 있는 것이며, '효效'와 '비比'와 '징徵'은 그 효험에 세 등급이 있는 것이니, 그 등급에 따라 적합한 글자를 쓴 것이 지극히 정밀하다.[24]

---

23) 『文章準則 莊子選』, 13張 뒷면, "莊子之文, 到玲瓏處, 多用韻語. 自怒號至此, 用韻, 下文 大知閑閑一節, 亦用韻. 調調刁刁, 林木動搖貌, 聲雖止而樹梢微動, 此風之餘也. 如人之樂 而歌者, 曲雖終, 而怡然之氣, 尙帶於眉也, 哀而哭者, 聲已止, 而棲然之色, 猶在於面也……. 夫有聲無形者風, 而於此風之形亦可以見. 南華老仙, 非但神於文, 而有玄解也."

24) 『文章準則 莊子選』, 4張 뒷면, "官與鄕與國, 其所處有三等, 知與行與德, 其所達有三等, 效與比與徵, 其所驗有三等, 隨其等而下其字, 極精妙."

이 대목에 대해서는 대체로 세상에서 능력과 덕성을 인정받아 출세한 인물을 장자가 조소하는 것이며, 조소의 대상은 세속적 출세의 전형이 될 만한 불특정의 일인인 것으로 이해하고 있다. 그러나 신경준은 문장분석을 통해 장자가 '관官-지知-효效', '향鄕-행行-비比', '국國-덕德-징徵'으로 세속적 출세의 유형을 나누어 등급별로 제시하였다고 주장한다. 그 주장의 타당성 여부는 차치하고, 이러한 유형의 주해를 통해 신경준이 『장자』를 구성하고 있는 문장의 문예미에 비상한 관심을 보이고 있음을 확인할 수 있다.

『문장준칙 장자선』의 주해 가운데 또 다른 특기할 만한 사실은, 특정 대목의 의미를 주해하면서 불경佛經을 인용하여 내용 이해의 심화를 꾀하거나, 도道·불佛의 차이점을 부각시키고 있다는 점이다. 예컨대 「제물론」의 "안성자유顔成子游가 앞에서 모시고 있다가 말하기를 '어찌된 일입니까? 형체는 참으로 마른 나무처럼 할 수 있고 마음을 참으로 꺼진 재처럼 할 수 있습니까? 오늘 안석에 기대고 있는 사람은 전에 기대고 있던 사람이 아닙니다'라고 하였다. 자기子綦가 말하기를, '언偃아, 참 좋은 질문을 하였다. 나는 지금 나를 잊었다'라고 하였다"(顔成子游立侍乎前曰, 何居乎, 形固可使如枯木, 而心可使如死灰乎. 今之隱几者, 非昔之隱几者也. 子綦曰, 偃不亦善乎, 而問之也. 今者吾喪我)라는 대목에 대해 신경준은 다음과 같이 주해하고 있다.

'상아喪我'란 '나를 잊었다'는 말이다. 앞에서는 상대를 잊었다고 하고 여기서는 나를 잊었다고 하였으니, '남'을 잊었을 뿐만 아니라 아울러 '나'도 잊었다는 말이다. 불교에서 이른 "남을 의식하지 않으면 나한이 되고 나를 의식하지 않으면 보살이 된다"라는 말이 이것이다.[25]

---

25) 『文章準則 莊子選』, 12張 뒷면, "喪我, 言忘我也. 前言喪耦, 此言喪我, 言非但忘物, 倂與己忘之也. 如釋家所謂, 人空爲羅漢, 我空爲菩薩."

이 대목은 제자백가의 다양한 주장을 통일시키기 위해서는 나와 남을 구분하는 분별의식을 없애야 한다는 장자의 관념을 남곽자기와 안성자유의 대화를 통해 드러낸 것이다. 여기서 신경준은 '물아양망物我兩忘'이라는 이 대목의 요지를 불교의 '인공人空·아공我空'이라는 개념을 끌어와서 '물物'을 잊은 차원과 '아我'를 잊은 차원으로 분리시킴으로써 내용이해의 심화를 꾀하고 있다. 그러나 신경준은 "불교에서는 물物을 허상으로 여기고 관념에서 모두 지우고자 하는 데 비해 장자는 물을 현상대로 인정하면서 가지런하게 하려 한다. 불교의 가르침은 항상 우주의 밖을 대상으로 하나 장자는 우주 밖은 논변하지 않고자 하니, 이것이 장자가 불교와 다른 점이다"26)라고 하여 장자의 사상은 공허하고 텅 비어 허무한 것이 아닌, 불교의 그것과는 확연히 구별되는 것임을 강조하고 있다.

5.

이 책은 비록 『장자』의 일부만을 주해하였다는 한계를 지니고 있으나 『장자』 주해서가 극히 드문 근대 이전 우리 학계의 실정을 감안할 때 대단히 주목할 만한 가치를 지닌다고 생각된다. 더구나 학문적 수월성이 확인된 학자가 『장자』의 사상적·문학적 가치를 환기하고 역대 학자들의 견해를 비판적 시각으로 검토하여 나름대로 온당한 견해를 제출하려 하였으니, 그 저술의도 자체에도 정신사적 의의를 부여할 수 있을 것이다. 주해의 내용 또한 상대적으로 강한 사상적 개방성을 내포하고 있으며, 특별히 문예미학적 측면에서 『장자』 문장에 대한 분석을 시도하고 있다는

---

26) 『文章準則 莊子選』, 40張 앞면, "然而佛氏以物爲幻, 欲一切掃除之, 莊子則存是物, 而欲齊之. 佛氏說, 常在於六合之外, 莊子則六合之外, 欲不論. 此莊子之所以異於佛氏也."

점에서 대단히 특이하다. 앞으로 주석 내용에 대한 면밀한 검토가 이루어진다면 이를 통해 사상적, 예술적 자유를 추구하려 했던 조선 후기 지식인의 의식의 한 국면을 확인할 수 있을 것으로 기대된다.

文章準則 莊子選

소요유逍遙遊

◇ 이 편의 끝에 '소요逍遙' 두 글자가 있어 편명으로 삼았다. 해설하는 사람들은 『장자』 내편의 일곱 편은 장자가 직접 편명을 붙인 것이고, 나머지는 모두 곽상郭象[1]이 편을 나누고 이름붙인 것이라고 말한다. 그러나 내편 또한 반드시 장자가 편명을 붙인 것은 아닐 것이다.

篇末有逍遙二字, 因以名篇. 說者謂, 內七篇莊子自名其篇, 其餘皆郭象所分篇以名, 然而內篇亦未必莊子名之也.

제1단[2]

북쪽 바다에 물고기가 있는데 그 이름을 '곤鯤'이라고 한다. 곤의 크기는 몇 천 리가 되는지 알지 못한다. 변신하여 새가 되는데 그 이름을 '붕鵬'이라고 한다. 붕의 등은 몇 천 리인지 알지 못한다. 떨쳐 날면 그 날개가 마치 하늘가의 구름과 같다. 이 새는 바다가 움직이면 장차 남쪽 바다로 날아갈 것이다. '남쪽 바다'란 천연의 못이다.

---

1) 곽상 : 252~312. 중국 晉代의 사상가. 河南 洛陽 사람으로, 자는 子玄이다. 일찍부터 노장사상에 정통하였고, 王衍 등의 淸談之士들과 교유하였다. 司徒掾 · 司空掾 · 太學博士 · 黃門侍郎 등을 역임하였고, 晉 惠帝 永安 원년(304) 이후에는 정치에만 전력하여 권력을 장악하기도 했다. 역대 『장자』 주석서를 정리하여 『莊子注』33권을 지었다.

2) 국역대본에는 앞머리에 따로 단락이 표시되어 있지 않지만 편의상 신경준의 구분에 따라 단락을 나누어 표시하였다.

北冥^①有魚, 其名爲鯤^②. 鯤之大不知其幾千里也. 化而爲鳥, 其名爲鵬^③. 鵬之背不知其幾千里也^④. 怒^⑤而飛, 其翼若垂天之雲. 是鳥也, 海運^⑥則將徙於南冥^⑦. 南冥者天池也^⑧.

① 冥 : '명溟'(바다)과 같다. [與溟同.]

② 鯤 : 『국어國語』³⁾에 이르기를, "막 태어난 작은 물고기를 잡는 것을 금한다"⁴⁾라고 하였다. [國語云, 魚禁鯤鮞.]

　○ 자서字書에 이르기를, "곤이鯤鮞는 일반적으로 물고기새끼를 말한다"⁵⁾라고 하였다. [字書云, 鯤鮞魚子總名.]

　○ 양신楊愼⁶⁾이 말하였다. "곤鯤은 물고기새끼이다. 장자는 지극히 작은 것으로써 지극히 큰 것을 표현하였으니, 이것은 바로 골계이다." [楊用脩云, 鯤魚子也. 莊子乃以至小爲至大, 便是滑稽.]

③ 鵬 : '붕鵬'은 '봉鳳'의 고자古字이다. 봉이 날면 많은 새들이 무리지어 따른다. 그래서 '붕朋'을 쓴 것이다.⁷⁾ 장자가 이를 빌려 확대한 것이리라. 송옥宋玉⁸⁾이 초왕楚王의 질문에 대답하면서 이 이야기를 끌어와 말하기를, "새 가운데는 '봉'이 있고 물고기 가운데는 '곤'이 있습니다"⁹⁾라고 하였다. 그렇다

---

3) 『국어』 : 周나라 左丘明이 『左氏傳』을 짓기 위해 각국의 역사를 모아서 엮은 책으로, 「周語」·「魯語」·「齊語」·「晉語」·「鄭語」·「楚語」·「吳語」·「越語」로 구성되어 있다.

4) 막 태어난 ~ 금한다 : 『國語』「魯語」에, "막 태어난 작은 물고기를 잡는 것을 금한다"(魚禁鯤鮞)라는 구절이 있다.

5) 곤이는 ~ 말한다 : 『爾雅注疏』 권10 「釋魚」에, "鯤은 물고기새끼이니, 注에 '뭇 물고기새끼의 총칭이다'라고 하였다"(鯤魚子, 注凡魚之子總名)라는 구절이 있다.

6) 양신 : 1488~1559. 명나라 중기의 문인. 자는 用脩이고 호는 升菴이다. 1511년 과거에 장원급제하여 翰林修撰·經筵講官·翰林學士 등을 지냈다. 경학과 시문에 능했으며, 저서에 『丹鉛總錄』·『升菴集』 등이 있다.

7) 붕은 ~ 쓴 것이다 : 『說文解字』에 "鵬'은 '鳳'의 고자이다. 봉이 날면 많은 새들이 무리지어 따른다. 그래서 '무리'라는 뜻의 글자를 쓴 것이다"(鵬即古鳳字. 鳳飛羣鳥從以萬數, 故以爲朋黨字)라는 구절이 있다.

8) 송옥 : BC.290~BC.222. 戰國時代 말기 楚나라의 시인. 屈原에게 사사하여 賦에 뛰어났다고 전해지며, 「九辨」·「招魂」 등의 작품이 남아 있다.

면 '붕'은 아마도 '봉'일 것이다. '곤'과 '붕'은 우언寓言에 불과한 것으로, 지극히 큰 것과 지극히 작은 것일 따름이다. 그 본뜻을 찾고 표현에는 집착하지 않아야 마땅하니, 그 이야기의 허실을 끝까지 따질 필요는 없다. [鵬古鳳字. 鳳飛群鳥從以萬數, 故從朋*. 莊子假此, 以張大之歟. 宋玉對楚王問, 引此說而曰, 鳥有鳳, 魚有鯤, 然則鵬蓋是鳳也. 鯤鵬不過寓言, 以極大小之致而已. 宜要其歸趣, 而遺其所寄, 不必窮詰其虛實也.(*朋 : 국역대본에는 '鵬'으로 되어 있으나 '朋'의 오류임)]

④ 鵬之背不知其幾千里也 : '곤'은 전체가 몇 천 리인지 알지 못한다고 하고 '붕'은 그 등이 몇 천 리인지 알지 못한다고 하였으니, '붕'이 '곤'보다 더 큰 것이다. [鯤則全體不知幾千里, 而鵬則其背不知其幾千里, 鵬尤大於鯤.]

⑤ 怒 : '떨치다'라는 뜻이다. [奮也.]

⑥ 海運 : '해운海運'은 '바닷물이 움직이다'라는 뜻이다. 6월 사이에 흔히 있는 일인데, 태풍이 바다에서 일어나기 때문에 물결이 솟아오른다. [海運者, 海動也. 六月間多有之, 以其大風從海中起, 而海波湧沸也.]

⑦ 南冥 : 남쪽 바다는 북쪽 바다보다 크다. 그래서 붕은 바다에 큰바람이 불면 남쪽 바다로 날아가려고 하는 것이다. [南冥大於北冥. 故鵬因海之有大風, 而欲徙之.]

⑧ 南冥者天池也 : '천지天池'란 바다를 일컫는 것인데, '남명南冥'을 '천지'라고 풀이하여 그 큼을 드러낸 것이다. [天池者, 海之稱. 自訓以天池, 揚其大也.]

◇ 이상은 첫 번째 단락이다. 전편全篇의 주제가 큰 것과 작은 것의 분별인데, 먼저 사물 가운데 큰 것으로 비유하였다.
右第一段. 通篇主意, 大小之辨, 而先以物之大者, 設譬.

---

9) 새 가운데는 ~ 있습니다 : 『爾雅翼』 권13 「釋鳥」에, "송옥이 초양왕에게 대답하기를, '새 가운데는 봉이 있고 물고기 가운데는 곤이 있습니다'라고 하였다"(宋玉對楚襄王, 亦稱鳥有鳳而魚有鯤)라는 구절이 있다.

제3단

『제해齊諧』는 괴이한 것을 기록한 것이다. 『제해』에 다음의 기록이 있다. "붕이 남쪽 바다로 날아갈 적에 삼천 리에 걸쳐 물결이 일렁이는데, 회오리바람을 타고 구만 리 상공까지 올라가서 여섯 달을 날아간 뒤 쉰다. 지상에는 아지랑이가 피고 티끌이 떠다니며 생물이 숨을 쉬어 서로 불어 준다. 하늘이 푸르고 푸른 것은 그 본래의 제 빛깔인가? 멀어서 끝닿는 데가 없어서가 아닐까? 하늘에서 아래를 내려다보더라도 또한 이와 같을 뿐이리라. 그리고 물이 깊지 않으면 큰 배를 떠받칠 만한 힘이 없다. 한 잔의 물을 마루의 움푹 팬 곳에 부으면, 그 물에 티끌은 배처럼 뜨지만 잔을 놓으면 바닥에 가라앉아 버린다. 물은 얕은데 배가 크기 때문이다. 바람이 충분하지 않으면 붕새의 큰 날개를 감당할 힘이 없다. 그래서 구만 리 상공까지 날아오르면 충분한 바람이 이에 아래에 있게 되는 것이다. 그런 뒤라야 바람을 북돋우어 푸른 하늘을 등에 져도 꺾고 막는 것이 없으니, 그런 뒤에 이제 남쪽으로 날아가려 한다. 매미와 새끼비둘기가 그것을 비웃으며 말하기를, '우리는 힘차게 날아올라 느릅나무와 박달나무에 닿을 수 있고, 때로 거기에 이르지 못하더라도 땅바닥에 내동댕이쳐질 뿐이다. 무엇 때문에 구만 리나 날아올라 남쪽으로 가겠다는 것인가?'라고 한다. 눈앞에 보이는 초원으로 가는 사람은 세 끼니만을 먹고 돌아와도 오히려 배가 부르지만, 백릿길을 가는 사람은 하루 전에 양식을 찧어야 하고 천릿길을 가는 사람은 석 달 동안 양식을 모아야 한다. 저 매미와 비둘기가 또한 어찌 그것을 알겠는가? 작은 지혜는 큰 지혜에 미치지 못하고, 수명이 짧은 것은 긴 것에 미치지 못한다. 어떻게 그러함을 알겠는가? 저물녘에 돋아나서 아침에 해가 뜨면 죽는 버섯은 그믐과 초하루를 알지 못하고 쓰르라미는 봄과 가을을 알지 못하니, 이것은 수명이 짧은 것이다. 초나라 남쪽에 사는 '명령冥靈'이라는 거북은 오백 년을 봄으로 삼고 오백 년을 가을로 삼았으며, 아주 오랜 옛날의 '대춘大椿'이라는 나무는 팔천 년을 봄으로 삼고 팔천 년을 가을로 삼았다. 그런데 팽조彭祖는 지금 장수한 것으로 특별히 소문이 나서 사람들이 그와 비슷하기를 바라니 또한 슬프지 않은가!"

齊諧者, 志①恠者也②. 諧之言曰, 鵬之徙於南冥也, 水擊三千里③, 搏④扶搖⑤而上者⑥九萬里⑦, 去以六月息者也⑧. 野馬也⑨, 塵埃也⑩, 生物之以息相吹也⑪. 天之蒼蒼, 其正色邪⑫, 其遠而無所至極邪⑬. 其視下也亦若是⑭, 則已矣⑮. 且夫水之積也不厚, 則負大舟也無力. 覆杯水於坳⑯堂⑰之上, 則芥爲之舟, 置杯焉則膠⑱, 水淺而舟大也. 風之積也不厚, 則其負大翼也無力, 故九萬里則風斯在下矣⑲, 而後乃今培⑳風, 背負靑天㉑而莫之夭㉒閼㉓者, 而後乃今將圖南㉔. 蜩㉕與學鳩㉖笑之曰, 我決起而飛㉗, 搶楡枋㉘, 時則不至, 而控㉙於地而已矣㉚, 奚以之九萬里而南爲㉛. 適莽蒼㉜者三飱㉝, 而反腹猶果然㉞, 適百里者 宿舂㉟糧, 適千里者三月聚糧, 之㊱二蟲又何知㊲. 小知㊳不及大知, 小年不及大年㊴. 奚以知其然也. 朝菌㊵不知晦朔㊶, 蟪蛄不知春秋㊷, 此小年也. 楚之南有冥靈㊸者, 以五百歲爲春, 五百歲爲秋, 上古有大椿者, 以八千歲爲春, 八千歲爲秋㊹, 而彭祖㊺乃今以久特聞㊻, 衆人匹之, 不亦悲乎㊼.

① 志 : '기록하다'라는 뜻이다. [記也.]
② 齊諧者, 志恠者也 : '제해'에 대해서 어떤 사람은 사람 이름이라고 하고, 어떤 사람은 책 이름이라고 하며, 어떤 사람은 "제해란 익살이니 또한 우언寓言이다"라고 한다. [齊諧, 或云人名, 或云書名, 或云齊諧誹諧也, 亦寓言.]
③ 水擊三千里 : 붕새가 떨쳐 날아오를 때 바닷물이 일렁이는데, 스스로 삼천 리에 걸쳐 물결을 치는 것이다. [鵬奮飛之時, 海水湯漾, 自相拍擊, 三千里也.]
④ 搏 : '단搏'10)은 '도徒'와 '단端'의 반절이니, '날다'라는 뜻이다. [徒端切, 翔也.]

⑤ 扶搖 : 『이아爾雅』[11]에서는 '부요扶搖'를 '표폭풍飇爆風'(거센 회오리바람)이라고 하였으니, 아래에서부터 위로 올라가는 바람이다. [爾雅, 扶搖謂之飇暴風, 從下上也.]

⑥ 上者 : '상上'은 상성上聲이다. 붕새는 날개가 커서 회오리바람의 힘에 의지해야 날아오를 수 있다. [上, 上聲. 鵬翼大, 因扶搖之風勢, 而後得上也.]

⑦ 九萬里 : 구만 리는 하늘 꼭대기이다. [九萬里, 極天之高也.]

⑧ 去以六月息者也 : 곽상이 말하기를, "한 번에 반년을 날아가서 천지天池에 도착한 뒤 쉰다"라고 하였다. [郭象云, 一去半歲, 至天池而息.]
　　○ 임희일林希逸[12]이 말하기를, "이 새는 날아 왕래할 때에 반드시 쉬는데, 반년을 머문 뒤에야 움직일 수 있다"라고 하였다. [林希逸云, 鳥之往來必歇, 住半年, 方可動也.]
　　○ 일설에는, "유월식六月息이란 반년의 음양지기陰陽之氣이니 '식息' 또한 바람이다"라고 하였다. [一說, 六月息, 半年陰陽之氣, 息亦風也.]
　　○ 생각건대 곽상의 학설을 따르는 것이 마땅하다. 대개 '삼천 리에 걸쳐 물결을 친다'는 것은 그 장대함을 말한 것이고, '구만 리'란 그 높음을 말한 것이며, '여섯 달 날아가서 쉰다'는 것은 그 멂을 말한 것이니, 모두 붕새의 큼을 형용한 것이다. [按, 當從郭說. 夫水擊三千里, 言其壯也, 九萬里, 言其高也, 六月息, 言其遠也, 皆形容鵬之大者也.]

⑨ 野馬也 : '야마野馬'는 밭 사이에 떠 있는 기운이다. 지기地氣가 상승하면 햇빛이 비치어 마치 내달리듯 불꽃이 일렁인다. 그래서 '말'이라고 한 것이다. 간들거리는 것이 실과 같아서 또한 '유사游絲'(간들거리는 실)라고도 하니, 두보杜甫의 시에 "간들거리는 실처럼 꽃은 떨어지고 한낮은 고요하네"[13]라

---

10) 搏 : 통행본에는 '摶'으로 되어 있다.
11) 『이아』 : 중국에서 가장 오래된 字書. 『詩經』·『書經』 등 고전의 문자를 추려서 類義語와 字義 등을 해설한 것으로, 유가의 13경 가운데 하나이다.
12) 임희일 : 청나라 福州 福淸 사람. 자는 肅翁·淵翁이고 호는 竹溪·鬳齋이다. 1235년에 진사가 된 후 여러 관직을 거쳐 中書舍人에 올랐다. 저서에 『老莊列子口義』 등이 있다.

고 하였다. [野馬, 田間浮氣也. 地氣上升, 而因日光以照之, 焱焱如馳, 故曰馬. 裊娜如絲, 故亦曰游絲, 杜詩云, 落花游絲白日靜.]

⑩ 塵埃也 : 자서字書에, "무릇 바람이 불 때 날리는 모래는 모두 '티끌'이다"라고 하였다. [字書, 凡風起飛沙, 皆曰埃.]

⑪ 野馬也, 塵埃也, 生物之以息相吹也 : 임희일이 말하였다. "아지랑이와 티끌은 어디서부터 생긴 것인가? 세상의 모든 생물들은 그 숨을 스스로 내뿜는다. 그래서 공중에 아지랑이와 티끌이 있게 되는 것이다." [林氏云, 野馬塵埃, 自何而得. 皆世間之生物, 以其氣息自吹噓. 故空虛之中, 有此物也.]

○ 유신옹劉辰翁[14]이 말하였다. "아지랑이와 티끌이라는 것은 '아래 구'(生物之以息相吹)를 비유한 것이 아니다." [劉辰翁云, 野馬塵埃, 非以喩下句者也.]

○ 능현관凌玄觀이 말하였다. "'생물生物'은 곧 '조물造物'(만물을 만듦)이다. '숨으로 서로 분다'는 것은 분명히 『노자老子』의 '하늘과 땅 사이는 풀무와 같다'[15]에서 용사하여 말을 바꾼 것이다." [凌玄觀云, 生物卽造物也. 以息相吹, 分明是自老子天地之間其猶橐籥乎, 化來.]

○ 생각건대 한 번 내쉬고 한 번 들이쉬는 것을 '식息'이라 한다. 사람과 벌레와 짐승만이 숨을 쉬는 것은 아니다. 무릇 형체가 있는 것은 기氣가 있고, 기가 있으면 그 기가 나가고 들어가는 것이 또한 호흡하는 것과 같다. 아지랑이와 티끌은 생물이 호흡하는 데서 생기는 것이 아니다. '야마野馬'와 '진애塵埃'와 '생물이식상취生物以息相吹'는 마땅히 세 구句로 보아야 한다. 유신옹의 설이 옳다. 만물을 창조하는 풀무의 기운은 매우 큰 것이니, 아지

---

13) 간들거리는 ~ 고요하네 : 두보의 시 「題省中壁」에, "간들거리는 실처럼 꽃은 떨어지고 한낮은 고요한데, 산비둘기와 제비새끼 날아드니 푸른 봄은 깊어지네"(落花遊絲白日靜, 鳴鳩乳燕靑春深)라는 구절이 있다.

14) 유신옹 : 1232~1297. 송나라 말기의 문인으로 吉州 盧陵 사람. 자는 會孟이고 호는 須溪이다. 1262년 丙科에 등제한 후 太學博士 등에 추천되었지만 나아가지 않았고, 송나라가 망한 후 은거하였다. 저서에 『須溪集』 등이 있다.

15) 하늘과 ~ 같다 : 『노자』 제5장에, "하늘과 땅 사이는 풀무와 같다. 공허하지만 다함이 없고, 움직일수록 더욱 쏟아져 나온다"(天地之間, 其猶橐籥乎. 虛而不屈, 動而愈出)라는 구절이 있다.

랑이와 티끌이 상대할 바가 아니다. 능현관의 설은 지나치다. [按, 一呼一吸爲息, 非但人虫禽獸以息相吹也, 凡有形者有氣, 有氣則其氣之出入亦如呼吸也. 野馬塵埃, 非生於生物之以息相吹也. 野馬, 塵埃, 生物以息相吹, 當作三句看, 劉說是矣. 造物槖籥之氣甚大, 不可與野馬塵埃相對, 凌說過矣.]

⑫ 其正色邪 : '정색正色'은 진정한 색이다. '야邪'는 의문사이다. [正色眞正之色也, 邪疑辭.]

⑬ 其遠而無所至極邪 : '지至'는 '이르다'는 뜻이다. '극極'은 '다하다'는 뜻이다. 땅의 위는 다 하늘이다. 다가가 보면 그 빛깔이 어떤지 알 수 없다. 우러러보면 그 빛깔은 푸르고 푸르지만, 그것은 진정한 빛깔이 아니다. 단지 그 기운이 쌓인 것이 멀어 끝이 없기 때문에 그렇게 보이는 것이니, 마치 물이 깊으면 색이 검은 것과 같다. '진정한 빛깔인가'라고 한 것은 묻는 말이고, '멀어서 끝닿는 데가 없다'라고 한 것은 답한 말이다. 그런데도 여전히 감히 곧바로 말하지 못하고 다시 의문사인 '야邪'자를 썼다. [至, 到也, 極, 窮也. 自地以上, 無非天也. 卽而觀之, 不知其色之如何. 仰而觀之, 其色蒼蒼而, 然而其蒼蒼, 非眞正之色也, 特以其氣積, 遠無所到窮而然也, 如水之深而色玄耳. 其曰正色邪者, 問辭, 其曰遠無所極者, 答辭, 而猶不敢質言, 又着邪字.]

⑭ 其視下也亦若是 : 하늘에서 아래를 내려다보는 것 또한 아래에서 하늘을 우러러보는 것과 같이 푸르고 푸르러 아득히 끝이 없는 듯할 따름이라는 말이다. 하늘이라는 것은 기가 쌓인 것일 뿐이다. 육합六合[16] 밖은 그냥 두고 논하지 않는다지만, 육합의 밖을 알려고 한다면 육합 안의 경우와 같이 할 뿐이다. 이것은 장자의 천체天體에 대한 지식이 드러난 부분이다. [言自天以視下, 則亦如自下而視天, 不過蒼蒼然遠無所極耳. 盖天者積氣而已. 六合之外, 雖存而不論, 而欲知六合之外, 不過如六合之內也. 此莊子知天體處.]

⑮ 已矣 : 아래로부터 보든 위로부터 보든 모두 헤아릴 수 없기 때문에 '따름이다'라는 말로 끝맺은 것이다. 저 아지랑이 · 티끌 · 생물의 호흡 이 세 가지는 지상의 어지럽고 흐릿한 기운이다. 하늘이 푸르고 푸르며 끝닿는 데가

---

16) 육합 : 天地와 四方을 가리킨다.

없는 것은 하늘에 쌓인 아스라한 기운이다. 아래위 구만 리 사이에 기운이 축적되어 왕성함이 이와 같으니, 기운이 움직여 바람이 되는데 그 바람이 쌓인 것은 헤아릴 수가 없다. [自下自上而視之, 皆不可測, 故以已矣結之. 夫野馬塵埃生物吹息三者, 形容下界紛濛之氣也. 天之蒼蒼無所至極, 形容上界積遠之氣也. 上下九萬里之間, 氣之蟠結絪縕者如此, 而氣動爲風, 則其風之積不可測也.]

⑯ 坳 : '요坳'는 '오烏'와 '료了'의 반절이다. [烏了切.]

⑰ 坳堂 : 마루 위의 깊이 파인 곳이다. [堂上深凹處.]

⑱ 膠 : '붙는다'는 뜻이니, 땅에 붙어 버린다는 것이다. [膠粘也, 粘着于地也.]

⑲ 九萬里則風斯在下矣 : 구만 리를 날아오르면 모든 바람이 아래에 쌓였으니 얼마나 두터운지 알 수 있다. [上而之九萬里, 則風之積者皆在下, 其厚可知也.]

⑳ 培 : '培'의 음은 '배裵'이고, '기르다'라는 뜻이다. [培音裵, 養也.]

㉑ 背負靑天 : 푸른 하늘이란 푸르고 푸른 하늘 저 아득한 곳이니, 붕새의 등이 구만 리 상공에 닿음을 말한다. [靑天, 天之蒼蒼遠極處也, 言鵬之背磨戛九萬里之上.]

㉒ 夭 : 중간에 꺾는 것이다. [中折.]

㉓ 閼 : '막는다'라는 뜻이다. [塞也.]

㉔ 乃今將圖南 : : '금今'은 '방方'(이제)과 같다. '도圖'는 '도모하다', '경영하다'라는 뜻이다. 위에서 '바람이 이에 아래에 있게 된다'(風斯在下)라고 하였으니, '사斯'는 '이에'라는 뜻으로서 어렵다는 말이다. 여기에서 '이후내금而後乃今'을 두 번 말하여 이미 '이후而後'라고 하고 또 '이에'(乃)라고 하고 다시 '이제'(今)라고 하고 다시 '장차'(將)라고 하였으니, 어렵고 또 어렵다는 말이다. 곧바로 '남위南爲'라고 하지 않고 '도남圖南'이라고 한 것 또한 어려움을 말한 것이다. 붕새의 몸은 매우 커서 구만 리 바람에 의지하지 않으면 남쪽으로 날아갈 수 없으니 또한 어렵지 않은가. 일반적으로 덩치가 큰 것은 반드시 큰 의지처를 얻은 뒤라야 움직일 수 있다. 아래에 등장하는, 거대한 표주박은 강과 호수에 띄워야 하고 큰 가죽나무는 끝없이 넓은 들판에 심어야

쓸데가 있는 것과 같다. [今, 猶方也. 圖, 謀也, 經營也. 上言風斯在下, 斯乃也, 難之之辭. 此言而後乃今者二次, 旣曰而後, 又曰乃, 又曰今, 又曰將, 難而又難之之辭也. 不直曰南爲, 曰圖南, 亦難之之辭也. 鵬之體甚大, 非藉九萬里之風, 則無以南爲, 不亦難乎. 凡物之大者, 必得所藉之勢大, 然後可以運用, 如下之大瓠浮之江湖, 大樗樹之廣莫之野, 而可以爲用矣.]

㉕ 蜩 : ‘매미’이다. [蟬也.]

㉖ 學鳩 : 나는 것을 배우는 비둘기새끼이다. 어떤 본에는 ‘학구’으로 되어 있다. [鳩子之學飛者, 一作鷽.]

㉗ 決 : ‘결決’은 ‘세찬 모양’이다. [決, 疾貌.]

㉘ 搶榆枋 : ‘창搶’은 ‘닿다’라는 뜻이니, 『사기史記』에 “머리가 땅에 닿다”17)라고 하였다. ‘유榆’는 나무 이름이고, ‘방枋’은 박달나무이다. [搶, 觸也, 史記頭搶地. 榆, 木名, 枋, 檀木.]

㉙ 控 : ‘던지다’라는 뜻이다. [投也.]

㉚ 時則不至, 而控於地而已矣 : 날아오르는 것이 느릅나무와 박달나무 정도이니 매우 낮다. 그런데도 때로는 거기에도 도달하지 못하고 땅에 떨어진다는 말이다. [言所飛不過榆枋之間, 則甚卑, 而有時乎不能至於斯, 而投於地也.]

㉛ 奚以之九萬里而南爲 : “우리는 느릅나무와 박달나무에 날아올라도 스스로 만족하는데, 무엇 때문에 붕새는 구만 리나 되는 공중의 바람에 의지하여 남쪽으로 가는가?”라는 말이다. 작은 사물은 큰 사물에 대해서 알 수가 없는 법이다. [言我則飛於榆枋之間, 而猶自足, 奚用夫藉九萬里之風, 而南乎. 凡物之小者, 不能知物之大者.]

㉜ 莽蒼 : ‘망莽’은 ‘막莫’과 ‘광廣’의 반절이다. 푸릇푸릇하게 한눈에 들어오는 곳이다. [莽, 莫廣切. 蒼然一望之地也.]

---

17) 머리가 ~ 닿다 : 『戰國策』 권25 「魏四」에, “布衣가 성을 낸들 관을 벗고 맨발로 뛰쳐나가 머리를 땅에 댈 뿐이다”(布衣之怒, 亦免冠徒跣, 以頭搶地爾)라는 구절이 있다. 출전을 『史記』라고 한 것은 오류이다.

㉝ 殽 : 저녁밥이다. [夕飯也.]

㉞ 反腹猶果然 : '果'는 음이 '가可'이니 과일이다. 음식이 미처 다 소화되지 않아 배가 과일처럼 볼록하다는 뜻이다. 여기서는 가고 오는 것을 겸하여 말하였으나, 아래 문장 백 리와 천 리의 경우 가는 것만 말하였다. [果, 音可, 實也. 食未盡銷, 而腹猶實也. 此兼言往返, 而下文百里千里, 只言往.]

㉟ 宿舂 : 하룻밤 동안 방아를 찧는 것이다. [隔宿而舂.]

㊱ 之 : '피彼'와 같다. [猶彼也.]

㊲ 二蟲又何知 : 가야 할 곳이 멀수록 양식을 더 많이 준비해야 하는데, 저 매미와 비둘기는 눈앞의 초원에 가는 사람과 같을 뿐만이 아니니, 어떻게 붕새가 남쪽 바다로 날아가려면 많은 바람이 축적되어야 한다는 것을 알겠는가? [所適彌遠, 則聚糧彌多, 彼蜩鳩不啻如適莽蒼者也, 何以知鵬之圖南培風積厚乎.]

㊳ 知 : 음은 '지智'이다. [音智.]

㊴ 小知不及大知, 小年不及大年 : '소지小知'와 '대지大知'는 "두 벌레가 어찌 알겠는가?"(二蟲何知)의 '지知'자를 받아 연결시키고 '소년小年'과 '대년大年'은 또 '소지小知'와 '대지大知'의 '대大'자와 '소小'자를 받아 연결시켰으니, 글자의 폭을 넓히고 고무시킴으로써 '작은 존재는 큰 존재를 알지 못한다'는 말의 뜻을 충분히 설명하였다. [小知大知, 自二蟲何知之知字, 接出來, 小年大年, 又自小知大知之大小字, 接出來, 推演鼓舞, 以備小不知大之義.]

㊵ 菌 : '군菌'은 '기其'와 '운隕'의 반절이다. [其隕切.]

㊶ 朝菌不知晦朔 : '조군朝菌'은 '견지犬芝'[18]이다. 저물녘에 거름 위에서 돋아나 해를 보면 곧 죽는다. 이 버섯은 아침저녁이 있는 것만 알고 그믐과 초하루가 있는 것은 알지 못한다. [朝菌, 犬芝也. 暮生糞上, 見日則死. 此但知有朝暮, 而不知有晦朔也.]

㊷ 蟪蛄不知春秋 : '혜고蟪蛄'는 쓰르라미이다. 여름과 가을이 바뀔 때 생겨나니, 가을이 있는 것만 알고 봄이 있는 것은 알지 못한다. [蟪蛄寒蟬也. 生於夏秋

---

18) 견지 : 버섯의 한 종류.

之交, 只知有秋, 而不知有春也.]

㊸ 冥靈 : 깊은 바다의 신령스러운 거북이다. 나무 이름이라는 설도 있다. [溟海之靈龜也. 一云, 木名.]

㊹ 朝菌不知晦朔……八千歲爲秋 : 아침버섯과 대춘大椿, 쓰르라미와 명령冥靈은 각기 식물과 동물을 예거하고 대비하여 설명한 것이다. 아침버섯과 쓰르라미는 모두 수명이 짧은 것인데, 아침버섯은 수명이 짧은 것 중에서도 더욱 짧은 것이다. 명령과 대춘은 모두 수명이 긴 것인데, 대춘은 수명이 긴 것 중에서도 더욱 긴 것이다. [朝菌與大椿, 蟪蛄與冥靈, 是擧一植一動對說. 朝菌蟪蛄, 皆小年, 而朝菌又小年之小年也. 冥靈大椿, 皆大年, 而大椿又大年之大年也.]

㊺ 彭祖 : 팽조彭祖의 성은 전錢이고 이름은 갱鏗이다. 요임금의 신하로, 수명이 팔백 세였다. [彭祖, 姓錢, 名鏗, 堯臣, 壽八百歲.]

㊻ 今以久特聞 : '문聞'은 거성去聲이다. 오래 생존한 것으로써 특별히 세상에서 소문났다는 말이다. [聞, 去聲. 以久存特聞於世也.]

㊼ 衆人匹之, 不亦悲乎 : 『제해』에 있는 말은 여기까지이다. '필匹'은 '짝하다'라는 뜻이다. [齊諧之言止此. 匹耦.]

○ 임희일이 말하기를, "'필匹'은 사모하여 비슷하기를 구하는 것이다"라고 하였다. [林氏云, 慕而求似之也.]

○ 박세당朴世堂[19]이 말하기를, "팽조를 명령과 대춘에 짝을 지운 것이다"라고 하였다. [朴西溪云, 彭祖匹於冥靈大椿也.]

○ 생각건대 임씨의 설이 옳다. 사람으로 말하면 팽조는 오래 산 것이고 보통사람은 일찍 죽는다. 보통사람들은 모두 팽조처럼 오래 살고자 하지만, 이는 팽조 또한 명령이나 대춘과 비교하면 짧게 산 것임을 모르는 것이다. 보통사람들은 명령과 대춘을 모르기 때문에 팽조를 오래 살았다고 하니, 아침버섯이 그믐과 초하루를 모르는 것과 같다. [按, 林說是. 以人言之, 彭祖大年也, 衆人小年也. 衆人皆欲與彭祖之年相耦, 而不知彭祖比之於冥靈大椿, 亦小年也.

---

19) 박세당 : 1629~1703. 조선 후기의 학자. 본관은 潘南, 자는 季肯이고 호는 西溪이다. 『新註道德經』·『南華經註解刪補』 등의 저술이 있다.

以衆人不知冥靈大椿, 故以彭祖爲大年, 如朝菌不知晦朔.]

◇ 이상은 두 번째 단락이다. 장자는 황당하고 빌려 온 이야기를 남들이 믿지 않을까 염려하여 문득 옛사람을 끌어들여서 증거로 삼았다. 이것이 이른바 '중언重言이 열에 일곱'이라는 것인데, '중重'이란 거듭하는 것에 힘입는다는 말이다. 곤鯤과 붕의 이야기를 사람들이 믿으려 하지 않았기 때문에 『제해』로 증거를 삼은 것이다. 세 번에 걸쳐 '구만 리'라고 하여 자기의 뜻을 드러낸 것은, 아마도 장자가 천박하고 혼탁한 세상을 슬퍼하여 하늘의 텅 비고 고요함을 우러러보며 속세를 벗어나 하늘 높이 날면서 작은 곤충 같은 이 보잘것없는 속세를 굽어보고자 한 것이었을 터이다. 그래서 붓끝이 춤을 추듯이 움직여서 한없이 펴져 나감을 깨닫지 못했다. 굴좌도屈左徒[20]의 "문득 회오리바람을 타고 위로 올라가……햇빛 찬란한 하늘에 오르네"[21]와 가태부賈太傅[22]의 "황학黃鶴이 한 번 날아오름이여! 구불구불한 산천을 내려다보도다. 두 번 날아오름이여! 하늘이 둥글고 땅이 모남을 보도다"[23] 같은 구절도 모두 이러한 뜻이다. '눈앞의 초원으로 가는' 이하는 '작은 것은 큰 것에 대해서 알 수 없다'는 뜻을 극진하게 말한 것이다.

右第二段. 莊子爲荒唐假借之說, 而恐人之不信, 輒引古人, 以爲證. 此所謂重言十七, 而重者藉重也. 鯤鵬之說, 人將不信, 故以齊諧爲證焉. 至於九萬里, 三致其意者, 盖莊子悲塵臼之卑濁, 仰太虛之寥廓, 思欲超然高翔, 俯玩蟻蠓. 故筆端鼓舞, 不覺曼衍, 如屈左徒之溘埃風而上征, 陟陞皇之赫戲, 賈太傅之黃鵠一擧兮, 覽山川之紆曲, 再擧兮, 觀天地之圓方, 皆此意也. 自適莽蒼以下, 極言小者未能知大者之義.

---

20) 굴좌도 : 전국시대 말기 楚나라의 문인인 屈原(BC.343~BC.278)을 가리킨다. 당시 懷王의 左徒 직책을 맡았다.
21) 문득 ~ 오르네 : 굴원의 『離騷』에 실려 있는 구절.
22) 가태부 : 前漢 때의 문인이자 정치가인 賈誼(BC.200~BC.168)를 가리킨다. 당시 여러 왕들의 太傅 직책을 맡았다.
23) 황학이 ~ 보도다 : 가의의 「惜誓」에 실려 있는 구절.

제3단

탕湯임금이 극棘에게 이것(『재해』의 기록)에 대해 물었다. "초목이 없는 북쪽지방에 명해冥海라는 것이 있으니 곧 천연의 못이다. 물고기가 있는데, 너비가 수천 리이고 그 길이를 아는 사람이 없다. 그 이름을 '곤鯤'이라고 한다. 새가 있는데, 그 이름을 '붕鵬'이라고 한다. 붕의 등은 마치 태산과 같고 날개는 마치 하늘가의 구름과 같은데, 양의 뿔처럼 생긴 회오리바람을 타고 구만 리 상공으로 올라가서 구름층을 뚫고 푸른 하늘을 등진 뒤에야 남쪽으로 날아가려고 한다. 남쪽 바다로 가려 할 즈음에 작은 참새가 붕새를 비웃으며 이렇게 말하였다. '저 새는 장차 어딜 가려는가? 나는 힘껏 뛰어 날아올라도 몇 길 지나지 않아 내려와서 쑥대밭 사이를 날아다닌다. 이만해도 지극히 잘 날아다니는 것인데, 저것은 장차 어디로 가려는 것인가?'"

湯之問棘也是已①. 窮髮②之北, 有冥海者, 天池也. 有魚焉, 其廣數千里, 未有知其修者③, 其名爲鯤. 有鳥焉, 其名爲鵬. 背若泰山, 翼若垂天之雲, 搏扶搖羊角④, 而上者九萬里, 絶雲氣, 負靑天, 然後圖南. 且⑤適南冥也, 斥鷃⑥笑之曰, 彼且奚適也. 我騰躍而上, 不過數仞而下, 翱翔蓬蒿之間, 此亦飛之至也, 而彼且奚適也⑦.

① 棘也是已 : '극棘'은 인명人名이다. 『열자列子』에 "탕湯임금이 하혁夏革에게 물었다"[24]라는 말이 있는데, 아마도 여기에 근거한 듯하다. '혁革'의 다른 음은 '극棘'이니 '병이 심하다'고 할 때의 '극革'과 같은 뜻이다. '이것이다'라는 것은 『제해』의 말을 가리킨다. [棘, 人名, 列子有湯問夏革之說, 依於此歟. 革一音棘, 如病革之革. 是已者, 指齊諧之言也.]

② 窮髮 : 불모지이다. [不毛之地.]

---

24) 탕임금이 ~ 물었다 : 『列子』권5 「湯問」편에 나오는 구절.

③ 修 : '길이'라는 뜻이다. [修長也.]

④ 羊角 : 바람이 휘돌아 올라가는 것이 마치 양의 뿔 같다는 뜻이다. [風曲上行, 如羊角然.]

⑤ 且 : '장차'라는 뜻이다. [將也.]

⑥ 斥鷃 : '鷃'의 음은 '안롙'으로, 작은 참새이다. [鷃音晏, 小雀也.]
  ○ 임희일이 말하기를, "'척斥'은 작은 늪이다"라고 하였다. [林氏云, 斥小澤也.]
  ○ 『금경禽經』[25]을 찾아보니 '안상유적鷃上有赤'이라 하였는데, '안鷃이 한 척을 날아오른다'라는 말이다. '적赤'자는 옛날에는 '척尺'자와 음이 같았으니, '척斥'자는 아마도 '척尺'자와 같은 글자였던 듯하다. [按, 禽經, 鷃上有赤, 言鷃上飛赤. 赤古與尺同, 斥似是與尺同.]

⑦ 彼且奚適也 : 극棘에게 물은 말은 여기에서 끝난다. 두 번 "저 새는 장차 어디로 가려는가?"라고 한 것은 심하게 비웃은 것이다. [問棘之言, 止此. 再言 彼且奚適, 笑之甚也.]

◇ 이상은 세 번째 단락이다. '곤'과 '붕' 이야기를 사람들이 믿지 않을까 염려하여 이미 『제해』의 내용으로 증거를 삼고, 오히려 부족해서 또 탕임금의 이야기로 증거를 삼았다. 탕임금은 사람들이 모두 아는 성인이다. 이 단락과 『제해』의 내용은 조금 다르니, 다시 그 문체를 바꾸어서 온전히 같지는 않게 함으로써 두 설이 있음을 밝히려고 하였다. 그러나 장자의 뜻은 또한 반드시 사람들이 이야기를 사실로 믿게 하려고 한 것이 아니다. 아마도 익살스러운 장난인 듯하다. 또 "탕임금의 말"이라고 하지 않고 "탕이 극에게 물었다"라고 함으로써 마치 탕임금이 '곤'과 '붕'의 존재 여부를 의심하여 극에게 질문하는 듯하게 한 것은, "탕임금 같은 성인도 또한 미심쩍은 일이 없을 수 없는데 하물며 보통사람이겠는가?"라는 뜻이다. 문장의 뜻이 기이

---

25) 『금경』: 중국 전국시대 때 師曠이 편찬하고 晉의 張華가 주석한 책이라고 전해지지만 명확하지는 않다.

하고, 문장 또한 기이하다.

右第三段. 鯤鵬之說, 恐人不信, 故旣以齊諧爲證, 而猶不足, 又以湯爲證. 湯則人所共知
之聖也. 此段與齊諧之言, 小異, 又變其文體, 不使之全同, 欲明兩說之俱存也. 然而莊子
之意, 亦非取必於見信也, 盖滑稽之劇. 且不曰湯之言, 而乃言湯之問棘, 有若湯疑於鯤
鵬之有無, 欲質於棘者焉. 此卽以湯之聖, 亦不能無疑, 況衆人乎之意. 意奇文亦奇.

제4단

이것은 작은 것과 큰 것의 차이이다.

此小大之辯也[1].

① 此小大之辨也 : '변辨'은 '분변하다'는 뜻이다. 작은 것을 먼저 말하고 큰
   것을 뒤에 말한 것은 이 부분이 '척안'의 일화 바로 뒤에 이어졌기 때문이다.
   [辨, 分也. 先小而後大, 是承斥鷃之下也.]

◇ 이상은 네 번째 단락이다. 이 단락은 「소요유」편의 한가운데에 위치하여,
   위의 여러 이야기를 매듭짓고 또 아래의 여러 이야기들을 총괄하고 있다.
   '작고 큰 것의 차이'(小大之辨) 이 네 글자는 곧 「소요유」한 편의 관건이다.
   右第四段. 此居於一篇之中, 所以結上諸說, 而又所以總下諸說. 小大之辨四字, 乃一篇
   關鍵.

제5단

그러므로 저 지혜가 한 관직을 주관할 만하거나 행실이 한 고장을

화합하게 할 만하거나 덕이 한 임금에 합당하여 한 나라 사람들에게
신임 받을 만한 사람도 그 스스로를 보는 것이 또한 이 작은 참새와
같을 것이다. 그러나 송영자宋榮子는 그들을 비웃으니, 온 세상이 그를
칭찬해도 더 이상 권할 수 없고 온 세상이 그를 비난해도 더 이상 막을
수 없다. 그것은 그가 안과 밖의 경계를 정하고 영광됨과 욕됨의 한계를
분명히 구별할 줄 알아서 이러할 따름이다. 그는 세상에 대하여 급급해하
지 않으나, 아직 독립하지 못한 점이 있다. 저 열자列子는 바람을 타고
가는 것을 경쾌하게 잘하여 보름이 지난 이후에야 돌아온다. 그는 복을
구하는 것에 급급해하지 않으니, 이 사람은 비록 걸어 다니는 것은 면했으
나 아직은 의지하는 것이 있다. 저 천지의 바른 이치를 타고 육기六氣의
변화를 다스려서 끝이 없는 경지에서 노니는 자라면 그가 또 무엇을
의지하겠는가? 그러므로 "지인至人은 자기라는 관념이 없고, 신인神人은
내세울 공적이 없으며, 성인聖人은 무어라 이름붙일 수 없다"라고 하는
것이다.

故夫知①效②一官, 行③比④一鄉, 德合⑤一君而徵一國者⑥, 其自視也亦若此矣⑦.
而宋榮子猶然笑之⑧, 且舉世⑨而譽之, 而不加勸, 舉世而非之, 而不加沮, 定乎內
外之分, 辨乎榮辱之境⑩, 斯已矣⑪. 彼其於世, 未數數然也⑫, 雖然, 猶有未樹也⑬.
夫列子⑭御⑮風而行, 冷然⑯善⑰也, 旬有五日而後反⑱. 彼於致福者⑲, 未數數然
也, 此雖免乎行⑳, 猶有所待者也㉑. 若夫乘天地之正㉒, 而御六氣之辨㉓, 以遊無窮
者㉔, 彼且惡乎待哉㉕. 故曰, 至人無己, 神人無功, 聖人無名㉖.

① 知 : '지知'의 음은 '지智'이다. [音智.]
② 效 : '주관하다'라는 뜻이다. [辦也.]
③ 行 : 거성去聲이다. [去聲.]

④ 比 : 평성平聲이니, '화합하다'라는 뜻이다. [平聲, 和也.]

⑤ 合 : '적합하다'는 뜻이다. [可合也.]

⑥ 知效一官……徵一國者 : '징徵'은 '믿다'라는 뜻으로, 그 덕이 한 나라에서 신임 받는 것이다. '관官'과 '향鄕'과 '국國'은 그 처한 곳에 세 등급이 있는 것이고, '지知'와 '행行'과 '덕德'은 그 이룬 것에 세 등급이 있는 것이며, '효效'와 '비比'와 '징徵'은 그 효험에 세 등급이 있는 것이니, 그 등급에 따라 적합한 글자를 쓴 것이 지극히 정밀하다. [徵信也, 其德信於一國也. 官與鄕與國, 其所處有三等, 知與行與德, 其所造有三等, 效與比與徵, 其所驗有三等. 隨其等而下其字, 極精密.]

⑦ 其自視也亦若此矣 : '차此'는 '척안斥鷃'을 가리킨다. 세 등급의 사람들이 각기 스스로 만족하는 것도 척안이 스스로 지극히 잘 날아 다닌다고 여기는 것과 같다. [此指斥鷃也. 三等之人, 自視以足者, 亦如斥鷃之自以爲飛之至也.]

⑧ 猶然 : 임희일이 말하였다. "'유연猶然'은 웃는 모양이다." [林氏云, 猶然笑貌.] ○ 유신옹이 말하였다. "'유猶'는 이 글자의 본래 뜻인 '오히려'로 해석해야 하며, '연然'은 어조사이다. 이하 세 단계에 걸쳐 '유猶'자를 썼다." [劉氏云, 猶如字解, 然語辭, 以下三層着猶字.]

⑨ 擧世 : '거세擧世'는 '온 세상 모두'라는 말이니, 곧 천하이다. 한 나라보다 더욱 크다. [擧世言擧一世也, 卽天下也. 尤大於一國.]

⑩ 且擧世而譽之……辨乎榮辱之境 : 온 세상이 칭찬하거나 헐뜯어도 더 이상 권면하거나 막지 못하는 것은 안과 밖의 분계를 정하고 영광됨과 욕됨의 한계를 변별하였기 때문이다. 안은 마음이고, 밖은 외물이니 곧 세상이다. 온 세상이 칭찬하여도 영광스럽게 여기지 않는 것은 내 마음속에 스스로 영광스럽게 여기는 것이 있기 때문이고 온 세상이 헐뜯어도 욕되게 여기지 않는 것은 내 마음속에 스스로 욕되게 여기는 것이 있기 때문이니, 이것이 능히 안과 밖의 경계를 정하고 영광됨과 욕됨을 변별하는 것이다. [擧世毁譽, 不加勸沮者, 由乎定內外之分, 卞榮辱之境也. 內心也, 外物也, 卽世也. 擧世譽之, 不爲榮, 而吾之心, 自有所榮者, 擧世毁之, 不爲辱, 而吾之心, 自有所辱者, 是能定能辨也.]

⑪ 斯已矣 : '이와 같이 하는 데 그친 것'이라는 말이니, 아직 부족함이 있다는 뜻이다. [言如斯而止也, 猶有不足之意.]

⑫ 數數然 : '數'은 음이 '삭朔'이니 '자주'라는 뜻이다. '삭삭연數數然'은 '자주자주 뜻을 둔다'라는 말이다. 어떤 사람은 "음은 '촉促'이니 촉박하다는 뜻이다"라고 하였다. [數, 音朔, 頻也. 數數然, 言頻致意也. 一云, 音促, 迫促之意.]

⑬ 定乎內外之分……猶有未樹也 : '수樹'는 '서다'라는 뜻이다. '서지 못했다'라는 것은 제대로 홀로 서지 못하고 아직 의지하는 것이 있다는 말이다. 송영자는 세상사람들의 칭찬 때문에 더 힘쓰거나 비난 때문에 그만두지 않으니, 세상일에 급급해하지 않는 사람이다. 그러나 '안이다', '밖이다'라고 한계를 정하고 '영광되다', '욕되다'라고 변별하였으니, 세상과 더불어 짝이 됨을 면치 못하고 있다. 계교計較하고 변별하는 것이 바로 세상에 의지하는 것이니, 세상을 벗어나 우뚝이 홀로 설 수가 없다. 저 한 관직을 맡을 만하고 한 고장 사람을 화평케 할 만하며 한 나라에서 신임을 받을 만한, 이러한 세 등급의 사람은 모두 세상일에 급급한 사람들이니 송영자가 비웃는 것이 당연하다. 그러나 송영자도 오히려 이루지 못한 것이 있으니 또한 장차 반드시 송영자를 비웃는 자가 있을 것이다. [樹, 立也, 未樹, 言未能特立而猶有所倚也. 榮子不以世之毀譽, 而勸沮則能不數數於世者, 而然, 而內之外之而定之, 榮之辱之而辨之, 不免與世爲耦. 計較辨別, 是倚於世, 而不能特立於世外也. 彼一官一鄕一國三等人, 皆數數於世者, 則宜乎榮子之笑之, 而猶有未樹, 則又將必有笑榮子者矣.]

⑭ 列子 : 이름은 어구禦寇이고, 정鄭나라 사람이다. [名, 禦寇, 鄭人.]

⑮ 御 : '타다'라는 뜻이다. [駕也.]

⑯ 冷然 : '경쾌한 모양'이다. [輕淸貌.]

⑰ 善 : '훌륭하다'라는 뜻이다. [美也.]

⑱ 夫列子御風而行……旬有五日而後反 : 바람을 타고 날아간다는 것도 우언이니, 혼탁한 세상을 벗어나서 맑고 드높은 경계에서 노니는 것을 비유하였다. 15일은 한 달의 반이니, 대붕大鵬이 반년을 날아간 뒤 쉬는 것과 같다.

열자가 오래 날 수 있음을 찬미한 것이겠으나 그가 무궁할 수 없음도 볼 수 있으니, 공자 문하의 안자顏子가 석 달 동안 인仁에서 떠나지 않은 것[26]에 비교된다. [御風而行, 亦寓言也, 以喩超塵世, 而遊淸高也. 旬有五日, 半月也, 猶大鵬之六月息也. 蓋美其能久, 而亦可見其不能無窮也, 比之孔門顏子之三月不違乎.]

⑲ 致福 : '복福'은 '편안하고 좋다'는 뜻이다. '치복致福'은 스스로 수양하여 편안하고 좋음을 구하는 것이다. [福, 安吉也. 致福, 自修以致安吉也.]

⑳ 免乎行 : '행行'은 발자국을 따라 걷는 것이다. 바람을 타고 허공을 다니는 것은 사람들이 발자국을 따라 땅위를 다니는 것과 다르다. [行, 踐跡也. 御風而行乎空虛, 則異乎人之踐跡而行乎地者也.]

㉑ 猶有所待者也 : '의지한다'는 것은 바람에 의지한다는 것이니, 보름 만에 돌아오는 것은 바람이 그쳐서 날아다닐 수가 없기 때문이다. 저 송영자는 스스로 수양함으로써 편안하고 행복한 것을 추구하지만 그 스스로 수양하는 것은 바로 앞사람의 발자국을 따라가는 것이니, 열자가 반드시 비웃어 마땅하다. 그러나 열자 또한 아직 의지하는 것이 있기 때문에 또 반드시 장차 열자를 비웃는 자가 있을 것이다. 그런데도 송영자가 세상을 비웃었다고만 말하고, 열자가 송영자를 비웃었다고는 말하지 않은 것은 어째서인가? 남을 비웃는 자 또한 국량이 좁은 것이다. 열자 이상의 경지에 이른 사람은 당연히 남을 비웃지 않는다. [待, 待風也, 旬有五日而返, 是風止而不能行也. 彼榮子自修以求安吉, 而其自修者, 卽踐跡也, 列子必當笑之, 而猶有所待, 則又將必有笑列子者矣. 然而榮子之於世, 曰笑之, 而列子之於榮子, 不曰笑之者, 何也. 笑之者, 亦小也. 列子以上, 當無笑矣.]

㉒ 天地之正 : 천지의 지극히 바른 이치이다. [天地至正之理也.]

㉓ 若夫乘天地之正, 而御六氣之辨 : '육기六氣'에 대하여, 일설에는 천지와 네 계절의 기운이라고 하고, 일설에는 '음陰', '양陽', '바람', '비', '어두움',

---

26) 공자 ~ 않은 것 : 『論語』「雍也」에 "回는 그 마음이 석 달 동안 仁에 어긋나지 않았고, 나머지는 하루 또는 한 달에 한 번 인에 이르렀을 뿐이다"(回也其心, 三月不違仁, 其餘則日月至焉而已矣)라는 구절이 있다.

'밝음'의 기운이라고 한다. 이러한 자연현상은 그 이치가 하나이기 때문에 '정正'이라고 하였고, 그 기운이 다르기 때문에 '변辨'이라고 하였다. 이 구절은 체體와 용用을 함께 갖추고 있고 정正과 변變을 두루 관통하고 있다. [六氣, 一云天地四時之氣, 一云陰陽風雨晦明之氣, 理一故云正, 氣殊故云辨. 此言, 體用兼備, 而正變俱通也.]

㉔ 無窮 : 15일과 짝지어서 비교한 말이다. [對旬有五日而言.]

㉕ 彼且惡乎待哉 : 천지의 바름을 타고 육기의 변화를 다스리면 천지와 더불어 하나가 되어 천지의 리와 기에 흠궐欠闕이 없고 멈추거나 쉼 또한 없으니, 타지 못할 곳과 타지 못할 때가 없으며 다스리지 못할 곳과 다스리지 못할 때가 없다. 그래서 "무엇을 의지하겠는가?"라고 한 것이다. [乘天地之正, 御六氣之辨, 則與天地爲一, 而天地之理與氣, 無所欠闕, 無所停息, 則其所乘所御, 無所不可, 無時不存. 故曰, 惡乎待也.]

㉖ 至人無己, 神人無功, 聖人無名 : '지至'·'신神'·'성聖'은 비록 나누어 말하였으나 기실 하나이다. 덕이 지극한 것을 가리켜 '지至'라고 하고, 신묘하게 변화하여 헤아릴 수 없는 것을 가리켜 '신神'이라고 하며, '지'와 '신'을 합하여 '성聖'이라고 한다. '무기無己'라는 것은, 만물과 하나가 되어 '나'가 없는 것이다. '무공無功'이라는 것은 만물에게 공을 베풀어도 만물은 그것을 공으로 여기지 않는 것이니, 풀이 동풍東風에게 그 무성함을 감사하지 않는 것과 같다. '무명無名'이란 '지극하다'느니 '신령스럽다'느니 하고 이름붙일 수 없는 것이다. [至神聖, 雖分而言之, 其實一也. 指德之至極而日至, 指神變不測而日神, 合至與神而日聖. 無己者, 與萬物爲一而無我也. 無功者, 功被萬物而物不以爲功, 如草不謝榮於東風也. 無名者, 至矣神矣, 無以名之也.]

◇ 이상은 다섯 번째 단락이다. 인품의 크기를 차례 지으면서, 낮은 등급에 해당하는 사람은 버리고 중간 등급의 일컬을 만한 이름이 있는 사람으로부터 시작하여 높은 등급의 첫째가는 사람에 이르렀으니 성인이 바로 그것이다. 저 붕새는 물物 가운데 큰 것인데도 구만 리의 바람에 의지해서야 날아

가고, 열자는 도가 높은 사람인데도 보름간의 바람에 의지해서야 날아다니니, 모두 크다고 하기에는 부족하다. 오직 성인만이 지극히 높고 지극히 커서 더할 것이 없다.

右第五段. 敍人品大小, 而截去下等人, 自中等人有名稱者而始, 至於上等第一人, 即聖人也. 夫鵬物之大者也, 猶待九萬里之風而後行, 列子之道高者也, 猶待旬五日之風而後行, 皆不足爲大也. 惟此聖人, 至尊至大, 無以復加.

제6단

요임금이 천하를 허유許由에게 양보하면서 말하였다. "해와 달이 떠 있는데도 횃불을 끄지 않으면 그 빛남이 또한 어려운 일이 아니겠습니까? 때맞추어 비가 내리는데 여전히 물을 주면 그 땅을 적심에 있어서 헛수고가 아니겠습니까? 선생이 임금이 되면 천하가 잘 다스려질 것인데 내가 오히려 그것을 맡고 있으니, 내 스스로 보기에 부족한 듯합니다. 천하를 돌려드리겠습니다." 허유가 말하였다. "그대가 천하를 다스려 천하가 이미 잘 다스려졌습니다. 그런데도 내가 도리어 그대를 대신하라고 하니, 나에게 장차 명예를 얻으라는 것입니까? 명예라는 것은 실질의 손님이니, 내가 장차 손님이 될까요? 초료鷦鷯가 깊은 숲에 둥지를 지을 때는 나뭇가지 하나를 쓰는 데 지나지 않고, 언서偃鼠가 황하의 강물을 마실 때는 배를 채우는 정도에 지나지 않습니다. 돌아가 쉬십시오, 임금이여! 나에게는 천하가 아무 소용이 없습니다. 요리사가 요리를 잘하지 못하더라도 축관이 술동이와 제기를 넘어가서 그를 대신하지는 않습니다."

堯讓天下於許由①日, 日月出矣而爝火②不息, 其於光也不亦難乎, 時雨降矣而猶浸灌③, 其於澤也不亦勞乎④. 夫子立而天下治⑤, 而我猶尸⑥之, 吾自視缺然⑦.

請致⑧天下. 許由曰, 子治天下, 天下旣已*治也, 而我猶代子, 吾將爲名乎. 名者實
之賓也, 吾將爲賓乎⑨. 鷦鷯⑩巢於深林, 不過一枝, 偃⑪鼠⑫飮河, 不過滿腹. 歸休
乎⑬, 君, 予無所用天下爲⑭. 庖人雖不治庖, 尸祝不越樽俎而代之矣⑮. (*已 : 국역대본
에는 '以'로 되어 있으나 오기임)

① 堯讓天下於許由 : 허유는 영천潁川 사람으로, 그의 무덤은 기산箕山에 있다.
지금 기산과 영천 사이에 허씨가 많은데, 스스로 허유의 후손이라고 하고
허유가 요임금 때 사악四岳[27] 가운데 하나였다고 말한다. 그렇다면 허유는
「요전堯典」에서 말한 사악인가? 요임금의 사악이 되었고 요임금이 그에게
임금 자리를 물려주려 했으니 허유의 어짊을 알 만하다. 그러나 허유가 임
금 자리를 사양함에, 후세의 호사가들이 말을 보태어 지나치게 고상한 이야
기를 만들어서 '귀를 씻었다'[28]는 데 이르러서는 드디어 허황한 이야기가
되고 말았다. 요임금 시대에는 윗사람과 아랫사람이 서로 예를 갖추어 사양
하였으니, 허유가 비록 천하를 받지 않았을지라도 예컨대 마땅히 "덕이 없
는 사람이 황제의 지위를 더럽힐 뿐입니다"라고 말했을 것이다. 어찌 일찍
이 아래 문장에서 말하고 있는 바와 같이 거룩한 임금을 나무라고 업신여겼
겠는가? 이 사람은 곧 장자가 지어낸 사람이다. [許由, 潁川人, 其塚在箕山.
今箕潁之間, 多許姓人, 自言由之裔, 而由爲堯時四岳云. 然則, 許由卽堯典所謂四岳歟.
爲堯四岳, 而堯將異位, 則由之賢可知也. 許由讓之, 而後世好事者敷演之以爲過高之說,
至於洗耳, 遂涉詭誕矣. 當堯之時, 上下禮讓, 許由雖不受天下, 而其言當如否德忝帝位
而已. 何嘗如下文所言, 譏侮聖君乎. 此乃莊子所撰出者也.]

② 爝火 : '爝'는 '자子'와 '소召'의 반절이니, '횃불'을 말한다. [子召切, 炬也.]

---

27) 사악 : 요임금 때의 관직으로, 고대에는 四岳이 제후의 일을 도맡아 다스렸다고
한다. 일설에 따르면 고대 사방 제후의 우두머리, 즉 羲仲·羲叔·和仲·和叔의 네
형제를 가리킨다고도 한다.
28) 귀를 씻었다 : 『高士傳』「許由」에 나오는 내용으로, 箕山의 潁水에 숨어 살던 허유가
요임금이 자기에게 제위를 맡기려 하자 거절하고서 더러운 말을 들었다면서 귀를
씻었다고 하는 고사이다.

③ 浸灌 : 도랑을 파서 물을 대고 항아리로 물을 길어 부어 주는 것 같은 것이다. [若濬溝以漑, 抱甕以灌也.]

④ 日月出矣……不亦勞乎 : 해와 달, 때맞추어 내리는 비 등은 자연이어서 작위作爲가 없는 것이니, 이것은 허유를 비유한 것이다. 횃불이나 물을 주는 행위 등은 인위적인 것이어서 작위가 있으니, 이것은 요임금이 자기를 비유한 것이다. [日月時雨, 天而無爲也, 喻許由. 爝火浸灌, 人而有爲也, 喻己.]

⑤ 夫子立而天下治 : '선생이 임금이 되면 천하가 저절로 다스려진다'는 말이다. [言夫子立, 則天下自治也.]

⑥ 尸 : '주재하다'라는 뜻이다. [主也.]

⑦ 缺然 : '부족하다'는 뜻이다. [不足之意.]

⑧ 致 : '돌려주다'라는 뜻이다. [致歸也.]

⑨ 名者實之賓也, 吾將爲賓乎 : 실질은 안에 있어 주인이 되고 명예란 밖에 있어 손님이 된다. 천하를 다스린다는 것은 장차 천하를 잘 다스리려 하는 것이다. 지금 천하는 요임금이 이미 잘 다스려서 다시 다스릴 것이 없는데도 자기가 요임금의 천하를 받는다면, 이는 실제로 다스릴 천하는 없고 한갓 천하를 다스린다는 명예만 가지게 되는 것이니, 곧 손님이 되는 것이다. [實在內爲主, 名在外爲賓. 凡爲天下者, 將以治天下也. 今天下, 堯已治之, 無復可治, 而若使己受堯之天下, 是無治天下之實, 而徒有爲天下之名, 卽爲賓也.]

⑩ 鷦鷯 : 작은 참새이다. [小雀.]

⑪ 偃 : '언偃'은 '이以'와 '천淺'의 반절이다. [以淺切.]

⑫ 偃鼠 : 두더지이다. 어떤 곳에는 '언鼹'으로 되어 있다. 쥐의 일종으로, 쥐보다 작고 코가 길며 땅속을 파고 다닌다. [偃鼠, 鼢鼠也. 一作鼹. 以鼠而小, 其鼻長, 穿地而行.]

⑬ 歸休乎 : '다시 말하지 말고 돌아가 쉬라'는 뜻이니 거절한 것이다. [言勿復有言, 且歸而休息也, 拒絶之也.]

⑭ 予無所用天下爲 : "숲은 크지만 뱁새는 큰 숲을 다 쓸 필요가 없다. 그

둥지를 짓는 것은 나뭇가지 하나에 그칠 따름이다. 황하가 크지만 두더지는 그것을 다 쓸 필요가 없다. 그 마시는 것은 배를 채우는 데 그칠 뿐이다"라는 말이다. 무릇 몸을 편안하게 하고 잘 기르기 위해서는 스스로 만족하면 되니, 천하의 광대함도 또한 쓸모없는 물건이 되어 아무 소용이 없는 것이다. [言林之大, 鷦鷯不必盡用, 其所巢止*於一枝而已, 河之大, 而偃鼠不必盡用, 其所飮止於滿腹而已. 凡所以安身養體, 止於自適, 則天下之大, 亦爲長物, 無所用也.(*止 : 國譯 대본에는 '止' 앞에 '而'가 있으나 연문인 듯함)]

⑮ 庖人雖不治庖, 尸祝不越樽俎而代之矣 : 가령 요임금이 천하를 잘 다스리지 못한다고 하더라도 자신이 스스로 즐기며 좋아하는 것을 버리고 요임금을 대신해서 다스리지는 않겠다는 말이다. 그런데 요리사는 음식을 삶고 자르며 축관은 술동이와 제기를 맡으니, 요리사는 낮고 축관은 높다. 이 또한 요임금을 가볍게 여기고 스스로를 고상하게 여기는 것이다. [言假令堯不能治天下, 己不肯捨其自適者而代堯治之也. 然而庖人司烹割, 尸祝主樽俎, 庖卑而祝尊. 亦輕堯而自高之意也.]

◇ 이상은 여섯 번째 단락이다. 앞 단락에서 이미 신인神人과 성인聖人에 대해서 말했기 때문에 옛사람 가운데 이러한 덕이 있는 사람을 가려 실증하고자 하였다. 그래서 요임금과 허유를 등장시켜 그럴싸하게 꾸며서 이야기한 것이다. 요임금이 천하를 양보한 것은 진실로 고상한 일이고, 허유가 받지 않은 것은 요임금보다 더욱 고상한 일이다. 그러나 허유 또한 참으로 신성神聖한 사람에 해당할 수 없다. 허유가 명예를 손님에, 실제를 주인에 비유한 것은 공이 없이 명예를 차지하는 것을 부끄러워한 것이다. 이것은 공의 유무와 명예의 허실을 견주어 비교한 것이어서, 신인과 성인이 공효와 명예를 의식하지 않는 것과는 거리가 있다. 요리사와 축관을 예로 들어 비유한 것은 지위라는 관념에서 벗어나지 못한 것이다. 이것은 남과 자신이 지켜 나가는 것이 다름을 헤아려 비교하는 것을 면하지 못한 것이어서, '지극한 경지에 이른 사람은 자기라는 관념이 없다'는 것과는 거리가 있다. 뱁새와

두더지를 비유한 것은 작아도 자적할 수 있어서 큰 것을 바라지 않는다는 것이니, 이는 나뭇가지 하나와 천하를 두고 크고 작음을 헤아려 비교하는 것을 면치 못한 것이다. 지인至人의 관점에서 본다면 나뭇가지 하나도 작은 것이 아니고 천하도 큰 것이 아니다. 때에 맞게 표주박 하나를 주더라도 받을 만하면 받고 천하를 주더라도 받을 만하면 받는 것이다. 어찌 작은 것은 적당하게 여기고 큰 것은 짐으로 여긴단 말인가? 그 말이 세 단계에 이를 뿐만 아니고, 그 비유 또한 어찌 그리 수다스러운가! 이 사람은 지극한 경지에 이르지 못한 자이다.

右第六段. 前段旣言神聖之人, 故欲指古之有是德者以實之, 而先以堯許由欺弄說去. 堯以天下讓, 固高矣, 許由不受, 尤高於堯矣, 然而許由亦未當當神聖之眞者也. 以其名實賓主爲喻者, 恥無功而有名也. 是不免計較功之有無名之虛實也, 與神人聖人之無功無名者, 有間矣. 其以庖人尸祝爲喻者, 思不出其位也. 是不免計較人己所守之異也, 與至計較人之無己者, 有間矣. 其以鷦鷯偃鼠爲喻者, 小猶自適而不願其大也. 是不免計較一枝與天下之大小也, 以至人觀之, 一枝非小也, 天下非大也. 時乎有以一瓠與之, 而可受則受之, 時乎有以天下與之, 而可受則受之, 何嘗以小爲適, 而以大爲累乎. 其言至於三段, 其譬又何其呶呶乎. 此未至於至者也.

제7단

견오肩吾가 연숙連叔에게 물었다. "내가 접여接輿의 이야기를 들었는데, 그 말이 크기만 하고 쓸데가 없으며 앞으로 나가기만 하고 뒤를 돌아보지 않았습니다. 나는 그의 말을 듣고 놀라고 두려워하였으니, 은하수와 같이 끝이 없어서입니다. 상식과 크게 어긋나서 인간의 실정에 가깝지 않습니다." 연숙이 말하였다. "그의 말은 무슨 내용이던가?" 견오가 말하였다. "'막고야산藐姑射山에 신인神人이 사는데, 피부는 마치 빙설氷雪 같고 부드럽고 곱기는 마치 처녀 같다. 오곡을 먹지 않고 바람을 들이쉬며

이슬을 마시고, 구름을 타고 용을 몰면서 세상 밖에서 노닌다. 그 정신이 온전하게 모이면 만물을 병들지 않게 하고 그해 곡식이 풍년들게 한다'라고 하였습니다. 나는 이 때문에 미친 것으로 여기고 믿지 않습니다."
연숙이 말하였다. "그렇겠다. '장님과는 문채의 아름다움을 함께 볼 수가 없고 귀가 먼 사람과는 악기소리를 함께 들을 수가 없으니, 어찌 육체적인 귀머거리와 장님만 있겠는가? 지혜의 경우도 귀머거리와 장님이 있다'라고 하였는데, 그 말은 바로 너를 두고 한 말 같다. 이 사람의 이런 덕은 장차 만물을 뒤섞어 하나로 만들 수 있으니, 세상이 그에게 다스려 주기를 구한다 하더라도 무엇 때문에 피곤하게 애써 천하 다스리는 것을 일삼겠는가? 이 사람은 어떤 외물도 그를 상하게 할 수가 없다. 큰 홍수가 나서 물이 하늘에 닿아도 물에 빠지지 않으며, 큰 가뭄에 쇠와 돌이 녹아 흐르고 평지의 산이 타올라도 불타지 않는다. 이런 사람은 티끌·때·쭉정이·겨 같은 것으로도 오히려 요임금과 순임금을 만들 수가 있다. 그런데 누가 즐겨 사물을 일거리로 삼겠는가?"

肩吾問於連叔曰, 吾聞言於接輿, 大而無當①, 往而不反②. 吾驚怖其言, 猶河漢而無極也③, 大有逕庭④, 不近人情焉⑤. 連叔曰, 其言⑥謂何哉. 曰, 藐⑦姑射之山⑧有神人居焉, 肌膚若氷雪⑨, 淖⑩約若處子⑪, 不食五穀, 吸風飮露⑫, 乘雲氣御飛龍, 而遊乎四海之外⑬. 其神凝⑭, 使物不疵癘, 而年穀熟⑮. 吾以是狂⑯而不信也. 連叔曰, 然⑰. 瞽者無以與⑱乎文章之觀⑲, 聾者無以與乎鐘鼓之聲, 豈惟形骸有聾盲哉, 夫知⑳亦有之. 是其言也, 猶時女也㉑. 之人也, 之德也, 將旁礴萬物以爲一㉒, 世蘄㉓乎亂㉔, 孰弊弊㉕焉, 以天下爲事. 之人也㉖, 物莫之傷㉗, 大浸稽㉘天而不溺, 大旱金石流㉙土㉚山焦㉛而不熱㉜. 是其塵垢粃糠, 將猶陶鑄堯舜者也㉝. 孰肯以物爲事㉞.

① 無當 : '쓸데가 없다'는 뜻이다. [無當於用也.]

② 往而不反 : 앞만 알고 뒤를 돌아보지 않는 것이다. [知前而不顧後也.]

③ 猶河漢而無極也 : '하한河漢'은 은하수이다. '끝이 없다'는 것은 머리와 꼬리가 끝이 없음을 알지 못한다는 말이다. [河漢, 天河也. 無極, 言不知首尾之無極也.]

④ 逕庭 : '정庭'은 거성去聲이다. '경逕'은 좁은 길이다. 길은 좁고 뜰은 넓으니, 그 넓고 좁음이 서로 같지 않음을 말한다. [去聲. 逕, 狹路也. 逕狹而庭廣, 言其闊狹不相侔.]

⑤ 肩吾問於連叔曰……不近人情焉 : 이 부분에 이르러 비로소 참다운 신인神人을 드러내고자 하였으나, 세상사람들이 그 이야기를 들으면 반드시 놀라 의심하여 믿지 않을 것이기 때문에 견오·연숙·접여를 끌어와서 증거로 삼았다. 그런데 '크기만 하고 쓸데가 없다', '앞으로 나가기만 하고 돌아보지 않는다', '놀라고 두려워한다', '인간의 실정에 맞지 않다'라고 잇달아 거듭 말한 것은 의심의 정도가 매우 심한 것이다. 아마도 신인의 지극히 높고 지극히 큰 경지를 밝힌 것이어서 황홀하여 이름붙이기가 어려웠을 것이다. [至此始欲發眞箇神人, 而世人聞之, 必驚疑不信, 故引肩吾連叔接輿以爲證, 而其曰大而無當, 其曰往而不反, 其曰驚怖, 其曰不近人情, 累累重言, 疑之甚也. 盖所以明神人之至高至大, 怳惚難名也.]

⑥ 其言 : 접여의 말이다. [接輿之言.]

⑦ 藐 : 음은 '막邈'이다. [音邈.]

⑧ 藐姑射之山 : 『산해경山海經』에 이르기를, "막고야산은 천지의 밖에 있다"라고 하였다. 그렇다면 무하유지향無何有之鄕에 있는 것인가? [山海經云, 藐姑射之山在寰海外. 抑在於無何有之鄕邪.]

⑨ 肌膚若氷雪 : 온몸이 순전히 흰빛이어서 그 색이 맑고 깨끗한 것이다. [體抱純素, 而其色之瀅潔也.]

⑩ 淖 : 음은 '작綽'이다.[29] [音綽.]

---

29) 통행본에는 '淖'이 '綽'으로 되어 있다.

⑪ 淖約若處子 : '작약淖約'은 부드럽고 고와서 사랑할 만한 것이다. '처자處子'
는 시집가지 않은 여자이다. 마음속에 지키는 것이 고요하고 온전하여 그
태도가 부드럽고 온화하다는 말이다. [淖約, 柔媚可愛也. 處子, 未嫁之女. 言內守
靜全而其儀之柔和也.]

⑫ 不食五穀, 吸風飮露 : 세상의 음식을 모두 끊고, 천지의 맑고 시원한 기운
을 마시는 것이다. [除絶世味, 而納天地淸冷之氣也.]

⑬ 乘雲氣御飛龍, 而遊乎四海之外 : 구름이 떠올라 비가 되어 만물에게 은택
을 베푸는 것을 조물주와 함께 하며, 드넓은 하늘 위에서 노니는 것이다.
[雲行雨施, 與造物者俱, 而遊於寥廓之上也.]

⑭ 神凝 : '응凝'은 온전한 것, 모이는 것이다. 그 정신이 온전히 모이면 온전하
지 못한 모든 물건이 온전해진다. [凝, 全也聚也. 其神凝, 則衆物之不凝當自凝.]

⑮ 藐姑射之山……而年穀熟 : 이 부분은 접여의 말이다. '만물이 병들지 않는
다'는 것은 만물이 성숙하여 병이 없는 것이고, '그해 곡식이 풍년들게 한다'
는 것은 풍년이 들어 백성이 편안한 것이니, 이른바 '수공垂拱하고 있어도
천하가 다스려진다'[30]는 것이고 '보존한 바가 신묘하여 지나가는 곳이 모두
교화된다'[31]는 것이다. 이른바 '신인神人은 제 한 몸만 잘 처신하는 것이
아니라 외물에까지 영향을 준다'는 것은 이와 같으니, 허유처럼 산중에 은
거하며 한갓 고상함만 일삼는 것과는 다르다. [此接輿之言也. 物不疵癘, 物遂而
無病也, 年穀熟, 年豊而民安也, 所謂垂拱而天下治也, 所謂所存者神所過者化也. 所謂
神人非唯獨善而所以及物者, 如此, 非如許由之枯槁山中, 徒事高尙而已.]

⑯ 狂 : '미쳤다'는 것은 '사람의 실정에 가깝지 않다'는 것보다 더 심하다.
[狂則有甚於不近人情.]

⑰ 然 : '네가 의심하며 믿지 않는 것이 당연하다'는 말이다. [言汝之疑而不信,
當然也.]

---

30) 수공하고 ~ 다스려진다 : 『書經』「周書·武成」에 나오는 구절.
31) 보존한 바가 ~ 교화된다 : 『荀子』「堯問」에 나오는 구절.

⑱ 與 : '참여하다'라는 뜻이다. 아래도 동일하다. [預也. 下同.]

⑲ 觀 : 거성去聲이다. [去聲.]

⑳ 知 : '지智'와 동일하다. [智同.]

㉑ 猶時女也 : '시時'는 '시是'와 같고 '여女'는 '여汝'와 통하니, "옛사람이 말한 대상이 바로 너와 같은 사람이다"라는 뜻이다. 견오가 매우 심하게 의심했기 때문에 그 기롱한 말 또한 이처럼 심한 것이다. [時, 是也, 女, 與汝通, 古人所言, 正是如汝者也. 肩吾之疑太甚, 故其譏之亦如是其深也.]

㉒ 將旁礴萬物以爲一 : '방박旁礴'은 '섞어 하나로 함'을 뜻한다. 만물의 오묘함을 깨달아 하나로 돌아간다는 말이니, 이른바 '궁극점을 깨달아 그 지극함으로 돌아간다'[32])는 것이다. '하나'는 '도道'이니, 이것이 바로 그 정신이 모인 것이다. [旁礴, 混同之意. 言會通萬物之妙, 以歸於一, 所謂會其極, 歸其極也. 一者, 道也, 此卽其神凝也.]

㉓ 蘄 : '기祈'와 같으니, '구하다'라는 뜻이다. [與祈同, 求也.]

㉔ 世蘄乎亂 : '난亂'은 '치治'(다스리다)이다. '나는 아무런 작위도 하지 않으나 세상사람 스스로 다스려 주기를 요구한다'는 말이니, 이것이 바로 '만물이 병들지 않고 곡식이 풍년든다'는 것이다. 어떤 학자들은 '방박만물旁礴萬物' 네 글자를 한 구로, '이위일세기호란以爲一世蘄乎亂' 일곱 글자를 한 구로 해석기도 하고, 다른 어떤 학자들은 '방박만물旁礴萬物' 네 글자를 한 구로, '이위일세以爲一世' 네 글자를 한 구로, '기호란蘄乎亂' 세 글자를 한 구로 해석하기도 한다. [亂, 治也. 言我無爲, 而世人自祈乎治, 此卽物不疵癘, 而年穀熟也. 諸家解, 或以旁礴萬物四字, 爲一句, 以以爲一世蘄乎亂七字, 爲一句, 或以旁礴萬物四字, 爲一句, 而以以爲一世四字, 爲一句, 以蘄乎亂三字, 爲一句.]

㉕ 弊弊 : '폐弊'는 그 정신이 지치도록 힘쓰는 것이다. '폐폐弊弊'는 '정신이 지치도록 힘씀이 더욱 많다'는 뜻이다. [弊, 勞弊其神也. 弊弊, 弊之多也.]

㉖ 之人也 : 여기서부터는 앞 단락의 뜻을 거듭 밝혀서 채워 나간 것이다.

---

32) 궁극점을 ~ 돌아간다 : 『書經』「周書 · 洪範」에 나오는 구절.

그러므로 다시 '인人'자를 내세워 말하였다. [此下, 申明前段之意, 以實之. 故復
揭之人, 以言之.]

㉗ 物莫之傷 : 외물에 마음을 움직이지 않으면 외물이 그를 해칠 수 없다.
앞에서 "만물이 병들지 않는다"라고 한 것은 덕이 만물을 병들게 하지 않을
수 있다는 것이고, 여기서 "외물이 해칠 수 없다"라고 한 것은 외물이 그의
덕을 손상시킬 수 없다는 것이니, 사람과 만물을 짝지어 말한 것이다. [不動
心於物, 則物無以害之也. 前言物不疵癘, 則德能使物不病也, 此言物莫之傷, 則物不能
病德也, 蓋互人與物而言之也.]

㉘ 稽 : 음은 '계稽'이니, '닿다'라는 뜻이다. [音稽, 至也.]

㉙ 大旱金石流 : '아무리 견고한 것도 녹아서 없어지지 않음이 없다'는 말이다.
[言無堅不消融也.]

㉚ 土 : 평지이다. [平地也.]

㉛ 土山焦 : '타서 없어지지 않는 땅이 없다'는 말이다. [言無地不焦爛也.]

㉜ 不熱 : 만물을 뒤섞어 하나로 만들기 때문에 큰 것과 작은 것, 찬 것과
뜨거운 것 할 것 없이 모든 물건을 같게 보니, 하늘에까지 닿는 물과 쇠를
녹이는 불도 오히려 해칠 수 없는데 하물며 그 나머지이겠는가? 이것이
'만물을 뒤섞어 하나로 만든다'는 말의 실상이다. [以其混同萬物而一之, 故物無
大無小無寒無熱, 視之如一, 稽天之水, 流金之火, 猶莫之傷, 則況其餘乎. 此旁礴萬物爲
一之實也.]

㉝ 是其塵垢粃糠, 將猶陶鑄堯舜者也 : 티끌과 때는 만물 가운데 천한 것을
말하고, 겨와 쭉정이는 조악한 것을 말한다. 천하고 조악한 것으로도 요임
금과 순임금의 사업을 충분히 이룰 수 있다는 것이다. 이것은 '세상사람들
이 다스려 주기를 바란다'는 말의 실상이다. [塵垢言其淺者也, 粃糠言其粗者也,
以其中之粗淺者, 足以做成堯舜事業也. 此世蘄乎亂之實也.]

㉞ 孰肯以物爲事 : 연숙의 말은 여기에서 끝난다. 앞에서 '누가 피곤하게 애써
서'라고 말하고 여기서는 '누가 즐겨'라고 말하였는데, '즐겨'는 '피곤하게

애써서'와 비교하면 어감이 매우 가볍다. 그리고 앞에서 '천하 다스리는 것을 일삼겠는가?'라고 하고 여기서 '사물을 일거리로 삼겠는가?'라고 하였는데, 천하라는 것은 일이니 물物은 일에 비해 규모가 더욱 크다. 요임금과 순임금은 사물에 종사하여 작위함이 있었고, 신인神人은 사물을 벗어나서 작위함이 없었다. [連叔之言, 止此. 前言執弊弊, 此言執肯, 肯較弊弊甚輕. 前言以天下爲事, 此言以物爲事, 天下者事也, 物較事尤大. 蓋堯舜從事於事物之間, 而有爲也, 神人超然於事物之外, 而無爲也.]

◇ 이상은 일곱 번째 단락이다. 고야신인姑射神人의 덕성에 대해 언급한 부분 앞의 많은 이야기는 모두 이 신인을 드러내기 위해서 말한 것이다. 신인에 대하여 설명하기가 이처럼 어려운 것인가! 장자가 인품의 크기를 논하여 나열한 것은 한 관직, 한 고장, 한 나라를 맡을 인물에서부터 송영자, 열자, 요임금, 허유, 그리고 이곳의 신인에 이르기까지 무릇 여덟 단계인데, 단계가 높아질수록 문세文勢는 더욱 기이해진다. 그러나 하늘 위에 어찌 다시 하늘이 있겠으며, 요임금 위에 어찌 다시 성인이 있겠는가! 장자가 이것을 모르는 것은 아니고, 다만 세상사람들이 말단적인 세상일에 얼이 빠져 있는 것에 화가 나서 이처럼 과격한 주장을 한 것이리라.

右第七段. 敍姑射神人之德以上多費說話, 皆欲發此神人而說也. 神人之難言, 有如是. 夫莊子論列人品大小, 自一官一鄕一國榮子列子堯許由, 至此神人, 凡八層, 層層轉高, 文瀾益奇. 然而天之上, 豈更有天乎, 堯之上豈更有聖乎. 莊子非不知此, 而憤世之規規事爲之末, 而有此詭激之論乎.

제8단

송나라 사람이 장보관章甫冠을 밑천으로 삼아 월나라에 갔다. 그러나 월나라 사람들은 머리를 짧게 깎고 문신을 하여, 그것을 쓸 일이 없었다.

宋人資^①章甫^②, 而適諸越. 越人斷髮文身, 無所用之.

① 資 : '밑천으로 삼는다'는 뜻이다. [爲資也.]

② 章甫 : 모자이다. [冠也.]

◇ 이상은 여덟 번째 단락이다. 장보는 의복 가운데 훌륭한 것이지만 머리를 깎고 문신을 한 사람에게는 쓸모가 없고, 신인은 덕이 지극한 사람이지만 마음의 귀와 눈이 먼 사람은 그것을 알지 못한다는 것이니, 앞에 나오는 '견오가 신인을 알지 못하는 것'에 호응하고, 뒤에 나오는 '혜자가 자기(장자)를 알지 못하는 것'에 연결된다. 그런데 '지知'자를 '용用'자로 바꾸어 뒤에 나오는 '큰 박과 '큰 가죽나무'를 '씀'과 '쓰지 않음'에 연결시켰다. 여러 학자들은 이 문단을 "송나라 사람이 장보관을 밑천으로 삼았으나 월나라 사람에게는 그것이 쓸모가 없었다는 것은 '요임금과 순임금의 도(堯舜之道) 네 글자가 쓸모가 없다는 것이다"라고 해석하기도 하고, 혹 "요임금이 '멍하니 천하를 잃은 듯하였다'는 것은 월나라 사람들이 장보관을 사용하지 않는 것과 같다"라고 풀이하기도 하나, 모두 잘못 해석한 것이다.

右第八段. 章甫服之美者, 而斷髮文身者, 無所用之, 神人德之至者, 而聾盲乎心者, 無以知之, 上以應肩吾之不知神人, 下以照惠子之不知己. 然而變知字爲用字, 以照下大瓠大樗之用不用也. 諸家解此段, 或云, 宋人資章甫, 而越人無所用, 猶堯舜之道四字無所用, 或云, 堯窅然喪天下, 猶越人無用章甫, 皆誤.

제9단

요임금이 천하의 백성을 다스려서 온 나라의 정치를 평온하게 안정시키고, 막고야산과 분수汾水의 북쪽으로 가서 네 사람을 만나보고는 멍하니 천하를 잊은 것만 같았다.

　堯治天下之民, 平海內之政, 往見四子藐姑射之山, 汾水之陽①, 窅然②喪其天
下焉③.

① 堯治天下之民……汾水之陽 : 여러 주석에서 네 사람을 허유許由・설결齧
　缺・왕예王倪・피의被衣라고 하였으나 오류이다. 네 사람이라고 한 것은 우
　언寓言이다. 신인神人은 한 사람이 있기도 어려운데 네 사람이 있다고 말한
　것은 장자가 익살을 부린 부분이다. 네 사람이 고야산에 산다고도 하였고,
　혹 분수의 북쪽에 산다고도 하였다. 그런데 고야산은 세상 밖에 있으니 지
　극히 먼 곳이고, 분수는 요임금의 수도에 있으니 지극히 가까운 곳이다.
　이것은 지극한 도는 먼 곳이든 가까운 곳이든 존재하지 않는 곳이 없음을
　비유한 것이리라. 그러니 억지로 해석해서는 안 된다. 임희일이 말하였다.
　"요임금의 도읍에 있으면서 고야의 신인을 보았으니, 신인은 바로 요임금의
　마음이다." [諸註以四子爲許由齧缺王倪被衣, 誤也. 夫四子寓言也. 神人之有一, 亦難
　矣, 而謂之有四, 是莊子滑稽處. 四子或居於姑射之山, 或居汾水之陽, 姑射在世外而至
　遠也, 汾水在堯都而至近也, 以比至道於遠於近, 無所不在歟. 不可强解也, 林氏云, 在堯
　之都, 而見姑射之神, 卽堯心也.]
② 窅然 : 멍한 모양이다. [茫然之意.]
③ 窅然喪其天下焉 : '천하를 잊었다'는 것은 정신이 나간 모양이다. 요임금이
　이미 천하를 다스려 천하의 정치를 평온하게 안정시켰음에도 오히려 이처
　럼 멍하니 정신을 잃었으니 네 사람의 덕이 지극하다고 할 수 있다. 그러나
　요임금은 천하를 잘 다스리고 천하를 평온하게 한 공덕이 있었기 때문에
　네 사람의 지극함을 알 수 있었던 것이다. 천하를 잊은 것은 천하를 양보한
　것보다 더 높은 경지이다. [喪其天下, 自失之貌. 堯旣治天下平海內, 而猶此茫然自
　失, 則四子之德, 可謂至矣, 而堯有能治天下平海內之德, 故能知四子之至也. 喪天下, 高
　於讓天下.]

◇ 이상은 아홉 번째 단락이다. 앞 단락에서는 '알지 못하는 자는 알지 못함'을 말했고 이 단락에서는 '오직 아는 자만이 안다'는 것을 말하여, '알지 못하는 자'와 '아는 자'로 나누어 배치하였다. 아마도 장자는 마음속으로 스스로를 고야의 신인에 견준 듯하다. 장자는 앞 단락에서 혜시惠施 같은 사람은 자신을 월나라 사람에게 있어서의 장보관처럼 쓸모없는 존재로 볼 것이라고 말했다가, 여기서는 신령스러운 요임금 같은 성인을 만나면 반드시 자신을 알아줄 것이라고 말하였다.

右第九段. 前段言不知者不知, 此段言惟知者能知之, 兩分不知者與知者而設. 蓋莊子隱以姑射之神人自況. 其已言如惠施*者視我, 以越人之章甫, 而若遇聖如神堯者, 必當知我也.(*惠施 : 국역대본에는 '施惠'로 되어 있으나 오기임)

제10단

혜자惠子가 장자에게 말했다. "위나라 왕이 나에게 큰 박이 열리는 박씨를 주기에 내가 그것을 심어서 다 길렀더니 박의 크기가 닷 섬들이나 되었다. 거기에 음료수를 담았더니 무거워서 스스로 들 수가 없었고, 쪼개어 바가지를 만드니 너무 커서 담을 것이 없었다. 덩그러니 크지 않은 것은 아니나, 나는 그것이 쓸데없다고 여겨서 부수어 버렸다." 장자가 말하였다. "그대는 큰 것을 사용하는 데 참으로 서툴구나. 송나라 사람 가운데 손이 트지 않게 하는 약을 잘 만드는 사람이 있었는데, 대대로 솜을 세탁하는 일을 직업으로 삼았다. 한 나그네가 그 소식을 듣고 약 만드는 비방을 일백 금에 사겠다고 청하였다. 송나라 사람이 가족을 모아 놓고 의논하며 말하기를, '우리는 대대로 솜 세탁을 해 왔지만 몇 금을 버는 데 그쳤다. 지금 하루아침에 기술을 일백 금에 팔게 되었으니 기술을 주어 버리자'라고 하였다. 나그네가 그 비방을 얻은 후 오나라

왕에게 가서 유세하였다. 월나라가 오나라를 침입하자 오나라 왕은 그를 장수로 삼았는데, 겨울에 수중전을 펼쳐 월나라 사람들을 크게 물리치니 왕이 그에게 땅을 나누어 봉토封土로 주었다. 손이 트지 않게 할 수 있는 것은 동일한데도 어떤 사람은 봉토를 받고 어떤 사람은 솜 세탁하는 일을 면하지 못했으니, 쓰는 곳이 달랐기 때문이다. 지금 그대에게 닷 섬들이 박이 있다면, 어찌 큰 통을 만들어 강과 호수에 띄울 것을 생각하지 않고, 덩그러니 크기만 하여 담을 것이 없다고 근심하는가? 그러니 그대는 아직 마음이 꽉 막혀 있는가 보구나!"

惠子①謂莊子曰, 魏王貽*我大瓠之種②, 我樹之成③, 而實五石④. 以盛水漿, 其堅⑤不能自擧也, 剖之以爲瓢⑥, 則瓠落⑦無所容. 非不呺然大也⑧, 吾爲其無用而掊⑨之⑩. 莊子曰, 夫子固拙於用大矣. 宋人有善爲不龜⑪手之藥者⑫, 世世以洴⑬澼⑭絖⑮爲事. 客聞之, 請買其方百金⑯. 聚族而謀⑰曰, 我世世爲洴澼絖, 不過數金, 今一朝鬻技百金, 請與之. 客得之, 以說吳王. 越有亂, 吳王使之將, 冬與越人水戰, 大敗越人, 裂地而封之. 能不龜手, 一也, 或以封, 或不免於洴澼絖, 則所用之異也. 今子有五石之瓠, 何不慮⑱以爲大樽⑲而浮乎江湖, 而憂其瓠落無所容. 則夫子猶有蓬之心也夫⑳. (*貽 : 국역대본에는 '遺'로 되어 있으나 통행본에는 '貽'로 되어 있음)

① 惠子 : 이름은 '시施'이고, 위나라 혜왕의 재상이 되었다. [名施, 相魏惠王.]

② 大瓠之種 : 높고 귀한 지위를 얻은 것을 말한다. [言得之尊貴也.]

③ 我樹之成 : 부지런히 애써서 길렀다는 말이다. [言養之勤苦也.]

④ 實五石 : 그 속을 채우면 다섯 섬이 들어갈 만하다는 뜻이다. [實於其中, 可容五石.]

⑤ 堅 : '무겁다'는 뜻이다. [重也.]

⑥ 瓢 : 반으로 가른 박을 '표瓢'라고 한다. [半瓠曰, 瓢.]

⑦ 瓠落 : '확瓠'은 '호戶'와 '곽郭'의 반절이다. '확락瓠落'은 '확락廓落'(아주 크다)
과 같다. 일설에는 "'확瓠'은 '포호布濩'(흩어지다)의 뜻이고 '락落'은 '영락零
落'(떨어지다)의 뜻이니, 모양이 평평하고 얕아서 물을 부으면 넘쳐 떨어진다
는 뜻이다'라고 하였다. [瓠, 戶郭切. 瓠落, 猶廓落也. 一云, 瓠, 布濩也, 落, 零落也,
形平而淺, 受水則零落也.]

⑧ 呺然 : '효呺'는 '호呼'와 '교驕'의 반절이니, 커다란 모양이다. [呺, 呼驕切,
大貌.]

⑨ 掊 : 음은 '부剖'이니, 쳐서 부수는 것이다. [音剖, 擊碎之也.]

⑩ 以盛水漿……吾爲其無用而掊之 : '온전한 박을 그대로 쓰려고 하면 무거
워 움직일 수가 없고, 쪼개어 쓰려고 하면 덩그러니 크기만 하여 담을 만한
것이 없으니, 크게 쓸 데도 작게 쓸 데도 없다'는 뜻으로, 장자의 도가 쓸모
가 없음을 기롱한 것이다. '덩그렇게 크다'고 말한 것은 눌렀다가 높였다가
하여 심하게 기롱하고 비웃은 것이다. [言瓠, 欲全而用之, 則堅重不能運, 欲分而
用之, 則廓落無可盛, 以大以小, 皆無用也, 以譏莊子之道, 無可用也. 其曰, 呺然大者,
抑揚譏嘲之甚也.]

⑪ 龜 : '균龜'은 '거擧'와 '륜倫'의 반절이니, 피부가 갈라 터지는 것이다. [擧倫
切, 拘析也.]

⑫ 不龜手之藥 : 겨울에 이 약을 쓰면 물속에 손을 넣어도 손이 트지 않는다.
[冬月用此藥, 則手入水中, 而不拘析也.]

⑬ 洴 : '병洴'은 '부扶'와 '경經'의 반절이니, '세탁하다'라는 뜻이다. [扶經切,
漂濯也.]

⑭ 澼 : '벽澼'은 '보普'와 '력瀝'의 반절이니, '솜을 세탁하다'라는 뜻이다. [普瀝
切, 漂絮也.]

⑮ 絖 : '광纊'과 같은 글자로, '가는 솜'이라는 뜻이다. [與纊同, 絮之細者.]

⑯ 請買其方百金 : 송나라 사람이 스스로 크게 이익이 된다고 여겨 그 비방을
숨겼기 때문에 값을 많이 주고 그 비방을 배우려고 한 것이다. [宋人自以爲大

利, 而秘其方, 故厚其價而欲學之也.]

⑰ 聚族而謀 : 그 비방을 소중하게 여긴 것이다. [重其方也.]

⑱ 慮 : '꾀하다'라는 뜻이다. [規也.]

⑲ 樽 : '준樽'은 물에 뜨는 통으로, 이것을 허리에 묶고 물을 건넌다. 전하는 말에 "물 한가운데서 배를 잃으면 통 하나가 천금이다"³³⁾라고 하였으니, 이 통에 힘입어 살 수 있다면 그 값어치가 어찌 천금에 그치랴! [樽, 浮水之壺也, 繫腰以渡水者. 語曰, 中流失船, 一壺千金, 若賴此而生, 則其價豈止千金乎.]

⑳ 夫子猶有蓬之心也夫 : '봉심蓬心'은 '마음이 꽉 막혀 있다'³⁴⁾는 말과 같다. [蓬心, 猶茅塞于心也.]

○ 진심陳深³⁵⁾이 말하였다. "박은 속이 텅 비어 물건을 담기에 좋고 겉은 둥글어서 물에 잘 뜨는데, 땅에 두면 물에 뜨는 특성을 잃어버려 들 수조차 없을 만큼 무겁고, 쪼개어 바가지를 만들면 둥근 본래의 형체가 훼손되어 덩그러니 크기만 할 뿐 담을 것이 없다. 잘 생각하여 통을 만들어서 강과 호수에 띄울 것 같으면 애쓰지 않아도 저절로 떠서 어디를 가든 마땅치 않은 곳이 없다. 무릇 작은 물건은 쓰기가 쉽고 큰 것은 쓰기가 어렵다. 그래서 작은 것을 쓰는 사람은 항상 쓰는 데에 능숙하고, 큰 것을 쓰는 사람은 간혹 서툴기도 하다. 어려운 것을 공교롭게 처리하는 일은 본성을 따르고 이치에 맡겨서 꽉 막힌 마음의 누를 제거한 자가 아니면 누가 해낼 수 있겠는가!" [陳深*云, 瓠, 中虛而善容, 外圓而善浮, 置之于地, 則失浮之性而其堅不能擧, 剖而爲瓢, 則毀圓之體而瓠落無所容. 若慮而爲樽, 浮之江湖, 則不勞而自擧, 無往而不宜矣. 凡物, 小者爲用易, 大者爲用難, 而用小者常工, 用大者或拙. 于其難而處之以工, 非因性任理, 去蓬心之累者, 孰與於此.(*深 : 국역대본에는 '心'으로 되어 있으나 오기임)]

---

33) 물 한가운데서 ~ 천금이다 :『鶡冠子』「學問」편에 나오는 구절.
34) 마음이 ~ 막혔다 :『孟子』「盡心下」에, "지금 띠풀이 그대의 마음을 꽉 막고 있구나"(今, 茅塞子之心矣)라는 구절이 있다.
35) 진심 : 중국 명나라 사람으로『諸子品節』을 지었다.

◇ 이상은 열 번째 단락이다. 무릇 물건이란 작게 쓰면 쓰임새가 작고, 크게 쓰면 쓰임새가 크며, 적절하게 쓰지 못하면 쓸모없는 것이 되니, 쓰는 사람이 공교롭게 쓰는가, 졸렬하게 쓰는가에 달려 있다. 큰 물건을 작게 써서는 안 된다.

右第十段. 凡物用之, 小則小用之, 大則大用, 不得其宜則爲無用, 在於用之者工拙, 而物之大者不可用之小.

제11단

혜자가 장자에게 말하였다. "나에게 큰 나무가 있는데, 사람들이 그 나무를 '가죽나무'라고 부른다. 그 큰 둥치는 울퉁불퉁하여 먹줄에 맞지 않고, 그 작은 가지는 구불구불하여 그림쇠나 곱자에 맞지 않다. 길가에 서 있어도 목수가 돌아보지 않는다. 지금 그대의 말은 크기만 하고 쓸데가 없으니 뭇 사람들이 버리는 바이다." 장자가 말하였다. "그대는 살쾡이를 보지 못했는가? 몸을 낮추고 엎드려 다니면서 노는 놈을 엿보는데, 동쪽으로 뛰고 서쪽으로 넘으며 높은 곳도 낮은 곳도 피하지 않다가 올가미와 틀에 걸리고 그물에서 죽는다. 지금 저 털이 긴 소는 그 크기가 마치 하늘에 드리운 구름 같다. 이것은 크다고 할 수 있으나 쥐를 잡지는 못한다. 지금 그대가 큰 나무가 있는데 쓸모가 없는 것이 걱정이라면, 어찌 그 나무를 아무것도 없는 곳, 아득히 끝이 없는 들판에 심어 놓고 그 옆에서 아무 하는 일 없이 거닐기도 하고 그 아래에 누워 자며 마음껏 노닐지 않는가? 도끼나 자귀에 잘리지 않고 해칠 것이 없으리니, 아무데도 쓸모가 없으면 어찌 괴롭고 고통스러운 일이 있겠는가!

惠子謂莊子曰, 吾有大樹, 人謂之樗①. 其大本擁腫②, 而不中③繩墨, 其小枝卷④

曲, 而不中規矩⑤, 立之塗⑥, 匠者不顧⑦. 今子之言, 大而無用, 衆所同去也⑧. 莊子曰, 子獨不見狸狌⑨乎. 卑身而伏, 以候⑩敖者⑪, 東西跳⑫梁⑬, 不避高下⑭, 中⑮於機⑯辟⑰ 死於罔罟⑱. 今夫斄牛⑲, 其大若垂天之雲, 此能爲大矣, 而不能執鼠⑳. 今子有大樹, 患其無用, 何不樹之於無何有㉑之鄉, 廣莫㉒之野㉓, 彷徨乎無爲其側, 逍遙㉔乎寢臥其下. 不夭斤斧*, 物無害者㉕, 無所可用, 安所困苦哉㉖. (*斤斧 : 국역대본에는 '斧斤'으로 되어 있으나 통행본에 의거하여 '斤斧'로 고쳤음)

① 樗 : 가죽나무는 쓸모가 없는 나무이다. 혜자가 이 나무의 이름을 모르는 것이 아니면서도 "사람들이 가죽나무라고 한다"라고 말한 것은 아마도 그것을 경시해서일 것이다. [樗, 惡木也. 惠子非不知此木之名, 而乃云人謂之樗, 蓋忽之也.]

② 擁腫 : 뭉치고 종기가 난 것이다. [盤結而瘲疣也.]

③ 中 : 거성去聲이다. [去聲.]

④ 卷 : 음은 '권權'이다. [音權.]

⑤ 其大本擁腫……而不中規矩 : 큰 것 작은 것 모두 쓰기에 적합하지 않다는 말이다. [言大者小者, 皆不中於用.]

⑥ 立之塗 : 지나가며 보는 사람이 많다는 말이다. [言過而見者衆.]

⑦ 匠者不顧 : '장자匠者'는 나무를 사용하는 사람인데도 돌아보지 않으니, 그 나무는 쓸모가 없는 것이 분명하다. [匠者用木者而不顧, 則其無用, 明矣.]

⑧ 衆所同去也 : 앞 단락에서 장자가 '그대는 마음이 꽉 막혔다'라고 하였기 때문에 혜자가 '나만 버릴 뿐만 아니라 뭇사람들이 함께 버리는 바이다'라고 답한 것이다. [前段莊子謂夫子蓬心, 故惠子答以非但我棄之, 而衆人所同棄也.]

⑨ 狌 : 음은 '생牲'이다. 쥐를 잡는 짐승으로 혜자를 비유한 것이다. [音牲. 執鼠之獸, 喻惠子.]

⑩ 候 : '엿보다'라는 뜻이다. [伺也.]

⑪ 以候敖者 : '오敖'는 '오홈'와 '모毛'의 반절이니, '놀다'라는 뜻이다. 다니며 노는 동물을 엿보다가 잡는 것이다. 일설에는 "'오敖'는 '어魚'와 '도到'의 반절이니, '게으르다'라는 뜻이다. 게으른 놈을 엿보아 잡는 것이다"라고 하였다. 살쾡이는 반드시 머리를 숙이고 허리를 낮추어 땅에 몰래 엎드린 채 다니는 동물을 엿보니, 몰래 남의 뒤를 따라가면서 틈을 엿보아 자기가 바라던 것을 얻는 것에 비유한 것이다. [敖, 吾毛切, 遊也. 伺物之遊敖者, 而執之也. 一云, 魚到切, 怠也. 伺其怠, 而執之也. 狸狌必低頭卑腰, 暗伏於地, 以候物之敖者, 比世之潛蹤伺釁, 以求得其所欲者也.]

⑫ 跳 : '뛰다'라는 뜻이다. [躍也.]

⑬ 梁 : '넘다'라는 뜻이다. [越也.]

⑭ 不避高下 : 세상사람들이 사업경영에 분주하여 위험을 피하지 않는 것을 비유한 것이다. [比世之奔走經營, 不避危險也.]

⑮ 中 : 거성去聲이다. [去聲]

⑯ 機 : '묶다'라는 뜻이다. [括也]

⑰ 機辟 : '辟'의 음은 '벽闢'으로, '법法'(틀)이라는 뜻이다. '기벽機辟'은 '기계機械'와 같은 말이다. [音闢, 法也. 機辟, 猶言機械.]

⑱ 罔罟 : 높은 곳에서는 그물에 걸리고 낮은 곳에서는 덫에 걸린다는 것이니, 부딪치는 곳마다 재앙을 만나는 것을 말한다. 작은 지식이 있는 자는 교묘한 계책을 즐겨 쓰나 그것이 도리어 자신을 멸망시킴을 알지 못한다. [高則罹於網罟, 下則中於機辟, 言觸處遇災也. 夫有小知者, 喜用機巧, 不知反以滅身.]

⑲ 斄牛 : 털이 긴 소이다. 자신을 비유한 것이다. [旄牛也, 自況.]

⑳ 今夫斄牛……不能執鼠 : 털이 긴 소는 그 능력이 □□□□에 불과하고 쥐를 잡는 것은 살쾡이보다 도리어 못하지만, 생명을 온전히 보존하여 자유롭게 살며 덫과 그물에 걸리는 재앙을 당하지 않는다. 그러니 그 무능함이 어찌 유능함보다 낫지 않겠는가! [斄牛其能不過□□□□*, 執鼠反不如狸狌, 然而全生自在, 不見機辟網罟之禍, 則其無能, 豈不逾於有能乎.(*□□□□:국역대본에 네

글자가 빠져 있음)]

㉑ 無何有 : 이미 '없다'고 말하고 다시 '어떤 존재도'라고 하였으니, '없고
또 없다'는 의미이다. [旣云無, 又云何有, 無而又無也.]

㉒ 廣莫 : '막莫'은 '막漠'과 같다. '광막廣莫'은 아득히 멀어 끝이 없다는 뜻이다.
[與漠同. 廣莫, 杳茫無限也.]

㉓ 無何有之鄕, 廣莫之野 : 여기서 말한 '고을'과 '들판'은 곧 고야산이 있는
곳이며 신인이 사는 땅이다. [是鄕也, 是野也, 卽姑射山所在, 而神人所居之地也.]

㉔ 逍遙 : 이 부분의 '소요逍遙' 두 글자를 편명篇名으로 삼은 것이다. [以此逍遙
二字, 名篇.]

㉕ 不夭斤斧, 物無害者 : 이는 곧 해칠 외물이 없다는 것이다. 거대한 가죽나
무는 쓸모없는 나무이면서 또 쓸모없는 땅에 서 있으니, 진실로 쓸모없는
것이다. 그러나 그 나무를 심은 사람은 거닐며 노닐 수 있고, 심어진 나무는
도끼와 자귀의 해침을 면할 수 있다. 그러니 그 쓸모없음이 어찌 쓸모 있음
보다 낫지 않겠는가! [卽物莫之傷也. 夫大樗無用之木也, 又樹之無用之地, 誠無用
矣. 然而樹之者, 得以彷徨逍遙, 而爲樹者, 得以免斧斤之害, 其無用豈不逾於有用乎.]

㉖ 無所可用, 安所困苦哉 : 그 옆에서 거닐고 그 아래에서 노닐면 '쓸모없다'
고 할 수 없음에도 여기서 '아무데도 쓸모가 없으면'이라고 한 것은, '진실로
당신의 말처럼 쓸모가 없다고 하더라도'라는 뜻이다. 아무런 작위가 없는
곳, 아득히 끝없는 들판에서 노닐면 지극히 즐겁다고 할 수 있다. 그런데도
여기서는 "어찌 괴롭고 고통스러운 일이 있겠는가"라고 하였으니, 이는 부
드러운 말로 끝맺으면서 그 속에 기롱하는 뜻을 함축한 것이다. [彷徨其側,
逍遙其下, 則不可謂無用, 而此云無所可用, 謂誠如汝言之無用也. 遊於無何有之鄕, 廣
莫之野, 可謂至樂, 而此云安所困苦, 是婉辭以結之, 而中含譏意.]

◇ 이상은 열한 번째 단락이다. 앞 단락에서는 쓸모 있는 것의 쓰임새를 말했고
이 단락에서는 쓸모없는 것의 쓰임새에 대해 말했는데, 쓸모 있는 것의 쓰

임새는 작고, 쓸모없는 것의 쓰임새는 크다.

右第十一段. 前段言有用之用, 此言無用之用, 有用之用小, 無用之用大.

◇ 「소요유」 총설

생각건대 이 편은 이 책의 머리에 자리하고 있으니 곧 그 서문에 해당한다. '정신이 모이다'와 '만물을 섞어 하나로 만들다'는 그 근본(本)이고, '만물이 병들지 않게 한다'와 '세상이 다스려 주기를 바란다'는 그 쓰임(用)이며, '도 끼와 자귀에 잘리지 않고 해치는 외물이 없다'는 그 뜻(志)이다. 여러 문구가 말은 간결하나 그 도는 다 드러나 있다. 장자의 도는 이처럼 크나, 당시 소견이 혜시같이 천박하고 자잘한 자들은 그것이 쓸모가 없다고 생각하였 다. 그래서 첫머리에 이 편을 서술하여 자신의 생각을 드러내어 밝힌 것이 다. 앞의 작은 것과 큰 것에 대한 여러 가지 이야기는 모두 허상이고, 끝 단락의 고야신인을 언급한 부분에 이르러 자신의 도가 큼을 밝히고 혜시를 기롱함으로써 그것이 쓸모 있음을 보여 주었으니 이것이 바로 그의 참뜻이 다. 혜시는 견백론堅白論[36]을 고수하면서 그것을 사리를 밝히는 학문이라고 생각하여 장자와 대립하였으니, 견해가 특이한 자이다. 그래서 장자 여러 편에 혜시와 논변하는 장면이 많다. 「천하天下」편에 이르러서는 제자백가 를 차례로 나열하면서 혜자를 끝에 두었으니, 크게 배척한 것이다.

按, 是篇居一書之首, 卽一書之序也. 其神凝與旁礴萬物以爲一, 是其體也, 使物不疵癘 與世蘄乎亂, 是其用也, 不夭斧斤物無害者, 是其志也. 數句語簡而盡其道矣. 莊子之道

---

36) 견백론 : 일종의 궤변론이다. 전국시대 趙나라의 公孫龍이, "돌은 하나인 것 같다. 하지만 눈으로 볼 때에는 그 빛깔이 흰 것(白)은 알지만 그 돌이 단단한 것(堅)은 모르고, 손으로 만질 때에는 그 돌이 단단한 것은 알지만 그 빛깔이 흰 것은 모른 다. 따라서 단단하고 흰 돌의 존재는 동시에 성립할 수 없다"라는 논리를 개발하 여 옳은 것을 그르다 하고 그른 것을 옳다고 하며 또 같은 것을 다르다 하고 다른 것을 같다고 하는 변론을 한 데서 유래한다.

如此之大, 而當世淺小之見如惠施*者, 謂之無用, 故首述是篇以發明之, 而上面以小大多般說話, 皆虛影也, 至末段姑射神人, 以明其道之大, 譏惠施以示其可用, 此實意也. 盖惠施守堅白之論, 爲辨析之學, 與莊子對立, 而異見者**也. 故莊子諸篇與惠施*辨者多, 至於天下篇, 敍列諸子, 而置惠子於末, 深斥之.(*惠施 : 국역대본에는 모두 '施惠'라고 되어 있으나 오기임. **見者 : 국역대본에는 '見而者'라고 되어 있으나 '而'는 연문임)

○ 장자의 이 편은 오로지 작고 큰 것을 분별하기 위한 것이다. 그 첫머리에서 사물의 작고 큰 것에 대해 서술하고, 지혜의 작고 큼에 대한 것으로써 뒤를 이었으며, 다음으로 사람의 작고 큼에 대하여 서술하고, 쓰임새의 작고 큼에 대한 것으로써 뒤를 이었다. 그 작고 큼을 나누어 설명한 내용을 보면 경중이 뚜렷이 다름에도 불구하고 해설하는 사람들은 종종 제물齊物의 뜻과 혼동하여 이 부분을 논하였으니, 어떤 사람은 "작은 새와 큰 새가 각기 그 본성에 맞게 살아간다는 점에서는 같다"[37]라고 하였고 어떤 사람은 "작은 지혜를 가졌건 큰 지혜를 가졌건 각기 자신의 말을 믿으니 우열을 말할 만한 것이 없다"[38]라고 하였다. 또 '소요逍遙'는 이 편 안의 두 글자를 취하여 편명을 붙인 것에 불과할 뿐 전편의 뜻을 포괄하고 있는 것이 아님에도 불구하고 다시 '소요'의 뜻을 억지로 위아래에 끌어다 맞추어, "붕새와 새끼 비둘기는 크기가 비록 다르지만 소요함은 마찬가지이다"[39]라고 말하거나

---

37) 작은 새와 ~ 같다 : 郭象의 『莊子注』에, "대개 큰 새는 한 번에 반년을 날다가 천지에 이르러 쉬고, 작은 새는 한 번에 반나절을 날다가 느릅나무에 이를 뿐이다. 그 능력을 비교한다면 차이가 있지만 본성에 따른다는 점에서는 같다"(夫大鳥, 一去半歲, 至天池而息, 小鳥, 一飛半朝, 搶楡枋而止. 此比所能, 則有間矣, 其於適性一)라는 구절이 있다.

38) 작은 지혜를 ~ 없다 : 郭象의 『莊子注』에, "이로부터 열자에 이르기까지 나이와 지혜의 많고 적음에 대해 이야기하였는데, 각기 한쪽을 믿으니 우열을 말할 만한 것이 없다"(自此已下, 至於列子, 歷擧年知之大小, 各信其一方, 未有足以相傾者)라는 구절이 있다.

39) 붕새와 ~ 마찬가지이다 : 郭象의 『莊子注』에, "진실로 그 본성에 만족한다면 아무리 붕새라도 자신이 작은 참새보다 존귀하다고 여기지 않을 것이고 작은 참새는 천지를 부러워하지 않을 것이니, 스스로 충분히 만족할 것이다. 그러므로 크기가 비록 다르지만 소요함은 마찬가지이다"(苟足於其性, 則雖大鵬無以自貴於小鳥, 小鳥

"요임금과 허유는 지위가 비록 다르지만 소요하는 것은 마찬가지이다"[40]라고 말한다. 그러나 이런 견해는 모두 작고 큰 것을 합하여 하나로 보거나 모든 것을 '소요'의 뜻에 귀착시켜 버린 것이니, 장자의 본래 의도와 크게 어긋나고 문장의 의미도 전혀 연결되지 않는다.

莊子是篇, 專爲小大之辨. 故首敍物之小大, 而繼之以知之小大, 次敍人之小大, 而繼之以用之小大. 其大小分說, 輕重判異, 解之者以齊物之意, 混同論此, 有曰, 小鳥大鳥, 其於適性一也, 有曰, 小知大知各信其言, 未有足以相傾也. 且逍遙不過取篇內二字, 以名篇也, 非爲包括全篇之旨者, 而又以逍遙之義, 牽合上下, 有曰, 鵬鳩小大雖殊, 逍遙一也, 有曰, 堯許由, 天地雖異, 逍遙一也. 此皆合小大而一之, 同歸於逍遙也, 與莊子本意, 大相逕庭, 而全不成文理.

○ 곤鯤과 붕鵬 같은 동물, 견오肩吾와 연숙連叔 같은 사람, 막고야藐姑射 같은 산, 제해齊諧 같은 책의 류들 중에는 대개 장자가 지어낸 것이 많지만 전해 내려오는 것 또한 없지 않다. 공자는 "은벽한 이치를 찾고 괴이한 행동을 하는 것을 후세에 칭술하는 사람이 있을 것이나 나는 이러한 짓을 하지 않겠다"[41]라고 하셨고, 전傳에는 "공자께서는 괴이한 것, 용력에 관한 것, 패란悖亂에 관한 것, 귀신에 관한 것은 말씀하지 않았다"[42]라고 하였다. 또 말씀하시기를 "도가 행해지지 않음을 나는 알겠다. 지혜로운 사람은 지나치다"[43]라고 하였다. 이로 보아 저 지나치게 고상함을 추구하는 사람은 신비스럽고 괴이한 데로 빠져 들었으니, 예로부터 이와 같은 학문이 있었음을

無羨於天地, 而榮願有餘矣. 故小大雖殊, 逍遙一也)라는 구절이 있다.

40) 요임금과 ~ 마찬가지이다 : 郭象의『莊子注』에, "새와 짐승이 각기 부여받은 것에 만족하고 요임금과 허유가 각각의 처지에 만족하는 것이 천하의 지극한 실정이다. 각기 그 실정을 얻었으니 또 무엇을 하겠는가? 그러므로 요임금와 허유는 그 한 일이 비록 다르지만 소요하는 것은 마찬가지이다"(鳥獸各足所受, 帝堯許由各靜所遇, 此乃天下之至實. 各得其實, 又何所爲乎. 故堯許之行雖異, 其於逍遙一也)라는 구절이 있다.

41) 은벽한 이치를 ~ 하지 않겠다 :『中庸』제11장에 나오는 구절.

42) 공자께서는 ~ 않았다 :『論語』「述而」편에 나오는 구절.

43) 도가 ~ 지나치다 :『中庸』제4장에 나오는 구절.

알 수 있다. 공자 같은 성인도 오히려 가르치지 않으셨고 일컬어 말씀하지 않았으니 그러한 류의 내용이 이 책에 들어오기는 또한 어렵지 않았겠는가. 한편, 화정려火正黎⁴⁴⁾는 전욱顓頊⁴⁵⁾의 시대에 신과 사람의 분별에 대한 일을 맡아 하여 초楚나라를 봉토로 받았다. 그래서 초나라 사람들은 신비스럽고 기이한 일을 많이 숭상하였고 또 이단이 많았다. 노자와 장자가 모두 초나라 사람이었고, 접여接輿와 장저長沮는 모두 초나라 광인狂人으로서 미친 채 공자를 기롱하고 업신여긴 자들이다.⁴⁶⁾ 진시황이 분서焚書하기 전에는 형荊과 초楚 지방 사이에 또한 반드시 해괴한 내용의 책이 있었을 것이다. 『초사楚辭』의 「천문天問」⁴⁷⁾·「초혼招魂」⁴⁸⁾편에 실린 내용을 보더라도 은벽하고 괴이하여 도리에 맞지 않은 이야기가 매우 많다.

物而鯤*鵬, 人而肩吾連叔, 山而藐姑射, 書而齊諧之類, 蓋莊子撰出者多, 而亦不無傳來者也. 孔子曰, 索隱行怪, 後世有述焉, 吾弗爲之矣, 傳曰, 子不語怪力亂神. 又曰, 道之不行也, 我知之矣, 知者過之. 夫過於高者, 流而入於神怪, 自古有如此之學, 可知已, 以孔子之聖, 猶且以弗爲爲訓, 以不語爲稱, 則其流入於此, 不亦難矣. 且火正黎, 顓頊之世, 司神人之辨, 而封於楚. 故楚俗多尙神怪, 又多異端. 老子莊子, 皆楚人也, 接輿長沮, 皆楚狂, 狂而譏侮聖人者也. 秦火之前, 荊楚之間, 又必有詭怪之書, 以楚辭天問招魂所載觀之, 隱怪不經之說, 甚多焉.(*鯤 : 국역대본에는 '鷗'으로 되어 있으나 오기임)

---

44) 화정려 : 顓頊의 신하. 상고시대에 신과 인간이 뒤섞여 있었는데, 전욱이 南正重에게 하늘을 맡겨서 신을 소속시키고 火正黎에게 땅을 맡겨서 인간을 소속시킨 후 서로 침범하지 못하게 하였다고 한다.
45) 전욱 : 五帝의 한 사람인 顓頊高陽氏를 말한다. 黃帝軒轅氏의 손자로서 少昊를 이어 즉위하였다.
46) 접여와 ~ 자들이다 : 『論語』 「微子」편에 접여와 장저에 대한 이야기가 실려 있다.
47) 「천문」 : 『초사』의 편명. 屈原이 우주의 현상과 설화에 대한 의문을 설정하여 하늘에 묻는 형식으로 지었는데, 모두 180여 구로 이루어져 있다.
48) 「초혼」 : 『초사』의 편명. 전국시대에 宋玉이 굴원의 상황을 가련하게 여겨, 굴원의 넋을 회복시켜 그를 오래도록 살게 하고자 지은 賦이다.

제물론齊物論

◇ '제齊'는 거성去聲이니, '가지런히 한다'는 뜻이다. '물론物論'은 '중론衆論'(여러 학파의 학설)이라는 말과 같다. 전국시대에는 학문이 동일하지 않아서 서로 옳으니 그르니 하며 다투는 자들이 많았다. 그래서 장자가 이 편을 지어 자기의 생각을 밝혔다.

去聲. 齊, 齊之也. 物論, 猶言衆論也. 戰國之世, 學問不同, 是非相爭者衆. 故莊子述此篇, 以明己意.

제1단

남곽자기南郭子綦가 안석에 기대앉아 하늘을 우러러 한숨을 내쉬는데, 멍하니 그 짝을 잃은 것 같았다. 안성자유顔成子游가 앞에 서서 모시고 있다가 말하였다. "어쩐 일입니까? 참으로 육체를 마른나무처럼 하고 마음을 불 꺼진 재처럼 할 수 있는 것입니까? 지금 안석에 기대어 있는 사람은 이전에 안석에 기대어 있던 사람이 아닌 것 같습니다." 자기子綦가 말하였다. "언偃아! 네가 좋은 질문을 하였다. 지금 나는 나 자신을 잊었다. 너는 그것을 알겠느냐? 너는 사람이 내는 퉁소소리는 들어도 땅이 내는 퉁소소리는 못 들을 것이며, 땅이 내는 퉁소소리는 들어도 하늘이 내는 퉁소소리는 못 들을 것이다." 자유가 말하였다. "감히 그 방법을 묻습니다." 자기가 말하였다. "저 하늘과 땅이 기운을 내쉬는데 그 이름이 바람이다.

이것이 일어나지 않으면 그만이지만, 일어나면 모든 구멍이 떨쳐 소리친다. 너는 설마 저 윙윙거리는 바람소리를 듣지 못한 것은 아니겠지? 숲이 우거진 산언덕에 있는 백 아름이나 되는 큰 나무의 구멍들은, 마치 코 같고 입 같고 귀 같고 두공 같고 나무그릇 같고 절구통 같고 둥글게 패인 웅덩이 같고 작은 못 같다. 바람이 불면 물 부딪치는 소리, 화살 날아가는 소리, 꾸짖는 소리, 숨 들이쉬는 소리, 높게 드날리는 소리, 곡하는 듯한 소리, 깊은 방안에서 나오는 듯한 소리, 재잘거리는 소리를 내는데, 앞에서 우우 소리를 내면 뒤따라 웅웅 소리를 낸다. 산들바람이 불면 작게 화답하고 거센 바람이 불면 크게 화답하다가, 매서운 바람이 지나가고 나면 여러 구멍이 텅 빈다. 너는 설마 저 나뭇가지가 흔들리고 나뭇잎이 살랑거리는 모습을 보지 못한 것은 아니겠지?" 자유가 말하였다. "지뢰地籟는 여러 종류의 구멍들이고 인뢰人籟는 통소일 터이니, 감히 천뢰天籟에 대해 여쭙니다." 자기가 답하였다. "대저 구멍에서 나는 소리는 만 가지로 다르지만 그렇게 소리 나게 하는 것은 자기 자신이니, 모두 그 스스로 취하는 것이다. 그러나 떨쳐 소리치게 하는 자는 그 누구일까?"

南郭子綦①隱几而坐, 仰天②而噓③, 嗒焉④似喪⑤其耦⑥. 顏成子游⑦立侍乎前, 曰, 何居⑧乎, 形固可使如枯木, 而心固可使如死灰乎⑨, 今之隱几者, 非昔之隱几者也⑩. 子綦曰, 偃, 不亦善乎而⑪問之也. 今者吾喪我⑫, 汝知之乎. 女聞人籟⑬, 而未聞地籟. 女聞地籟, 而未聞天籟夫. 子游曰, 敢問其方⑭. 子綦曰, 夫大塊⑮噫⑯氣, 其名爲風⑰. 是唯無作, 作則萬竅怒⑱呺⑲. 而⑳獨不聞之㉑翏翏㉒乎㉓. 山林之畏佳㉔, 大木百圍之竅穴㉕, 似鼻㉖似口㉗似耳㉘似枅㉙似圈㉚似臼㉛似洼㉜者㉝似汚㉞者㉟, 激者㊱謞㊲者㊳叱㊴者吸者㊶叫㊷者㊸譹㊹者㊺宎㊻者㊼咬㊽者㊾, 前者唱于, 而隨者㊿唱喁㊿, 泠風㊿則小和㊿, 飄風則大和㊿, 厲風㊿濟則衆竅爲虛㊿. 而獨不見之調調之刁刁乎㊿. 子游曰, 地籟則衆竅是已, 人籟則比竹是已㊿, 敢問天籟. 子綦曰, 夫吹㊿萬不同㊿, 而使其自己也㊿, 咸其自取㊿. 怒㊿者其誰耶㊿.

① 南郭子綦 : ‘자기子綦’는 자이다. 남쪽 성곽에 살았다. [子綦字也, 居南郭.]

② 天 : ‘천天’자는 「제물론」편의 ‘핵심’이다. 그래서 이곳에 슬며시 드러낸 것이다. [天字, 一篇主宰. 故影之於此.]

③ 噓 : 숨을 내쉬는 것이다. [吐氣也.]

④ 嗒焉 : ‘탑嗒’은 ‘토吐’와 ‘답答’의 반절이다. 몸이 풀린 모양이다. [吐答切. 解體貌.]

⑤ 喪 : 거성去聲이다. [去聲.]

⑥ 耦 : ‘짝’이라는 뜻이니, 외물外物과 나는 짝이 된다. ‘상喪’은 ‘잊었다’는 뜻이다. [對也, 物與我爲耦. 喪, 言忘也.]

⑦ 顔成子游 : ‘자유子游’는 자이고 이름은 ‘언偃’이다. [子游字也, 名偃.]

⑧ 居 : 음은 ‘희姬’이니, 제나라와 노나라 지역에서 쓰던 어조사이다. ‘하희何居’는 ‘하何’의 뜻일 뿐이니 “밤이 얼마나 깊었는가?”(夜如何其)에서의 ‘하기何其’와 쓰임이 같은데, ‘하야何也’라고 하면 문장이 모나고 ‘하희何居’라고 하면 문장이 원만하다. [音姬, 齊魯間語辭. 何居, 只是何也, 與夜如何其之何其同, 而何也則方, 何居則圓.]

⑨ 形固可使如枯木, 而心固可使如死灰乎 : 육체는 나무와 같고 마음은 불과 같기 때문에 나무와 불에 비유하였으니, 마른 나무는 나무가 죽은 것이고 불 꺼진 재는 불이 죽은 것이다. 몸이 모두 풀리고 모든 생각이 고요해지면 그 앉은 모습이 시동尸童 같아진다. 이것이 바로 멍하니 짝을 잊은 모습이다. [形如木, 心如火, 故所以取譬, 而枯木, 木之死者也, 死灰, 火之死者也. 四體皆解, 萬念俱寂, 其坐如尸, 卽嗒焉喪耦之形.]

⑩ 今之隱几者, 非昔之隱几者也 : 여혜경呂惠卿[1]이 말하였다. “이전에 안석에 기대어 있던 모습은 외물에 응할 때의 모습이고, 지금 안석에 기대어 있는

---

1) 여혜경 : 1032~1112. 중국 북송 때 사람으로 자는 吉甫이다. 仁宗 嘉祐 2년(1057)에 진사가 되었고, 여러 관직을 지내며 王安石과 함께 법령을 정비하였다. 저서에 『莊子義』 등이 있다.

모습은 외물을 버린 때의 모습이다." [呂惠卿云, 昔之隱几, 應物時也, 今之隱几, 遺物時也.]

⑪ 而 : '너'라는 뜻이다. [汝也.]

⑫ 吾喪我 : '오吾'와 '아我'는 모두 자기를 일컫는 말이다. 자기만 지적해서 말할 때는 '오吾'자를 쓰고, 외물과 상대적인 개념으로 쓸 때는 '아我'자를 쓴다. 그러므로 '물아物我'라는 말은 있으나 '물오物吾'라고 말하지는 않는다. 『좌전左傳』에 "나는 우리 삼군三軍을 떨쳐"(我張吾三軍)[2]라고 하였는데, '적敵'의 상대이기 때문에 앞에서 '아我'라고 하고 삼군은 자기 군대이기 때문에 뒤에서 '오吾'라고 한 것이니, 바로 이를 말한다. 이 부분의 "나는 나 자신을 잊었다"라고 말한 것에서, 먼저 '오吾'라고 하고 뒤에 '아我'라고 한 이유를 알 수 있다. '상아喪我'는 '나를 잊었다'(忘我)는 말이니, 앞에서 '외물을 잊었다'(喪耦)라고 말하고 여기서 '나를 잊었다'라고 말한 것은, 외물만이 아니라 나까지 모두 잊었다는 말이다. 불교에서 "'남'이라는 관념이 없으면 나한이 되고 '나'라는 관념이 없으면 보살이 된다"라고 말한 것과 같다. 여러 가지 주장이 통일되지 않는 것은 '남'과 '나'가 짝이 되기 때문이니, 외물과 나를 잊는 것이 여러 가지 학설을 통일시키는 핵심이 된다. 그래서 이를 첫머리에 드러낸 것이다. [吾與我, 皆己稱, 而只指其己而言處, 用吾字, 以己對物而言處, 用我字. 故有曰物我, 而不曰物吾. 左傳我張吾三軍, 以對敵而言, 故先稱我, 三軍乃己之軍, 故後稱吾, 是也. 此言吾喪我者, 先吾而後我, 可知也. 喪我, 言忘我也. 前言喪耦, 此言喪我, 言非但忘物, 倂與己而忘之也, 如釋家所謂, 人空謂羅漢, 我空爲菩薩. 夫物論之不齊, 由於物我之爲耦也, 喪耦與我, 乃齊物之要, 故揭之於首.]

⑬ 籟 : '뢰籟'는 퉁소이다. 불어서 소리를 내는 악기인데, 들쭉날쭉한 대롱이 여러 개 있어 나오는 소리가 같지 않기 때문에 그것으로써 여러 주장이 가지런하지 않은 것에 비유하였으니 지극히 묘하다. 양용수가 말하였다.

---

2) 나는 ~ 떨쳐 : 『春秋左氏傳』桓公 6년조에, "나는 우리 삼군을 확대하고 갑병으로 무장하여 무력으로써 그들을 대하다"(我張吾三軍, 而被吾甲兵, 以武臨之)라는 구절이 있다.

"주공周公의 시 가운데 '필발觱發'³⁾ 두 글자는 더욱 말이 간략하면서 뜻이 오묘하다. 또 장자가 말한 바람 이야기의 원조이다." [籟, 簫也, 吹聲之器, 而列管參差, 出聲不同, 以譬衆聲之不齊, 極竗. 楊用脩云, 周公詩, 觱發二字, 尤簡竗, 又莊子說風之祖.]

⑭ 方 : '방법'이라는 뜻이다. [道也.]

⑮ 大塊 : '대괴大塊'는 '천지'를 가리킨다. 천지를 흙덩어리로 비유하였으니, 소강절邵康節의 "구슬놀이를 하다"(弄丸)⁴⁾라는 시어의 뜻과 같다. 옛사람들이 소강절을 '하늘이 낸 교만한 사람'⁵⁾이라고 하였는데, 장주 또한 하늘이 낸 교만한 사람이다. 저 '큰 땅덩어리'라고 말한 것은 이미 암암리에 '천뢰天籟'를 설명하고 있는 것이다. [大塊天地也, 以土塊比天地, 如堯夫弄丸之義. 古人以堯夫爲天之驕子, 莊周亦天之驕子也. 夫大塊云者, 已暗說天籟也.]

⑯ 噫 : '애噫'는 '오烏'와 '해解'의 반절이니, '속에 가득 차서 나오는 기운'이라는 뜻이다. [烏解切, 飽滿出氣也.]

⑰ 風 : 기운을 내쉬는 것으로 바람을 비유하였으니, 또한 이치에 통달한 사람의 말이다. [以噫氣比風, 亦達者之言.]

⑱ 怒 : '떨치다'라는 뜻이다. 그것이 기운이기 때문에 '노怒'자를 쓴 것이다. [奮也. 以其氣, 故下怒字.]

⑲ 号 : '호号'는 '호胡'와 '호豪'의 반절이다. 어떤 본本에는 '호號'로 되어 있다. "바람이 불지 않으면 그만이지만, 불기만 하면 온갖 구멍이 모두 떨쳐 소리를 지른다"라는 말이다. 무릇 만물에 바람이 지나감에 구멍이 소리를 잘

---

3) 필발 : 주공이 지었다는 『詩經』 「豳風·七月」에 "동짓달엔 매서운 바람 불고 섣달에는 추위 오네"(一之日觱發, 二之日栗烈)라는 구절이 있다.

4) 구슬놀이를 하다 : 邵雍의 『擊壤集』 권12 「自作眞贊」에 "구슬을 가지고 노는 여가에 한가로이 가고오노라"(弄丸餘暇, 閑往閑來)라는 구절이 있다.

5) 하늘이 ~ 사람 : '天之驕子'는 '하늘의 교만한 아들'이라는 뜻으로, 한나라 때 흉노가 자칭한 말이다. 『漢書』 「匈奴傳」에, "선우가 사신 편으로 漢에 부친 國書에 '남쪽에는 大漢이 있고 북쪽에는 强胡가 있으니, 胡는 天之驕子이다'"(單于遣使遺漢書云, 南有大漢, 北有强胡, 胡者天之驕子也)라는 구절이 있다.

내는 것은, 그 속이 텅 비어 있어서 바람이 불어와 거기에 머물기 때문이다.
[胡豪切, 一本作號. 言風不作則已, 作則萬竅, 皆奮而爲聲也. 夫風行萬物而竅穴善鳴者,
以其中虛而風來宅也.]

⑳ 而 : '너'라는 뜻이다. [汝也.]

㉑ 之 : '피彼'(저)와 같다. [猶彼也.]

㉒ 翏 : '료翏'는 '련連'과 '교喬'의 반절이다. [連喬切.]

㉓ 翏翏乎 : '료료翏翏'는 '공중에 바람이 지나가는 소리'이다. 바람소리는 단지
'료료' 한 가지일 따름이지만, 만 가지 다른 형태의 구멍을 만나면 만 가지로
다른 소리를 낸다. [翏翏, 風行於空虛之聲. 風之聲, 只一翏翏而已, 而及遇萬竅, 乃發
萬聲.]

㉔ 畏佳 : '외최畏佳'에 대해 유신옹은 이렇게 말하였다. "'외최畏佳'는 '외최嵔
崔'로 되어야 하니, 산언덕의 모양이다."6) [畏佳, 劉氏云, 當作嵔崔, 山阜貌.]

㉕ 大木百圍之竅穴 : 나무는 땅에서 난다. 그래서 지뢰地籟 가운데 하나로
예거했을 뿐이다. [木生於地, 乃擧地籟之一耳.]

㉖ 鼻 : 구멍이 두 개 있는 것이다. [有雙孔者.]

㉗ 口 : 구멍이 한 개 있는 것이다. [有一孔者.]

㉘ 耳 : 구멍이 비스듬히 난 것이다. [孔之斜入者.]

㉙ 枅 : 음은 '견肩'이다. 기둥 위의 네모난 나무이니, 구멍이 모난 것이다. [音肩.
柱上方木, 孔之方者.]

㉚ 圈 : '권圈'은 '구區'와 '선宣'의 반절이다. '권棬'(나무그릇)과 같은 뜻으로 구멍
이 둥근 것이다. [區宣切同棬. 孔之圓者.]

㉛ 臼 : '거擧'와 음이 통용된다. 구멍이 움푹 파인 것이다. [𦥑音擧, 孔之陷者.]

㉜ 洼 : '외洼'는 '언焉'과 '괴乖'의 반절이다. [焉乖切.]

---

6) 유신옹이 ~ 모양이다 : 焦竑의 『莊子翼』에, "畏佳는 산언덕 모양이다"(畏佳山阜貌)
라는 구절이 있는 것으로 보아 이는 초횡의 주석인 듯하다.

㉝ 似洼者 : 구명이 굽은 것이다. [孔之曲者.]

㉞ 洼 : 음은 '오惡'이고, 작은 못이다. [音惡, 小池也.]

㉟ 似鼻……似洼者 : 구멍이 넓은 것이다. 비鼻·구口·이耳 세 가지는 사람의 모양을 닮은 것이고, 견枡·권圈·구臼 세 가지는 기구의 모양을 닮은 것이고, 외洼·오洼 두 가지는 못(池)의 모양을 닮은 것이다. 이상 여덟 가지는 구멍의 모양이 같지 않음을 대략 예거한 것이다. [孔之廣者. 鼻口耳三者, 似人之形, 枡圈臼三者, 似器之形, 洼洼二者, 似池之形, 八者, 略擧竅穴之不同.]

㊱ 激者 : '격激'은 '길吉'과 '적弔'의 반절이다. 물이 부딪치는 소리 같은 것이다. [激, 吉弔切, 如水激聲.]

㊲ 謞 : 음은 '효孝'이다. [音孝.]

㊳ 謞者 : 화살이 날아가는 소리 같은 것이다. [如箭去聲.]

㊴ 叱 : 음은 '칠七'이다. [音七.]

㊵ 叱者 : 속에서 나와 소리가 거친 것이다. [出而聲粗者.]

㊶ 吸者 : 기어들 듯 소리가 작은 것이다. [入而聲細者.]

㊷ 叫 : '규叫'는 '기紀'와 '조弔'의 반절이다. [紀弔切.]

㊸ 叫者 : 높으면서 소리가 드날리는 것이다. [高而聲揚者.]

㊹ 譹 : '호譹'는 '호戶'와 '보報'의 반절이다. [戶報切.]

㊺ 譹者 : 소리치며 우는 소리 같은 것이다. [如號哭者.]

㊻ 宎 : '요宎'는 '어於'와 '요堯'의 반절이다. [於堯切.]

㊼ 宎者 : 방안에서 나오는 소리 같은 것이다. [如室中聲.]

㊽ 咬 : '교咬'는 '어於'와 '교交'의 반절이다. [於交切.]

㊾ 激者……咬者 : '교咬'는 새 울음소리 같은 것이다. '격激'에서 '교咬'까지는 바람이 불어 들어가는 것을 대략 예거한 것인데, 소리가 구멍에서 나오는 것은 같지 않다. [如鳥鳴聲. 入者略擧, 聲之出竅者不同.]

㊿ 前者……隨者 : '앞의 것', '뒤따르는 것'은 여러 구멍의 소리가 차례로

생겨나는 것을 말한다. [前者隨者, 衆竅之聲先後而生者也.]

(51) 前者唱于, 而隨者唱喁 : '喁'의 음은 '우愚'이다. [音愚.]

○ 양신이 말하였다. "한비韓非는 말하기를, '피리소리(竽)가 다섯 가지 소리 가운데 으뜸이다'[7]라고 하였다. 그래서 '창우唱于'라고 한 것이다. '우喁'는 여러 구멍이 마치 물고기가 입을 벌렁거리듯이 하여 소리 낸다는 것이다." [楊氏云, 韓非曰, 竽爲五聲之長, 故曰唱于. 喁者, 衆竅如魚之噞喁也.]

○ 육서성陸西星[8]이 말하였다. "'우于'는 가볍게 소리치는 것이고, '우喁'는 무겁게 화답하는 것이다." [陸西星云, 于輕唱也, 喁重和也.]

○ 생각건대 '우于'는 어조사이고, '우喁'는 화답하는 것이다. 앞에서 소리 내면 뒤따르는 것도 소리 내어 화답한다는 말이다. 길게 소리 내면 화답하여 내는 소리 또한 길다. 그러므로 따르는 것에 대해서도 '소리 낸다'라고 한 것이다. [按, 于語辭, 喁和也. 言前者唱之, 而隨於後者, 唱而和之也. 唱長呼也, 和之者亦呼之長, 故於隨者, 亦言唱.]

(52) 泠風 : 산들바람이다. [小風.]

(53) 和 : 거성去聲이다. 서로 화답하는 것이다. [去聲, 相和也.]

(54) 泠風則小和, 飄風則大和 : 여러 종류의 구멍에서 나오는 소리가 비록 다르나 뭉뚱그려 말하면 작은 것과 큰 것일 따름이다. 그래서 작은 것과 큰 것으로 맺은 것이다. 이것은 사람의 지혜가 만 가지로 다르고 말도 만 가지로 다르지만 모두 작은 것과 큰 것에 불과하다는 것과 같다. 그러므로 아래 문장의 '큰 지혜'·'작은 지혜', '큰 이야기'·'작은 이야기'도 바로 이러한 뜻이다. [衆竅之聲雖殊, 而總以言之, 小大而已, 故以小大結之. 如人之知有萬殊, 言有萬殊, 而不過小大. 故下文大知小知大言小言, 卽此意.]

(55) 厲風 : '여러 구멍이 떨쳐 소리 낸다'와 연결시켜 설정하였기 때문에 '매서

7) 피리소리가 ~ 으뜸이다 : 『韓非子』「解老」편에, "竽는 五聲 가운데 으뜸이다. 그러므로 우가 먼저 소리를 내면 鐘과 瑟이 따라 소리를 내고, 우가 음곡을 내면 다른 악기도 따라서 울린다"(竽也者, 五聲之長者也. 故竽先則鐘瑟皆隨, 竽唱則諸樂皆和)라는 구절이 있다.

8) 육서성 : 1520~1605?. 중국 명나라 때의 도사로 『莊子副墨』을 지었다.

운 바람'이라고 하였다. [就奮怒衆竅上設, 故謂之厲風.]

(56) 厲風濟則衆竅爲虛 : 여러 종류의 구멍은 본래 텅 비어 있다가 바람이 불면 소리를 낸다. 약한 바람이 불면 소리가 작고 강한 바람이 불면 소리가 크며 바람이 그치면 소리도 그치니, 모두 바람의 작용이다. 텅 비게 되는 것은 근본으로 돌아가는 것이니, 이것이 남곽자기가 자신의 존재를 잊었을 때의 모습이다. [衆竅本虛, 而因風有聲. 風小則聲小, 風大則聲大, 風止則聲止, 皆風*之所爲也. 爲虛, 返乎本也, 此子綦喪我時景.(*風 : 국역대본에는 '聲'으로 되어 있으나 오자인 듯함)]

(57) 獨不見之調調之刁刁乎 : 장자의 문장은 영롱한 곳에 이르면 운문을 많이 쓴다. '노호怒呺'에서부터 여기까지 운문으로 썼고, 아래에 나오는 '큰 지혜는 여유롭고'(大知閑閑)의 문장 또한 운문이다. '조조調調'와 '조조刁刁'는 숲의 나무가 흔들리는 모양이다. 바람이 그쳐도 나뭇가지 끝은 가늘게 움직이니, 이것은 바람의 여운이다. 즐거워서 노래하는 사람은 곡이 끝나도 오히려 즐거운 기색이 눈썹에 남아 있고, 슬퍼서 곡을 하는 사람은 울음소리가 그친 뒤에도 슬픈 기색이 아직 얼굴에 남아 있는 것과 같다. 당시唐詩에 "용龍이 승천했으나 골짜기 구름은 아직 축축하고, 사향노루 지나간 봄 산의 풀잎은 저절로 향기 나네"[9]라고 한 것과, 유청전劉靑田[10]의 시에 "낡은 처마에서는 비 지나간 뒤에도 빗방울 소리 들리고, 오래된 솥에는 연기 나지 않아도 따스한 기운 감도네"라고 한 것이 바로 이런 것이 아니겠는가? 무릇 소리는 있으나 형체가 없는 것이 바람인데 여기서는 바람의 모양까지도 볼 수 있으니, 남화노선南華老仙[11]은 문장만 신묘한 경지에 이른 것이 아니라 깊은 깨달음이 있었던 것이다. 앞에서 '너만 듣지 못했는가?', '너만 보지 못했는가?'라고 하였는데, 이것은 듣고 볼 수 있는 것에 대한 물음이다. 그

---

9) 용이 ~ 향기 나네 : 許渾의 『丁卯詩集』「題崔處士山居」에 나오는 구절.

10) 유청전 : 명나라의 정치가이자 시인인 劉基(1311~1375)를 가리킨다. 유기의 자는 伯溫인데, 출신지역이 靑田이라서 사람들이 유청전이라고 불렀다. 주원장의 수하로 명나라를 건국하는 데 공을 세웠고, 宋濂과 함께 문필가로 명성이 높았다.

11) 남화노선 : 장자의 별칭. 南華眞人이라고도 한다.

듣고 보는 것으로써 듣지도 보지도 못하는 것을 궁구하니, 그 듣지도 보지도 못하는 것은 도대체 어떤 물건인가? [莊子之文, 到玲瓏處, 多用韻語. 自怒呺至此用韻, 下文大知閑閑一節亦用韻. 調調刁刁, 林木動搖貌, 聲雖止而樹梢微動, 此風之餘也. 如人之樂而歌者, 曲雖終, 而怡然之氣, 尙帶於眉也, 哀而哭者, 聲已止, 而凄然之色, 猶在於面也. 唐詩, 龍歸曉洞雲猶濕, 麝過春山草自香, 劉靑田詩, 殘簷雨過聲猶滴, 古鼎烟消氣尙浮者, 非耶. 夫有聲無形者風, 而於此風之形亦可以見, 南華老仙, 非但神於文, 而有玄解也. 前日獨不聞, 前日獨不見, 此聞見所及也, 以其所聞見者, 究其所未聞見者, 則是甚麽物.]

⑤⑧ 人籟則比竹是已 : '비比'는 '잇는다'는 뜻이다. 여러 죽관竹管을 이어서 만든 것이니 곧 퉁소이다. 사람이 만들기 때문에 '인뢰人籟'라고 하였다. 피리에는 세 가지가 있지만 문득 잘라서 '인뢰' 한 구만 쓴 것 또한 문장 짓는 법이다. [比, 連也. 連衆管以爲之, 卽簫也, 以人作之, 故曰人籟. 籟有三, 而人籟一句, 却斷送, 亦文法.]

⑤⑨ 吹 : 거성去聲이다. 소리를 말하니, '고취鼓吹'의 '취吹'와 같다. 구멍에서 소리가 나오는 것이 마치 북을 치고 피리를 부는 것과 같은데, 피리로써 그 소리를 비유했기 때문에 '취吹'자를 쓴 것이다. [去聲, 謂聲也, 與鼓吹之吹同. 竅穴之聲, 猶鼓吹也, 以籟譬聲, 故着吹字.]

⑥⓪ 吹萬不同 : 구멍에서 나오는 소리가 만 가지로 같지 않다는 것이다. [竅穴之聲, 有萬不同也.]

⑥① 吹萬不同, 使其自己也 : 구멍에서 나오는 소리가 같지 않은 것은 구멍의 모양이 같지 않기 때문이다. 모양이 이런 것은 이런 소리를 내고 모양이 저런 것은 저런 소리를 내니, 이는 각각의 모양에 따라 그 소리가 만들어지기 때문이다. [竅穴之聲不同者, 以其竅穴之形不同也. 有此形者, 有此聲, 有彼形者, 有彼聲, 是使其自己之形而爲之也.]

⑥② 咸其自取 : 자기로 말미암는 것이니, 이것은 모두 스스로 그 소리를 취하는 것이다. [由於自己, 則是皆自取之也.]

⑥③ 怒 : 앞의 문장 "모든 구멍이 성내듯 떨쳐 일어나다"의 '노怒'자에서 온

것이다. [自上萬竅怒呺之怒字.]

⑥ 怒者其誰耶 : 남곽자기와 안성자유의 문답은 여기에서 끝난다. '노자怒者'
는 '노지자怒之者'(성내듯 일어나게 하는 자)를 말한다. 저 모든 구멍이 세차게
소리치는 것은 비록 모두가 스스로 내는 것이지만, 세차게 소리치게 하는
것은 누구인가? 그것은 바로 바람이고, 바람이 일어나게 하는 것은 하늘이
다. 천지가 숨을 내뿜어 바람이 되니 바람은 하늘에서 나온 것이 아니겠는
가? '천天' 한 글자만으로도 충분한데 '천뢰天籟'라고 한 것은 '피리'(籟)를
가지고 설명하였기 때문이다. 천뢰는 소리가 없지만 천하의 모든 소리로
하여금 소리 내게 할 수 있게 하는 것이다. 남곽자기가 곧바로 '천뢰'라고
말하지 않고 '누구인가?'라고 말한 것은 불교의 화두話頭12) 같은 것이니,
돈오頓悟13)하게 하려는 것이다. 저 허다한 구멍은 바람을 기다려야 하고
바람은 또 하늘을 기다려야 하니, 이는 「제물론」편의 끝에서 '망량罔兩'과
'영影'이 문답한 것과 뜻이 같다.14) 소리와 그림자로 「제물론」편을 시작하고
끝맺었으니 매우 기이하다. [子綦子游問答止此. 怒者謂怒之者也. 夫萬竅之怒呺,
雖皆其自取, 而使之怒者誰耶. 卽風, 而風卽天之所爲也. 大塊噫氣而爲風, 則風非出於
天者乎. 天之一字足矣, 而曰天籟者, 就籟上說故也. 天籟乃無聲, 而能聲天下之聲者也.
不直曰天籟, 而曰誰也者, 如禪家話頭, 使人頓悟. 夫萬竅有待於風, 風又有待於天歟, 篇
末罔兩與形問答之義同. 以聲影爲一篇始終, 甚奇.]

◇ 이상은 첫 번째 단락이다. 피리를 가지고 비유함으로써 전편의 그림자로
삼았다. "천지가 숨을 내쉬면 모든 구멍이 성내듯 일어난다"라는 것은 하나
의 근본이 흩어져 만 가지 다른 현상으로 나타나는 것이고, "소리가 만 가지
로 제각기 다르나 소리 내게 하는 것은 누구인가?"라는 것은 만 가지 다른
현상이 하나의 근본으로 귀착되는 것이다.

---

12) 화두 : 불교 용어로, 참선하는 자에게 도를 깨치게 하기 위해 던지는 일종의 문제
  를 말한다.
13) 돈오 : 불교 용어로, 문득 진리를 깨우치는 것을 말한다.
14) 망량과 ~ 같다 : 「제물론」 제17단 참조.

右第一段. 以籟設譬, 爲全篇之影. 大塊噫氣萬竅怒呺, 一本之散爲萬殊也, 吹萬不同怒者
其誰, 萬殊之歸於一本.

제2단

큰 지혜를 가진 사람은 느긋하고, 작은 지혜를 가진 사람은 깐깐하다.
큰 말은 성대하고, 자잘한 말은 말솜씨가 뛰어나다.

大知①閑閑②, 小知間間③. 大言炎炎④, 小言詹詹⑤.

① 大知 : '知'의 음은 '지智'이니, 아래도 모두 같다. 임희일은 "대지大知는 선천
적으로 뛰어난 지혜를 타고난 사람이다"라고 하였으나 잘못된 해석이다.
이는 세속에서 말하는 큰 지혜이니, 곧 물론物論을 통일시킬 수 없는 자이
다. 선천적으로 뛰어난 지혜를 가진 사람이라면 마땅히 아래 문장에서 말한
것처럼 "성인은 그것을 가슴속에 품고 있고 위대한 변론은 말로 표현하지
않을" 따름이니, 어찌 성대하게 말로 표현했겠는가? [音智, 下同. 林氏以大知爲
上智之人, 非也. 此世俗所謂大知, 而卽不能齊物者也. 若上智之人, 當如下文所云, 聖人
懷之大辨不言而已, 何可出言炎炎乎.]

② 閑閑 : 너그럽고 한가한 모양이다. [寬暇之貌.]

③ 間間 : 나누고 쪼개는 모양이다. [分析之貌.]

④ 炎炎 : 성대한 모양이다. [熾大之貌.]

⑤ 詹詹 : 말솜씨가 뛰어난 모양이다. 맹자는 말하기를 "옳고 그름을 가리는
마음이 지혜이다"15)라고 하였다. 장자가 여러 가지 학설에 대해 말하려고

---

15) 옳고 그름을 ~ 지혜이다 : 『孟子』「告子上」에, "측은히 여기는 마음은 仁의 단서이
고, 부끄러워하는 마음은 義의 단서이고, 사양하는 마음은 禮의 단서이고, 옳고
그름을 가리는 마음은 智의 단서이다"(惻隱之心, 仁也, 羞惡之心, 義也, 恭敬之心, 禮

하면서 먼저 '지知'자를 썼으니, 이 점을 잘 알았던 것이리라. 사람들은 이러한 지혜를 가지고 이러이러한 말을 하는데, 그 지혜에 크고 작은 등급이 많이 있기 때문에 말에도 크고 작은 등급이 많이 있게 되고, 그래서 물론物論이 통일되지 않는 것이다. [捷給之貌. 孟子曰, 是非之心, 智也. 莊子欲言物論, 而先占知字, 能契於此者乎. 夫人以是知爲是言, 而其知有許多大小之等, 故其言有許多大小之等, 而物論之不齊也.]

◇ 이상은 두 번째 단락이다. 여러 학설이 통일되지 않는 이유에 대해 두루뭉술하게 말했다. 이 세상에 지혜로운 사람과 그들이 하는 말은 많지만 큰 것과 작은 것에 지나지 않는다. 그래서 큰 것과 작은 것으로 총괄한 것이다. 큰 나무 등치에 비유하면, 지혜가 크고 작은 것은 구멍의 크기가 같지 않은 것과 같고, 말이 크고 작은 것은 구멍에서 나오는 소리가 같지 않은 것과 같다. 이 네 구句는 앞의 문단을 받아서 뒤의 문단을 이끄는 것이다.
右第二段. 泛言物論之不齊. 天下之知與言雖多, 而不過大與小, 故以大小總之. 比之大本, 知之大小, 如竅穴之不同, 言之大小, 如竅穴之聲不同. 此四句, 承上文而總下文.

제3단

잠잘 때는 꿈을 꾸고 깨어나면 몸의 기관들이 움직이니, 접촉하는 사물들과 뒤엉켜서 날마다 마음으로 크게 싸운다. 어떤 사람은 느슨하고 어떤 사람은 음험하며 어떤 사람은 꼼꼼한데, 조금 두려우면 벌벌 떨고 크게 두려우면 제정신을 잃는다. '그 말이 마치 활시위에서 화살이 퉁겨 나가는 듯하다'는 것은 시비是非를 주관하려 함을 말한다. '맹세한 것처럼 꿈쩍하지 않는다'는 것은 승리를 지키려고 함을 말한다. '그 시들어 감이

也, 是非之心, 智也)라는 구절이 있다.

마치 가을겨울과 같다'는 것은 나날이 소멸함을 말하니, 시비에 빠져 행하는 행위이기 때문에 진리로 돌아가게 할 수가 없다. '닫아 감춘 것이 마치 동여 맨 것 같다'는 것은 늙어 더욱 심함을 말하니, 죽음에 가까워진 마음이어서 다시 양기를 회복시킬 수 없다.

其寐也魂交, 其覺①也形開②, 與接爲搆③, 日④以心鬪⑤. 縵者⑥窖者⑦密者⑧, 小恐惴惴⑨, 大恐縵縵⑩. 其發若機⑪括⑫, 其司⑬是非⑭之謂也⑮. 其留若詛盟⑯, 其守勝之謂也⑰. 其殺⑱如秋冬⑲, 以言其日消也⑳, 其溺㉑之所爲之, 不可使復㉒之㉓也㉔. 其厭㉕也如緘㉖, 以言其老㉗洫也㉘, 近死之心, 莫使復陽㉙也㉚.

① 覺 : '교覺'는 '고古'와 '효孝'의 반절이다. [古孝切]

② 形開 : '형개形開'는 구규九竅와 사체四體가 작용하는 것을 말한다. 넋과 정신이 교류하여 꿈이 되고 몸과 외물이 만나 일이 되는데, 잠잘 때는 꿈을 꾸고 깨어서는 일한다는 것이니 쉴 시간이 없다는 말이다. [形開, 言九竅四體, 開發運用也. 魂與神交而爲夢, 形與物接而爲事, 寐而夢, 覺而事, 言無歇時也.]

③ 與接爲搆 : 접촉하는 외물과 서로 뒤엉키는 것이다. [與所接之物, 相爲搆結.]

④ 日 : '나날이'라는 뜻이다. [日日也.]

⑤ 心鬪 : 싸움 가운데서도 큰 것이다. [爭鬪之大者也.]

⑥ 縵者 : '만縵'은 느슨하여 결단성이 없는 것이니, '만자'는 마음이 약한 사람이다. [縵, 緩無斷, 其心柔者也.]

⑦ 窖者 : '교窖'는 '고古'와 '효孝'의 반절이다. '교자'는 계교를 숨기고 드러내지 않는 것이니, 그 마음이 음험한 사람이다. [窖, 古孝切. 潛機不露, 其心險者也.]

⑧ 密者 : 세세한 것도 반드시 다투는 사람이니, 그 마음 씀이 자잘한 자이다. 이 세 가지는 외물과 서로 다툴 때 그 마음 씀이 같지 않다는 것을 표현한 것이다. [錙銖必較, 其心細者也. 此三者, 形容與物相鬪之時, 其用心不同也.]

⑨ 惴惴 : 두려워하는 모양이다. [畏懼貌.]

⑩ 綿綿 : '만綿'자에는 두 가지 뜻이 있는데, 여기서의 뜻은 '서로 엉클어져 얽힘'이다. "오색구름 찬란함이여, 서로 얽히어 늘어졌도다"[16)의 '만綿'과 같다. 근심이 깊어지고 생각이 아득해지면 꽉 묶여 달라붙어서 풀려나지 못한다는 말이다. 외물과 서로 다투게 되는 것은 마음이 이익과 손해, 이기는 것과 지는 것에 가 있기 때문이다. 크고 작은 차이는 있으나 모두 의심하여 두려워하기 때문에 '공恐'이라는 한 글자로 단언한 것이다. [綿字有二義, 此糾結也. 如卿雲爛兮糾*綿綿之綿. 言憂深思遠, 纏綿不解也. 夫與物相鬪者, 其心在於得失勝負之間, 雖有大小之殊, 而皆疑懼, 故以恐之一字斷之.(*糾 : 국역대본에는 '禮'로 되어 있으나 오류임)]

⑪ 機 : 활시위를 매는 기구이다. [張弓弩之機.]

⑫ 括 : 화살을 활시위에 장전하는 곳이다. [受箭處.]

⑬ 司 : '주관하다'라는 뜻이다. [主也.]

⑭ 是非 : 여기서 처음으로 '시비是非'라는 두 글자를 드러내었다. 시비가 있어 바로 여러 학파가 자기 학설을 고집하며 다투게 되는 것이다. [始出是非二字. 是非乃物論之所執而爭者也.]

⑮ 其發若機括, 其司是非之謂也 : 서로 다투는 마음은 내부에 감추어진 것이지만, 외물이 와 닿으면 그것이 시위를 떠난 화살처럼 튀어 나와 각기 그 다툼을 주관한다. [相鬪之心藏於中, 而物觸之, 則其發若機括, 以其各主其是非也.]

⑯ 詛盟 : 작은 맹세를 '저詛'라고 하고 큰 맹세를 '맹盟'이라고 하니, 모두 그 변함없을 것을 다짐하는 것이다. [小曰詛, 大曰盟, 皆所以矢其不渝者也.]

⑰ 其留若詛盟, 其守勝之謂也 : 외물이 지나간 뒤에도 외물과 다투려는 마음이 마치 맹세나 한 것처럼 아직 마음속에 남아 있는 것은, 반드시 이기겠다는 생각을 가지고 있기 때문이다. [物已過去, 而相鬪之心猶留於中, 若與人有盟詛然, 以其固守其勝心也.]

---

16) 오색구름 ~ 늘어졌도다 : 『尙書大傳』「虞夏傳」에 실린 「卿雲歌」에 "상서로운 구름 찬란함이여, 서로 얽히어 늘어졌도다"(卿雲爛兮, 糾縵縵兮)라는 구절이 있다. 「경운가」는 일찍이 순임금이 군신들과 함께 태평의 기상을 즐거워하며 읊은 노래이다.

⑱ 殺 : '시들다'라는 뜻이니, '줄다'의 뜻으로 풀이하는 것은 오류이다. [焦殺也,
以降殺解者誤.]

⑲ 秋冬 : 가을과 겨울은 만물을 시들게 하는 계절이다. [秋冬, 殺伐之時.]

⑳ 以言 : 스스로 그 뜻을 풀이한 것이다. [以言者, 自訓其義也.]

㉑ 溺 : 한쪽으로 치우친 시비에 빠진 것을 말한다. [陷溺於一偏之是非也.]

㉒ 復 : '復'의 음은 '복福'이니, '되돌리다'라는 뜻이다. '진眞'으로 돌아가는
것이다. [音福, 返也. 返乎眞也.]

㉓ 其溺之所爲之, 不可使復之 : 임희일이 말하였다. "앞의 '지之'자는 어조사
이고, 뒤의 두 '지之'자는 '가다'라는 뜻이다." [林氏曰, 上之字, 助語也, 下二之
字, 往也.]
○ 생각건대 세 '지之'자는 모두 어조사이다. [按, 三之字, 皆助語也.]

㉔ 其溺之所爲之, 不可使復之也 : '시들어 날로 점차 소멸해 가는 것은 곧
시비에 빠져 들었기 때문이니 되돌릴 수 없다'라는 말이다. 이 두 구절은
화살이 쏘아지듯이 시비함으로 인한 폐해를 말한 것이다. [言焦殺而日漸消亡
者, 乃其陷溺之所爲, 而不可使返也. 此兩節, 言發若機括之害.]

㉕ 厭 : 음은 '암黯'이니, 닫아 감추는 것이다. 승리를 지키려는 생각을 마음속
에 감추고 있다는 말이다. [音黯, 閉藏也. 言守勝之心, 藏於中也.]

㉖ 緘 : 꽁꽁 묶은 듯이 단단하다는 말이다. [如緘縢之固也.]

㉗ 老 : 위(其日消也)의 '일日'자에 대응하니, 날이 쌓일수록 늙어 감을 말한다.
[對上日字, 日之積爲老也.]

㉘ 老洫也 : 늙을수록 더욱 심해지는 것이다. [老而愈深也.]

㉙ 陽 : '살다'라는 뜻이다. [生也.]

㉚ 近死之心, 莫使復陽也 : '닫아 감춤이 늙을수록 더욱 깊어진다'는 것은
그 마음이 죽은 것에 가까워 다시 생동하는 이치를 가질 수 없다는 말이다.
이 두 구절은 '꿈쩍하지 않는 것이 마치 맹세한 듯함'의 폐해를 말한 것이다.

[言閉藏而至老愈深者, 乃其心近於死, 而不可復有生理也. 此兩節, 言留如詛盟之害.]

○ 진심이 말하였다. "이 문단 가운데에는 신기한 글자를 쓴 것이 많고 구를 엮는 법은 기이한 봉우리나 이상한 돌과도 같으니 주의 깊게 보아야 한다."

[陳氏曰, 此中有如許新奇字法, 句法如奇峰怪石, 當作別觀.]

◇ 이상은 세 번째 단락이다. 여러 학설을 내세워 서로 다투는 사람의 마음이 변하는 모양에 대하여 말하였다. 이 단락에서는 '심투心鬪' 두 글자가 핵심이 된다. 전쟁에 비유하면, '꿈을 꾸는 것과 잠에서 깨어나는 것'은 성채의 문이 서로 마주보고 있는 것과 같다. '느슨한 것', '음험한 것', '꼼꼼한 것'은 장수의 작전과 용병술이 각기 다른 것과 같다. '화살이 튕겨져 나가듯이 말하는 것'은 칼날이 서로 부딪치는 것과 같다. '맹세한 것과 같이 꿈쩍하지 않는 것'은 전국시대에 서로 맹약을 맺은 것과 같다. '함께 말라 시들어 감'은 나날이 소모하여 끝내 죽음에 이르는 것과 같다. 이 모두가 전쟁을 좋아하는 데서 말미암은 재앙과 같은 것이다. 마음은 만물을 주재하는 것이다. 지극히 존귀하여 상대할 만한 것이 없지만, 외물과 다투면 끝내 반드시 외물이 마음을 이기게 된다.

右第三段. 言物論相鬪之心術變態, 其中心鬪二字, 爲一段之眼. 若喻以戰, 魂交形開, 如壘和相對也, 縵窖密, 如爲將者之設機用兵不同也, 發若機括, 如兵刃相接也, 留如詛盟, 如戰國時相盟也, 相與焦殺, 日漸消耗, 終至於死, 皆如好戰之禍也. 夫心者, 宰萬物者也, 至尊無敵, 而乃與物鬪, 則畢竟物必勝之也.

제4단

기뻐하고 화내고 슬퍼하고 즐거워하며 염려하고 탄식하여 그 마음을 바꾸고, 아양 떨고 제멋대로 놀아 그 모습을 드러낸다. 이는 음악이 텅 빈 곳에서 나오고, 찌는 듯이 더운 기운이 버섯을 만드는 것과 같다.

이런 감정들이 밤낮으로 눈앞에서 서로 번갈아들지만 싹트게 하는 주체는 알 수가 없다. 그만둘까? 그만둘까? 아침저녁 사이에 이것을 알 수 있으니, 그것은 사람이 살아가게 하는 근원일 것이다. 저것이 아니면 내가 없고 내가 아니면 저것으로부터 취할 주체가 없으니, 천天과 인人이 가깝기는 하지만 부리는 주체가 누구인지는 알지 못한다. 참 주재자가 있을 법하지만 단지 그 조짐을 알 수가 없다. 행할 수 있는 것은 진실한 이치이지만 그 형상을 볼 수가 없으니, 실정은 있으나 형상이 없기 때문이다.

喜怒哀樂, 慮①嘆②變慹 ③, 姚④佚⑤啓態⑥, 樂⑦出虛⑧, 蒸成菌⑨. 日夜相代乎前⑩, 而莫知所萌⑪. 已乎⑫, 已乎⑬. 旦暮⑭得⑮此⑯, 其所由以生乎⑰. 非彼⑱無我, 非我無所取, 是亦近矣⑲, 而不知其所爲使⑳. 若有眞宰, 而特不得其眹㉑. 可行已信㉒, 而不見其形, 有情而無形㉓.

① 慮 : 미래를 미리 헤아리는 것이다. [預度其未來也.]

② 嘆 : 이미 지나간 일을 탄식하는 것이다. [嗟嘆其旣往也.]

③ 慹 : 음은 '세世'이니, 자서字書에 '마음의 상태'라고 하였다. 「전자방田子方」 편에 나오는 '접연慹然'(움직이지않는모양)의 '접慹'[17]과는 같지 않다. 여기서는 '육坴'을 썼고 「전자방」 편에서는 '행幸'을 썼다. '혹 염려하기도 하고 혹 탄식하기도 하는 등 그 마음을 바꾼다'는 말이다. '접연慹然'의 '접慹'으로 보아도 말이 된다. 이때의 '접慹'은 '지之'와 '섭涉'의 반절로서 깊이 생각하느라 움직이지 않는 모양이라는 뜻이니, 염려하고 탄식함이 지극하여 꿈쩍하지 않음을 말한다. [音世. 字書曰, 情態也. 與田子方篇, 慹然之慹不同, 此從坴, 彼從幸. 言或慮或嘆, 以變其態也. 以慹然之慹看之, 亦通. 慹之涉切, 凝思不動貌, 慮嘆之至, 變以爲慹.]

---

17) 「전자장」편에 ~ 접 : 『莊子』「田子方」편에 "공자가 老聃을 만나러 갔다. 노담은 머리를 감은 뒤 풀어헤친 채 말리고 있었는데, 꼼짝도 하지 않는 것이 사람 같지가 않았다"(孔子見老聃. 老聃新沐, 方將被髮而乾, 慹然似非人)라는 구절이 있다.

④ 姚 : 기뻐하고 좋아하여 스스로 아양을 떠는 것이다. [悅美以自肥*也.(*肥 : 국역대본에는 '妃'로 되어 있으나 오류임)]

⑤ 佚 : 방종하여 돌아올 줄 모르는 것이다. [縱逸以忘返也.]

⑥ 啓態 : '계啓'는 드러내는 것이니, '요일계태姚佚啓態'는 혹 아양 떨고 혹 제멋 대로 즐거워서 그 모습을 드러내는 것이다. 염려하고 탄식하는 것은 '슬픔'과 '화냄'에 속하고, 아양 떨고 제멋대로 즐기는 것은 '기쁨'과 '즐거움'에 속한다. 이것은 칠정七情이 바뀌는 모양이다. 여러 학자들은 '염려', '탄식', '변덕', '두려움', '아양', '방종', '마음이 풀어짐', '교태부림' 전체를 여덟 가지 모습으로 여기니, '변變'을 '반복하여 안정되지 않은 모양'이라고 해석하고 '세慹'를 '두려워하고 의심하여 움직이지 않는 모양'이라고 풀이하며 '계啓' 를 '마음을 여는 것'이라고 풀이하고 '태態'를 '꾸미는 행위'라고 풀이한다. 그러나 본래의 뜻이 아닌 듯하다. [啓, 發也, 或姚或佚, 其以發態也. 慮嘆屬哀怒, 姚佚屬喜樂, 是七情變動之態. 諸家皆以慮嘆變慹姚佚啓態爲八者, 而釋變曰, 反覆不定 之貌, 釋慹曰, 憂疑不動之貌, 釋啓曰, 開心也, 釋態曰, 作狀也, 似非本意.]

⑦ 樂 : 음은 '악岳'이다. [音岳.]

⑧ 樂出虛 : 악기 소리는 빈 곳에서 나온다. 그래서 거문고・비파・종・북 등 여러 악기는 그 속이 모두 텅 비어 있다. [樂之聲出虛, 故琴瑟鐘鼓諸樂器, 其中皆虛.]

⑨ 樂出虛, 蒸成菌 : 흙이나 나무 속에 찌는 듯한 더운 기운이 있으면 버섯이 나온다. 음악과 버섯은 인간의 감정을 비유한 것이다. '허虛'자는 '적연부동 寂然不動'(고요하여 움직이지않음)의 '적寂'자와 같고, '증蒸'자는 '감이수통感而 遂通'(감촉하여드디어통함)의 '감感'자와 같다.[18] '허虛'는 감정이 드러나지 않은 상태이고, '증蒸'은 감정이 바야흐로 싹트는 때이다. 이 부분은 칠정七情 이 나타나는 근원을 말한 것이다. [有所蒸鬱於土木之中者, 爲菌. 樂與菌, 比之情 也. 虛字, 與寂然不動之寂字同, 蒸字, 與感而遂通之感字同, 虛, 情之未發處也, 蒸, 情

---

18) '허虛'자는 ~ 같다 : 『周易』「繫辭上」에, "고요하여 움직임이 없다가 감응하면 드디어 천하의 일에 통한다"(寂然不動, 感而遂通天下之故)라는 구절이 있다.

之方萌時也. 此言七情發出之原.]

⑩ 相代乎前 : 앞에 있으면 보기가 쉽다. [在前則易見.]

⑪ 莫知所萌 : 칠정七情은 음악이 빈 곳에서 나오고 더운 기운이 버섯을 만들어 내는 것과 같아서 밤낮으로 면전에 번갈아 나타나지만, 그것이 생겨나게 하는 것이 무엇인지는 알지 못한다. 칠정七情이 생겨나게 하는 것은 바로 천天이다. [言七情如樂之出虛蒸而成菌者, 日夜相代乎面前, 而莫知所以萌之也. 所以萌之者, 卽天也.]

⑫ 已乎 : '알 수 없으니 그만둘 것인가?'라는 뜻이다. [將莫知而止乎.]

⑬ 已乎, 已乎 : 거듭 '이호已乎'라고 한 것은 탄식하는 말이다. [重言之者, 嘆辭.]

⑭ 旦暮 : 앞에서는 '일야日夜'[19]라고 하고 여기서는 '조모朝暮'(旦暮)라고 하였다. 일야日夜는 낮과 밤을 통칭한 것일 따름이다. 아침(朝)은 낮의 시작이고 저녁(暮)은 밤의 시작이니, 처음부터 끝까지 허다한 시간이 있음을 세세히 말한 것이다. [前言日夜, 此言朝暮. 日夜者, 泛言晝夜而已. 朝者, 晝之始也, 暮者, 夜之始也, 自始至終, 有許多時刻, 細言之也.]

⑮ 得 : 사람이 그것을 얻음을 말한다. [謂人得之也.]

⑯ 此 : '이것'이라는 것은 칠정七情이 생겨나게 하는 것을 가리키니, 곧 천天이다. [此者, 指所以萌之者也, 卽天也.]

⑰ 旦暮得此, 其所由以生乎 : '낮과 밤 사이에 이런 감정이 생겨나게 하는 것을 아니, 이것은 바로 사람이 살아가게 하는 근원이다'라는 말이다. [言日夜之間, 得此所以萌之者, 此人之所由以生也.]

⑱ 彼 : '피彼'자와 '차此'자는 모두 '천天'을 말한 것인데, 앞에서는 생겨나게 하는 것을 지적하여 말하였기 때문에 '차此'자를 썼고 여기서는 사람의 입장에서 '천天'을 말하였기 때문에 '피彼'자를 썼다. [彼字與此字, 皆謂天也, 而指上所萌而言, 故着此字, 以人對天而言, 故着彼字.]

⑲ 是亦近矣 : 천天이 아니면 사람이 존재할 수 없고 사람이 아니면 천天에서

---

19) 낮과 밤 : 앞의 "日夜相代乎前"에서의 '日夜'를 말한다.

취하여 정情으로 삼을 주체가 없으니, 천天과 사람이 서로 합치되어 틈이 없다는 말이다. 단지 '가깝다'라고만 말할 수는 없음에도 불구하고 '가깝다'라고 말한 것은, 『중용』의 "충忠과 서恕는 도道와의 거리가 멀지 않다"와 뜻이 같다. [言非天無以生人, 非人無以取於天而爲情, 天與人相合無間. 不可徒以近言之, 而曰近者, 與中庸忠恕違道不遠之義同.]

⑳ 不知其所爲使 : 인간과 천天은 매우 가까워 인간은 자신이 천天의 부림을 당하는 줄 모른다. 이 단락 안에는 '소맹所萌'(싹트게 하는 것), '소위所爲'(하게 하는 것) 등 '소所'자가 둘이 있는데, 곧 '소이연所以然'(그렇게 되는 까닭)의 '소所'자이다. '그렇게 되는 까닭'은 '리理'이고, '리'는 곧 '천天'이다. [言人與天甚近, 而不知於爲天所使也. 此段內, 有所萌所爲二所字, 卽所以然之所字. 所以然者理, 而理卽天也.]

㉑ 若有眞宰, 而特不得其眹 : '眹'의 음은 '진陣'이니, 조짐이라는 뜻이다. 참으로 주재자가 있는 것 같으나, 단지 텅 비고 막막할 뿐이어서 그 조짐을 볼 수 없다는 말이다. '있는 듯하다'라는 말은 있는 것 같기는 하지만 감히 있다고 그대로 말하지는 못하는 것이니, 알기 어렵다는 뜻이다. [音陣, 萌也. 言若有眞箇主宰之者, 而只以惟冲惟漠, 不得見其眹也. 若有者, 似若有之而不敢質言, 蓋難知之意也.]

㉒ 可行已信 : '가행可行'은 '행할 수 있는 것'이니 곧 도道이다. '이신已信'은 '이미 믿는 것'이니 곧 '진실한 이치'이다. [可行者, 可以行之也, 卽道也. 已信者, 已爲信之也, 卽實理.]

㉓ 有情而無形 : '정情'은 '실제'이다. 실제로 있기 때문에 믿는 것이고, 형상이 없기 때문에 볼 수 없는 것이다. [情, 實也. 有情故已信, 無形故不見.]

◇ 이상은 네 번째 단락이다. 여러 가지 학설이 통일되지 않는 원인을 추적해 보면, 마음 씀이 바르지 못해서이다. 또 마음이 바르지 못하게 되는 원인을 추적해 보면, 천天을 알지 못하기 때문이다. 이 단락의 첫머리에서 언급한 "염려하고 탄식하여 그 마음을 바꾸고, 아양 떨고 제멋대로 놀아 그 모습을

드러내는 것"은 모두 마음이 바르지 못한 것이다. 그 아래 부분에서는 마음이 천天에 근본한 것임을 말하였으니, '싹트게 하는 것', '부리는 것', '득차得此'에서의 '차此', '비피非彼'에서의 '피彼'는 모두 천天을 가리키는 것인데 끝내 '천天'자를 노출시키지 않았다. '참 주재자'라고 말한 것은 천天의 암호이니, 또 곧바로 '천天'자를 쓰지 않은 것은 숨기고 가리면서 설명하여 독자가 스스로 깨닫게 하려는 것이다. "밤낮으로 눈앞에서 서로 번갈아 든다", "아침부터 저녁까지 이것을 얻는다", "천天이 아니면 내가 없고, 내가 아니면 천天으로부터 취할 주체가 없다", "행할 수 있고 믿을 수 있다"라고 한 것은 모두 쉽게 알 수 있는 측면에 대해 말한 것이다. "싹트게 하는 주체는 알 수 없다", "부리는 주체는 알지 못한다", "그 조짐은 알지 못한다", "형상은 보지 못한다"라고 한 것은 모두 알기 어려운 측면에 대해 말한 것이다. 끝에서는 "실상은 있는데 형상은 없다"라는 말로 총괄하였다. 실상이 있기 때문에 알기 쉬울 듯하나 형상이 없기 때문에 알기가 매우 어려운 것이다. 두 가지 논의가 나란히 전개되면서 구르고 번드쳐 깊은 경지로 들어가니 참으로 기이하다. 앞의 단락에서는 형상을 말하여 정情에 도달하였고, 이 단락에서는 정情을 말하여 천天에 도달하였다. 정情은 마음의 작용이고, 천天은 형상이 없다. 또 이 단락은 첫 단락의 천뢰天籟에 조응하는 것이다. '사使'자는 바로 첫 단락의 '그 스스로의 형상을 부려서'(使其自己)의 '사使'와 같고, '아我'자는 곧 첫 단락의 '자기自己', '자취自取'의 '자自'자와 같다. '단모득차旦暮得此'의 '차此'자는 '비피非彼'의 '피彼'와 같으니, 곧 첫 단락의 '노자기수怒者其誰'(떨치게 하는 자는 그 누구인가?)의 '수誰'와 같다.

右第四段. 推原物論之不齊, 由於情之不正, 而又推原情之不正, 由於不知天也. 首言, 慮嘆變熱, 姚佚啓態, 皆情之不正者也. 其下言, 情之根於天, 而其曰, 所萌, 所爲, 使得此之此字, 非彼之彼字, 皆指天者, 而終不露天字. 其曰眞宰, 卽天之暗號, 而又不直着天字, 盖隱映說去, 使人自悟也. 其曰日夜相代乎前, 其曰朝暮得此, 其曰非彼無我非我無所取, 其曰可行已信, 皆言其易知處也, 而其曰莫知其萌, 其曰不知其所爲使, 其曰不得其朕, 其曰不見形, 皆言難知者也. 卒乃以有情而無形, 總結之. 有情故知之似易, 而無形故知之甚難. 兩說雙行, 轉翻入深, 儘奇矣. 前段言形以及心, 此段言情以及天. 情者心之用也, 天者無形也. 且此段應首段天籟, 使字即上使其自己之使, 我字即上自己自取之自, 此字彼, 即上怒者其誰之誰.

제5단

백 개의 **뼈**와 아홉 개의 구멍과 여섯 가지 내장을 갖추고 있는데 내가 어느 것과 가까이할까? 너는 모두를 좋아하겠는가? 반드시 사사롭게 가까이함이 있을 것이다. 그렇다면 모두를 신하와 첩으로 삼겠는가? 신하와 첩은 서로가 다스리기에 부족할 것이다. 그렇다면 번갈아 서로 임금과 신하가 되는 것인가? 그 참다운 주재자가 존재할 것이다. 그 실체를 찾아내든 찾아내지 못하든 진실에는 아무런 손익이 없다.

百骸九竅六藏①賅②而存焉, 吾誰與爲親③. 汝④皆說⑤之乎, 其有私焉⑥. 如是皆有爲臣妾乎⑦, 其臣妾不足以相治乎⑧. 其遞⑨相爲君臣乎⑩, 其有眞君存焉⑪. 如求得其情與不得, 無益損乎其眞⑫.

① 百骸九竅六藏 : '장藏'은 거성去聲이다. 위 문단 '형상이 없다'를 받아서 말한 것이다. 안과 밖에 존재하는 형상을 또렷하고 상세하게 드러내었으니 또한 기이하다. 대개 형상이 없는 것은 보이는 것이 없으나, 형상이 있는 것은 그 수가 진실로 많다. [去聲. 承上無形而言. 形之在於內外者歷歷詳細, 亦奇矣. 盖無形者無形, 而形之有者, 其數固多.]

② 賅 : '갖추다'라는 뜻이다. [備也.]

③ 百骸九竅六藏賅而存焉, 吾誰與爲親 : '백 개의 뼈와 아홉 개의 구멍은 모두 내 한 몸에 있는 것이니 어느 것을 특별히 가까이하겠는가?'라는 뜻이니, 이것은 차등이 없다는 말이다. [百骸九竅, 皆吾一身之存, 則與誰爲之親偏乎,

言無差等也.]

④ 汝 : 의인법을 써서 질문을 만든 것이다. [呼人而設問者也.]

⑤ 說 : '열悅'(기쁘다)과 같으니, 매우 친한 것이다. [與悅同, 親之深者也.]

⑥ 汝皆說之乎, 其有私焉 : '호乎'는 의문사이고 '언焉'은 단정하는 말이니, '사람의 몸 부분부분을 모두 가까이하겠는가? 그 가운데에는 반드시 사사롭게 가까이하는 것이 있다'라는 뜻이다. 예컨대 눈이 작용하는 때는 눈을 가까이하는 것이고, 입이 작용하는 때는 입을 가까이하는 것이다. 사람의 몸은 움직이지 않으면 그만이지만 움직이면 백체百體 가운데 반드시 작용하는 것이 있다. [乎, 疑辭, 焉, 定辭. 言人之百體, 皆悅之乎, 其中必有私焉者矣. 目用事之時, 是私於目也, 口用事之時, 是私於口也. 夫人之形, 不動則已, 動則百體之中必有用事者.]

⑦ 如是皆有爲臣妾乎 : 눈이 색色을 보려고 하면 다른 우리 몸의 모든 기관들이 따라서 그 욕구를 성취시키니, 이것은 모두 눈의 부림을 당하는 것이다. 입이 먹고자 하면 우리 몸의 모든 기관들이 따라서 그 욕구를 성취시키니, 이것은 모두 입의 부림을 당하는 것이다. 부림을 당하는 것은 신하와 첩이다. 실로 이와 같다면 우리 몸의 모든 기관이 현재 작용하는 기관의 신하와 첩이라 할 것이다. [目欲色, 而百體從以成其欲, 是皆爲目之役. 口欲食, 而百體從以成其欲, 是皆爲口之役. 役者, 臣妾也. 果如是, 則百體皆爲私焉者之臣妾乎.]

⑧ 其臣妾不足以相治乎 : 다스리는 자는 임금이다. 모두가 신하와 첩이라면 서로 다스리기에는 부족하다. 서로 다스리기에 부족하다면, 반드시 그것을 다스리는 자가 따로 있다. [治者, 君也. 若皆爲臣妾, 則不足以相治矣. 不足以相治, 則必有治之者矣.]

⑨ 遞 : '번갈아'라는 뜻이다. [更也.]

⑩ 其遞相爲君臣乎 : 손이 잡으려고 하면 발이 대상이 있는 곳으로 가니, 이것은 손이 임금이 되고 발이 신하가 되는 것이다. 발이 어디로 가려고 하면 손으로 신을 신으니, 이것은 발이 임금이 되고 손이 신하가 되는 것이다.

그렇다면 임금이 반대로 신하가 되고 신하가 반대로 임금이 되어, 번갈아 서로 임금과 신하가 되는 것인가? 번갈아 가며 서로 임금과 신하가 된다면, 이른바 임금이라는 것은 임금이라고 말할 수 없을 것이다. 이 세 구句는 온몸과 아홉 개의 구멍 가운데서 임금 노릇하는 것을 찾으려고 하면 끝내 찾지 못한다는 말이다. [手欲取, 而足爲之往, 則是手爲君而足爲臣. 足欲往, 而手爲納履, 則是足爲君而手爲臣. 然則君反爲臣, 臣反爲君, 而更相爲爲君臣乎. 更相爲君臣, 則所謂君者, 不可謂之君也. 此三句, 欲於百體九竅中索其爲君者, 而終不得也.]

⑪ 其有眞君存焉 : 손이 잡으려고 하면 발을 부리고 발이 걸어가려고 하면 손을 부리지만, 손이 잡고 발이 걸어가는 것은 과연 누가 그렇게 하도록 시키는 것인가? 반드시 참으로 임금 노릇을 하는 것이 있을 것이니, 그것은 바로 심心이다. 온몸과 아홉 개의 구멍은 모두 심心의 신하와 첩이다. 곧바로 '심心'이라고 말하지 않고 '진군眞君'이라고 말한 것은 앞 단락에서 곧바로 '천天'이라고 말하지 않고 '진재眞宰'라고 말한 것과 같은 뜻이다. 앞 단락에서는 '있는 듯하다'라고 말했는데 여기서는 '그것이 있다'라고 말한 것은, '천天'은 멀리 있어서 알기 어렵고 '심心'은 내 몸에 존재하여 분명히 증험할 수 있기 때문이다. [手欲取而雖役足, 足欲往而雖役手, 然手之取足之往, 果誰使之乎. 必有眞箇爲君者存焉, 卽心耳. 百體九竅, 皆心之臣妾也. 不直曰心而眞君, 與前段不直曰天而曰眞宰之意同. 前段曰若有, 而此曰其有者, 天則遠而難知, 心則在於吾身而明驗故也.]

⑫ 如求得其情與不得, 無益損乎其眞 : 눈의 본성은 색을 보려고 하는 것이고, 입의 본성은 먹으려고 하는 것이다. 그러나 그것을 얻는다 해도 참다운 주재자에게 이익됨이 없고 얻지 못한다 해도 손해됨이 없다. 이것은 다만 참다운 주재자를 높이 받들 수는 있으나 온몸과 아홉 개의 구멍에서 그 실체를 파악할 수는 없다는 말이다. 실체를 파악할 수 있는 그 무엇이라면 외물과 서로 부딪치느라 시달리게 될 것이다. [目之情求色, 口之情求食, 而得之, 無益於眞君, 不得之, 無損於眞君. 言只可尊奉眞君, 而不可爲百體九竅以求得其情也. 求得其情, 則與物相刃而疲役矣.]

◇ 이상은 다섯 번째 단락이다. 앞 단락에서는 천天을 말하였고 여기서는 심心을 말하였는데, 몸에 있어서는 심心이 천天에 해당한다. 천天이란 것은 물物의 근본이고, 심心은 물론物論을 가지런하게 하는 주체이다. 가지런하게 하는 방법은 여러 가지 주장을 천天에 비추어 보는 것이다. 그렇다면 여러 가지 주장을 가지런하게 하는 것은 심心이고, 가지런하지 않게 하는 것 또한 심心이다. 마음에 천天을 온전히 보존하면 가지런하게 되는 것이니, 곧 뒤에 나오는 단락에서 '성심成心'이라고 했을 때의 그 심心이다. 심心이 천天을 상실하면 가지런하게 되지 않으니, 곧 앞에서 나온 외물과 다투는 그 마음이다. 이 단락에서는 심心이 천天과 짝하여 주재자가 된다는 뜻을 대략 말하고, 또 천天만 말하고 심心을 말하지 않았으니, 글을 쓰는 데 정성을 들인 부분이 아니다. 여러 학자들은 모두 이 단락을 앞 단락에 대한 비유로 보고 "하늘에 만물이 있음은 사람에게 몸의 여러 부위가 갖추어져 있는 것과 같다. 인체의 여러 부위는 각기 쓰임이 다르지만 함께 하나의 몸을 이루고 있다. 그래서 사람들이 본디 친소親疏를 두어서 어떤 것은 귀하게 여기고 어떤 것은 천하게 여기고 하는 법이 없다. 만물에 대한 하늘의 태도 또한 어찌 이와 다르겠는가? 신체의 여러 부위들은 몸에 있어서 각기 장점과 단점을 가지고 서로 구제하고 서로 의지하는 관계이니, 하나만 존귀하거나 어느 하나가 온몸을 제재할 수는 없는 것이다. 그리고 우열을 나눌 수 없음은 또한 만물의 몸이 나누어져 있어도 끝내 서로 자랑하지 않는 것과 어찌 다르겠는가?"[20]라고 하였다. 좋은 말이기는 하나 본뜻은 아니다.

右第五段. 前段言天, 此言心, 心卽一身之天也. 天者物之本也, 心者齊之主也. 齊之之道, 以物論照之于天也. 然則物論之齊之者心也, 其不齊之者亦心也. 心全其天則齊之, 卽下成心之心也. 心若失其天則不齊, 卽上與物之闘心也. 此段泛言心與天對而爲君之

---

20) 하늘에 ~ 다르겠는가 : 비슷한 내용이 박세당의 『남화경주해산보』에 수록되어 있는데 원문에 다소 차이가 있다. 『남화경주해산보』의 내용은 다음과 같다. "蓋天有萬物, 猶人賅衆體. 衆體殊用, 而同爲一身, 則人固未嘗有親疎悅惡, 而私爲厚薄, 或貴或賤也. 天之於物, 顧奚異此. 衆體在身, 亦各以所長所短交濟相須, 而不能偏尊而獨制, 則又無優劣貴賤之可分, 亦奚異萬物之形骸器分, 而卒末有以相長也. 於此足以見物不能自物, 而物物者存乎其間也."

義, 且言天而不言心, 則無下手用工處矣. 諸家皆以此段爲前譬喻而曰, 天有萬物, 猶人
胲衆體. 衆體殊用而同爲一身, 則人固未嘗有親疎而或貴或賤也. 天之於物顧奚異也. 此
衆體在於身, 亦各以所長所短, 交濟相須, 不能偏尊而獨制, 則又無優劣之可分, 亦奚異
萬物之形骸體分而卒未有以相長也. 言則佳, 而非本旨也.

제6단

한번 완성된 몸을 받았으면 죽지 않고 천수가 다하기를 기다려야
하는데, 외물과 서로 다투고 마찰하며 죽음을 향해 말달리듯이 달려가서
멈추지 못하니 또한 슬프지 아니한가? 죽을 때까지 외물에 시달리면서도
성공을 볼 수 없고 고달프게 노고하면서도 돌아가 머물 곳을 알지 못하니
애달프지 아니한가? 사람들이 '죽지 않았다'라고 말하나 무슨 보탬이
되겠는가? 그 형체가 변하면 그 마음도 함께 변하니 크게 슬퍼하지 않을
수 있겠는가? 사람의 삶이 참으로 이처럼 어리석은 것인가? 나만 어리석고
다른 사람들은 어리석지 않은 것인가?

一受其成形①, 不亡以待盡②, 與物相刃③相靡④, 其行⑤盡⑥如馳⑦, 而莫之能止⑧,
不亦悲乎. 終身役役⑨, 而不見其成功, 苶⑩然⑪疲役⑫, 而不知其所歸⑬, 可不哀耶.
人謂之不死, 奚益. 其形化, 其心與之然, 可不大哀乎⑭. 人之生也, 固若是芒⑮乎,
其我獨芒, 而人亦有不芒者乎⑯.

① 成形 : 하늘이 만들어 준 형체이다. [天所成之形也.]
② 不亡以待盡 : 한번 스스로 완성된 형체를 받으면 그 받은 형체를 망실하지
않고 천수가 다하기를 기다려야 한다는 말이다. [言一自受其成形, 宜勿亡其所
受者, 而以待其天年之盡也.]

③ 相刃 : 서로 다투는 것이다. [相鬪爭也.]

④ 相靡 : '미靡'는 '마劘'와 같다. 서로 마찰하는 것이다. [同劘, 相磨憂也.]

⑤ 行 : '나아가다'라는 뜻과 같다. [猶進也.]

⑥ 盡 : 위의 '진盡'자와는 뜻이 다르다. 여기서는 사람이 스스로 죽음을 만나는 것이다. [與上盡字不同. 此則人遇自盡之也.]

⑦ 其行盡如馳 : 죽음에 나아감이 마치 말이 달리는 것처럼 빠름을 말한 것이다. [言進而盡之, 其急如馬之馳也.]

⑧ 莫之能止 : 스스로 멈추지 못하는 것이다. [不能自止也.]

⑨ 役役 : 외물에 시달리는 것이니, '역역役役'은 노고를 그만두지 못하는 것이다. [役役於物也, 役役爲役之不已也.]

⑩ 茶 : 음은 '날涅'이다. [音涅.]

⑪ 茶然 : 매우 피로한 모양이다. [憊甚貌.]

⑫ 疲役 : 위의 '역역役役'보다 심한 것이다. [甚於上役役.]

⑬ 歸 : '귀歸'는 돌아가 머무는 것이다. [歸, 歸宿也.]

⑭ 可不大哀乎 : 이 단락에서는 거듭거듭 탄식하여 사람을 슬프게 한다. '고달 프다', '노고한다'라고 말하였으니, 오래지 않아 죽을 것이다. 이것이 슬퍼할 만한 것이다. 그러니 이런 사람은 사람들이 죽지 않았다고 말해도 무슨 보탬이 되겠는가? 보탬이 되지 않으면 그 죽음은 진실로 슬퍼할 것이 없다. 그러나 검디검은 머리털이 허옇게 변하고, 치렁치렁 흔들리던 머리카락이 벗겨져 떨어져서 그 모양이 바뀌면 마음 또한 함께 변한다. 마음이 변하는 것은 몸이 변하는 것보다 더욱 슬퍼할 만하다. 그래서 '크게 애달프다'라고 한 것이다. '슬프다'라고 하고 나서, 또 '애달프다'라고 하고, 또 '크게 애달 프다'라고 한 것은 매우 법도 있는 단어 활용법이다. 또 '심心'자는 아래 단락과 이어진다. [此段反覆咨嘆, 令人惕然. 言蕭然疲役, 則非久將死, 是可哀也. 然而若此者, 人雖謂之不死, 顧何益哉. 無益, 則其死固不足哀. 然而蒼蒼者, 化而白, 動搖者, 脫而落, 其形化, 則其心亦與之俱化. 心化尤可哀於形化, 故曰大哀. 旣曰悲, 又曰哀,

又曰大哀, 下語極有權衡. 且心字, 起下段.]

⑮ 芒 : '망芒'은 어리석어 무식한 모양이다. [芒, 昧無知之貌.]

⑯ 人之生也……而人亦有不芒者乎 : "사람은 하늘로부터 삶을 부여받았는
데 어찌 이처럼 어리석은가? 아니면 나만 어리석고 다른 사람들은 그 본심
이 갖추고 있는 천리를 밝혀 어리석지 않을 수 있는 있는가? 그러나 세상에
그런 사람이 끝내 없다면 나만 어리석은 것이 아니라 사람들이 어리석은
것이다"라는 말이니, 마음이 서글퍼서 하는 말이다. 이미 '어리석다'고 말했
으니, 이 사람은 어리석다는 사실을 잘 아는 사람이다. 어리석다는 것을
잘 아는 사람은 어리석은 것이 아니다. [言人之受生於天也, 豈果若是之芒昧乎,
抑我獨芒昧, 而人則亦有能明其本心之天, 而不知芒昧者乎, 然世卒未有, 則非我之芒,
乃人之芒也, 卽傷痛之辭. 蓋旣謂之芒, 則是能知其芒者也. 知芒者, 非芒也.]

◇ 이상은 여섯 번째 단락이다.

右第六段.

제7단

완성된 마음을 따라서 그것을 스승 삼는다면 스승이 없는 사람이
있겠는가? 어찌 반드시 변화의 이치를 알아서 마음이 스스로 그 지극한
이치에 합치되는 사람만이 이 마음이 있겠는가? 어리석은 자도 다 같이
소유하고 있는 것이다. 아직 마음을 완성시키지 못했으면서도 옳으니
그르니 하는 것은 "오늘 월나라로 가서 어제 도착했다"라는 격이다.
이는 없는 것을 있다고 하는 것이다. 없는 것을 있다고 하면 신묘한
지혜를 가진 우禹임금이라도 장차 알지 못할 것인데, 나라고 특별히
또 어찌하겠는가?

夫隨其成心^①, 而師之^②, 誰獨且無師乎^③. 奚必知代而心自取者有之^④, 愚者與^⑤
有之^⑥. 未成乎心^⑦, 而有是非^⑧, 是今日適越, 而昔^⑨至也^⑩. 是以無有爲有. 無有爲
有, 雖有神禹且^⑪不能知, 吾獨且奈何哉^⑫.

① 成心 : 앞 단락의 '완성된 몸'(成形)에 짝지어 말한 것이다. '성심成心'이란
하늘이 완성한 마음이니, 하늘이 지니고 있는 일정한 이치를 나에게 부여한
것이다. [對前段成形而言. 成心者, 天所成之心也. 天有定理, 而賦於我者也.]

② 師之 : 스승이란 나아가서 의심나는 것을 질문하는 대상이다. 여러 가지
학설을 내세워 서로 옳으니 그르니 하며 어지럽게 다툴 때에 의심스럽고
불분명한 것이 있으면, 성심成心을 스승 삼아 질문하면 해결할 수 있다. 이
른바 "자기 마음을 엄격한 스승으로 삼는다"²¹⁾라는 것이다. 장자는 마음을
천天에 비유하여 임금이라고 말하고, 또 스승이라고 말한 것이다. 마음에
대한 좋은 호칭은 여기에 갖추어져 있다. [師者, 就而質疑者也. 物論之是非紛爭,
有所疑晦者, 則以成心爲師而質之, 可決矣. 所謂以己之心爲嚴師者也. 莊子以心比之天
謂之君, 又謂之師. 心之徽號於斯爲備矣.]

③ 誰獨且無師乎 : "사람마다 모두 이 성심成心을 소유하고 있어서 이 마음을
스승 삼을 줄 안다면 누군들 스승이 없겠는가?"라는 말이다. 이른바 "내
마음으로 돌아가 구하면 훌륭한 스승이 있다"²²⁾는 것이다. [言人人皆有此成
心, 若知師此心, 則誰獨無師乎. 所謂歸而求之, 有餘師者也.]

④ 奚必知代, 而心自取者有之 : 임희일이 말하였다. "'대代'는 '변화'이니, 변
화의 이치를 알아서 마음으로 본 것이 있는 것이다." [林氏云, 代變也. 知變化
之理, 而心有所見也.]

○ 진상도陳詳道²³⁾가 말하였다. "예로부터 지금까지의 낡은 것이 물러가고

---

21) 자기 마음을 ~ 삼는다 : 張載의 『經學理窟』 「學大原上」에, "正心의 시작 단계에는
마땅히 자신의 마음을 엄격한 스승으로 삼아야 한다"(正心之始, 當以己心爲嚴師)라
는 구절이 있다.

22) 내 마음으로 ~ 있다 : 『孟子』 「告子下」에 나오는 구절.

23) 진상도 : 중국 송나라 때 사람으로 『莊子注』 등을 지었다.

새로운 것이 들어오는 이치를 알아서, 만물 가운데 융성한 것에서 취하는 것이다." [陳氏云, 知古今代謝, 取於造物之隆者也.]

○ 생각건대, '대代'자는 위의 "밤낮으로 서로 번갈아든다"의 '대代'에서 온 것인 듯하다. "그 밤낮으로 눈앞에서 서로 번갈아드는 것을 알아서 마음이 스스로 그 지극한 이치에 합치되는 것"이라는 말이다. [按, 代字, 似是自上日夜相代之代來. 言知其日夜相代於前者, 而心自契於至理也.]

⑤ 與 : 음은 '예預'이다. [音預.]

⑥ 愚者與有之 : 현명한 사람, 어리석은 사람 할 것 없이 모두 이 마음을 가지고 있으니, 이른바 "요임금과 걸임금도 본성은 같다"[24]라는 것이다. 이러한 장자의 식견은 매우 고매하여 제자諸子들이 미칠 수 있는 경지가 아니다. [無分賢愚, 同有此心, 所謂堯桀同一性者也. 此等見識, 甚高, 非諸子所可及.]

⑦ 未成乎心 : 이미 완성된 것도 잃으면 완성하지 못한 것이 된다. '성成'자는 '덕德'자와 같으니, 덕德이라는 말은 '얻는다'는 뜻이다. '명덕明德'의 '덕德'은 하늘에서 얻은 것이고, '명명덕明明德'의 '덕德'은 잃었다가 다시 얻은 것이다. '미성未成'이라는 것은 곧 잃고 아직 다시 완성하지 못한 상태이다. [既成者失之, 則爲未成也. 成字, 如德字, 德之爲言, 得也. 明德之德, 得之於天也, 明明德之德, 失而復得者也. 未成, 卽失而未及復成之時.]

⑧ 是非 : '시비是非' 두 글자는 아래 단락과 이어진다. [是非二字, 起下段.]

⑨ 昔 : '석昔'은 어제를 말한다. [昔, 昨日之稱.]

⑩ 是今日適越, 而昔至也 : 마음을 완성하지 못하면 참된 이치를 상실하여 시비를 결단할 수 있는 근거가 없으니 장차 무엇으로 옳으니 그르니 하겠는가? 이러한데도 시비하려는 것은 "오늘 월나라에 가서 어제 도착했다"라고 말하는 것과 꼭 같다. 이것은 초楚나라의 속언인데, 이전에 월나라에 가서 그곳을 보고 온 사람이라야 비로소 월나라 풍토의 아름다움과 아름답지 못함을 이야기할 수 있다. 만약 오늘 막 월나라로 가면서도 어제 이미 가서

---

24) 요임금과 ~ 같다 : 『荀子』「性惡」에, "무릇 사람의 본성은 堯舜과 桀跖이 동일하다"(凡人之性者, 堯舜之與桀跖, 其性一也)라는 구절이 있다.

보았다고 주장하며 억지로 그곳 풍토가 이러저러하다고 이야기한다면, 어찌 제멋대로 추측하여 헤아림이 심한 자가 아니겠는가! [未成乎心, 則失其定理, 無可執而決其是非, 將何以是之非之乎. 如此而欲爲是非, 正如今日適越, 而昔至也之說. 此楚之方言, 蓋曾已往見越國而來者, 方可說越國風土之美惡矣. 若今日方適越, 而稱以昨日已往見, 强說彼處風土之如何, 豈非臆料權變之甚者乎.]

⑪ 且 : '장차'의 뜻이다. [將也.]

⑫ 是以無有爲有……吾獨且奈何哉 : "완성된 마음이 없으면서 완성된 마음이 있다고 하고 본 것이 없으면서 본 것이 있다고 하면, 이것은 지극히 허황된 말이다. 신묘한 지혜를 지닌 우禹임금도 장차 알 수 없을 것인데 하물며 나 같은 사람이 너를 어떻게 하겠는가?"라는 말이다. '신묘한 지혜를 지닌 우임금'은 단지 옛 성인 가운데 한 사람을 들어서 말한 것일 뿐이다. 이른바 '우임금도 알 수 없다'는 것은 우임금이 참으로 알지 못한다는 말이 아니고, 심히 배척한 것이다. [言以無成心爲有成心, 以無所見爲有所見, 是虛荒之極, 雖神禹將不能知, 況如吾者, 將奈汝何哉. 神禹特擧古聖之一而言也. 所謂禹不能知者, 非謂眞不知也, 乃斥之之甚也.]

◇ 이상은 일곱 번째 단락이다. 앞 단락에서 형形을 말한 것은 다섯째 단락 '백 개의 뼈, 아홉 개의 구멍'에서부터 이야기를 전개하여 '완성된 형체의 변화'를 슬퍼한 것이고, 이 단락에서 심心을 말한 것은 다섯째 단락의 '참다운 주재자'에서부터 이야기를 전개하여 '완성된 마음의 상실'을 탄식한 것이다. 따라서 6, 7의 두 단락은 제5단락의 뜻을 부연한 것이다. 5, 6, 7의 세 단락은 여러 가지 주장을 가지런하게 하는 주체에 대해 말한 것이고, 이 이하는 여러 가지 주장이 가지런하지 않은 양상을 펼친 것이다.

右第七段. 前段言形, 從第五段百骸九竅上說, 而哀成形之化, 此段言心, 從第五段眞君上說, 而歎成心之失. 兩段演出第五段者也. 三段乃齊物之主, 此以下, 鋪張物論之不齊.

제8단

말은 단순한 소리가 아니다. 말하는 사람이 말을 해도 그 말하는 내용이
아직 정해지지 않았으면 과연 말을 한 것인가, 애초에 말을 하지 않은
것인가? 사람의 말이 새 새끼의 울음소리와 다르다고 하지만 또한 구별됨
이 있는가, 없는가? 도는 어디에 숨었기에 참과 거짓이 있으며, 참된
말은 어디에 숨었기에 '옳다', '그르다'하는 주장이 있는가? 도는 어디에
간들 없을 것이며, 참된 말은 어디에 있은들 옳지 않겠는가? 도는 작은
성취에 감추어지고 말은 과장하고 자랑하는 것에 감추어진다. 그러므로
유가儒家와 묵가墨家의 시비가 생겨나서, 상대가 옳지 않다고 하는 것을
옳다고 하고 상대가 옳다고 하는 것을 옳지 않다고 한다. 상대가 그르다고
하는 것을 옳다고 하고 옳다고 하는 것을 그르다고 하려면 밝은 도道로
하는 것이 가장 좋다.

夫言①非吹②也. 言者有言, 其所言者, 特未定也③, 果有言耶, 其未嘗有言耶④.
其以爲異於鷇⑤音, 亦有辯⑥乎, 其無辯乎⑦. 道惡⑧乎隱⑨而有眞僞, 言惡乎隱而
有是非⑩, 道惡乎往而不存, 言惡乎存而不可⑪. 道隱於小成, 言隱於榮華⑫. 故有
儒墨之是非⑬, 以是其所非, 而非其所是⑭. 欲是其所非, 而非其所是, 則莫若以明⑮.

① 言 : 여러 학파의 주장을 뜻한다. [物論也.]
② 吹 : 앞에 나온 "소리가 만 가지로 다르다"에서의 '소리'(吹)²⁵⁾와 같다. [卽上吹
　萬不同之吹.]
③ 言者有言, 其所言者, 特未定也 : 말이란 사람의 소리이지만, 구멍에서 나
　오는 뜻이 없는 소리와는 다르다. 말하는 사람은 반드시 말하려는 바가 있

---

25) 吹 : 앞에서 신경준은 '吹'를 "謂聲也"(소리를 말한다)라고 설명하였다. 「제물론」제
　1단의 원주 ㊾ 참조.

다. 그러나 '옳다', '그르다'라고 하며 시비하는 것은, 말했다고 할 수는 있어
도 옳은지 그른지는 원래 정해지지 않았다는 것이다. 정해지지 않았다는
것은 곧 아직 마음을 완성하지 못한 것이다. [言者人聲, 而非如竅穴之吹無情也.
其言之者, 必有謂矣. 然而謂是謂非, 素可爲言者, 特未素定也. 未定者, 卽未成乎心也.]

④ 果有言耶, 其未嘗有言耶 : 말하는 사람이 말을 하되, '옳다'느니 '그르다'느
니 하면 말하지 않았다고 할 수는 없으나, 그 말한 내용이 일정하지 않아
옳은지 그른지 알 수 없으면 말했다고 할 수가 없다는 말이다. 이 문단에
대한 여러 학자들의 해석은 많이 다르다. 곽상은 "내가 옳다고 하는 것을
상대방은 그르다고 하고, 상대방이 옳다고 하는 것을 내가 또 그르다고 한
다. 그래서 정해지지 않은 것이다"라고 하였다. 임희일은 "네가 이런 말을
하였지만 그것이 너에게서 나온 것이냐, 조물주에게서 나온 것이냐? 그래서
정해지지 않았다고 하는 것이다. 그 말이 과연 너의 말인가, 너에게는 애초
에 이 말이 있었던 것이 아닌데 조물주가 시켜서 마침내 이 말을 한 것인
가?"라고 하였다. 진심은 "과연 옳은 것이 있고 그른 것이 있어서 말한 것인
가? 아니면 하늘이 시키는 대로 맡겨서 옳은 것도 없고 그른 것도 없다고
하여, 애초에 말이 없었던 것인가?"라고 하였다. 이상 세 사람의 설명은 모
두 정치하지 못하다. [言者有言, 而日是日非, 則不可爲之無言也. 其所言未定, 而是
非莫知, 則不可謂之有言也. 諸子解此段, 多不同. 郭氏云, 我以爲是, 而彼以爲非, 彼之
所是, 我又非之, 故未定也. 林氏云, 汝雖有此言, 其出於汝耶, 其出於造物耶, 故日未定.
其言果汝之言耶, 其在汝者, 未嘗有此言, 而爲造物所使, 遂爲此言耶. 陳氏云, 其果有是
有非, 而言之耶, 抑亦任天之使, 無是無非, 而未嘗有言耶. 三說皆未精.]

⑤ 鷇 : '구鷇'는 '고苦'와 '두豆'의 반절이다. 처음 알에서 나온 새끼 새이다.
[苦豆切. 鳥之初出卵者也.]

⑥ 辯 : '변辨'(분별하다)과 뜻이 같다. [與辨同.]

⑦ 其以爲異於鷇音……其無辯乎 : 새끼 새의 울음소리는 뚜렷하지는 않으나
뜻이 있으니, 구멍에서 나오는 소리와는 다르다. 그러나 옳고 그름에 대한
지각은 전혀 없다. "일정함이 없는 사람의 말은 구멍에서 나오는 소리보다

는 낫지만, 새끼 새의 울음소리와 같다"라는 말이다. "구별됨이 있는가, 없는가?"라는 말은 "실제로 같아서 구별할 수 없다"라는 말이다. [鷇音依微有情, 非如竅穴之吹, 而全無是非之知覺. 言人之未定而言者, 勝於竅穴之吹, 而同於鷇之音也. 有辨乎無辨乎者, 言其實同而不可得而辨矣.]

⑧ 惡 : 음은 '오烏'이다. [音烏.]

⑨ 隱 : '숨다'라는 뜻이다. [晦也.]

⑩ 道惡乎隱而有眞僞, 言惡乎隱而有是非 : 도는 하늘에 근원을 둔 것으로 마음에서 이루어지니, 사람이 마땅히 가야 할 길이다. 도는 본디 하나일 뿐이다. 이 도를 마름질하여 소리로 표현한 것이 말이니, 말도 하나일 따름이거늘 도가 어디에 숨어 있어 이러한 참과 거짓, 옳음과 그름의 구별이 있는지 모르겠다. [道者, 原於天, 成於心, 而當行之路也. 道固一而已, 脩是道而宣於聲者爲言, 則言亦一而已. 未知隱晦於何, 而有此眞與僞, 是與非之分乎.]

⑪ 道惡乎往而不存, 言惡乎存而不可 : 도는 참과 거짓이 없으므로 어디를 가든 존재하고, 말은 옳음과 그름이 없으므로 어디에 있든지 옳다. [道無眞僞, 故無所往而不存, 言無是非, 故無所存而不可.]

⑫ 道隱於小成, 言隱於榮華 : '작은 성취'란 치우치고 잘못된 견해를 고수하여 학파를 이룬 것을 뜻한다. '영화榮華'는 과장하고 자랑하는 말로 영예를 구하는 것이다. 도는 작은 것에 은폐되어 큰 것을 모르게 되니, 작은 것과 큰 것이 있기 때문에 저절로 참과 거짓으로 나누어진다. 말은 화려한 꾸밈에 감추어져 실제 내용을 알 수 없으니, 겉꾸밈과 실제가 있기 때문에 저절로 옳으니 그르니 하는 다툼이 있다. 그래서 어딜 간들 존재하는 그 도가 존재하지 않기도 하고, 옳지 않음이 없는 그 말도 옳지 않음이 있게 된다. [小成卽守偏曲之見, 以成家數者也, 榮華卽爲誇詡之談, 以求其榮譽者也. 道隱於小而不知大, 以其有小有大, 故自有眞僞之別. 言隱於華而不知實, 以其有華有實, 故自有是非之爭. 無所往而不存之道, 於是乎有不存, 無所存而不可之言, 於是乎有不可矣.]

⑬ 故有儒墨之是非 : 전국시대에는 도와 학술이 분열되어 수많은 학파가 무리지어 생겨나서 서로 시비하였다. 이른바 '물론物論'이라는 것이 바로 이것

이다. 유가儒家와 묵가墨家는 그 가운데서도 큰 것이다. 그러나 여기서 '유儒'라고 한 것은 참다운 유자를 가리키는 것이 아니라 작은 성취에 얽매이고 영화榮華를 탐하여 다투며 시비하는 것을 좋아하는 자이니, 장자 같은 사람이 보면 새 새끼 울음소리와 다르지 않을 것이다. 이 부분을 근거로 장자가 유가의 도를 배척했다고 하는데, 그것은 장자의 본심이 아니다. [戰國之世, 道術分裂, 百家朋起, 互相是非. 所謂物論卽此, 而儒墨卽其中之大者也. 然而此云儒者, 非指眞儒, 而乃拘於小成, 耽於榮華, 而好爭是非者也, 若莊子者, 視之以鷇音不異矣. 以此爲莊子斥儒道, 則非其本心.]

⑭ 以是其所非, 而非其所是 : 남이 그르다고 하는 것을 나는 옳다고 하고 남이 옳다고 하는 것을 나는 그르다고 하는 것은, 모두 나는 옳고 남은 그르다고 여기는 것이다. 유가는 묵가를 이와 같이 여기고, 묵가는 유가를 또 이와 같이 여긴다. 그러니 어찌 그 시비를 하나로 확정할 수 있겠는가? [人之所非者, 我以爲是, 而人之所是者, 我以爲非, 都是是我而非人. 儒之於墨, 如此, 墨之於儒, 又如此, 惡得而一定其是非乎.]

⑮ 欲是其所非, 而非其所是, 則莫若以明 : 그 시비를 정하고자 하면 밝음으로써 하는 것보다 나은 것이 없으니, '밝음'이란 '희미함'(隱)의 반대이다. 밝음을 드러내어 밝히는 도는 아래에 있다. [欲定其是非, 則莫若以明, 明者, 隱之反也. 明明之道在下.]

◇ 이상은 여덟 번째 단락이다. 앞의 두 단락에서는 형形과 심心을 말했고 이 한 단락에서는 말(言)과 도道를 말하였으니, 그 순서를 볼 수 있다. 또 두 번째 단락의 '큰 말', '작은 말', '큰 지혜', '작은 지혜'를 받아서 결론을 맺었다. '밝음으로써 한다'의 '밝음'은 시비를 정하는 큰 근본이다.

右第八段. 前二段, 言形與心, 此一段, 言言與道, 其次序可觀. 且應第二段, 大言小言, 大知小知, 結之. 以明, 明者, 乃定是非之大要.

제9단

사물은 저것 아닌 것이 없고, 사물은 이것 아닌 것이 없다. 상대방이 보는 것은 보지 못하고 스스로 아는 것만 안다. 그래서 "저것이라는 것은 이것이라는 관념에서 나오고, 이것 또한 저것이라는 관념에서 나온다"라고 한다. '저것과 이것이 나란히 생겨난다'는 논리이다. 그러나 태어남이 있으면 죽음이 있고, 죽음이 있으면 태어남이 있다. 옳음이 있으면 옳지 않음이 있고, 옳지 않음이 있으면 옳음이 있다. 옳다고 함으로 말미암아 옳지 않다고 함이 있고, 옳지 않다고 함으로 말미암아 옳다고 함이 있다. 이 때문에 성인은 이런 논리에 의거하지 않고 천리天理에 비추어 보니, 이 또한 옳다고 함에 의거하는 것이다. 이것이 또한 저것이고 저것이 또한 이것이다. 저것에도 하나의 시비가 있고 이것에도 하나의 시비가 있으니, 과연 저것과 이것은 있는 것인가, 저것과 이것은 없는 것인가? 저것과 이것이 그 대립 상대가 없는 것을 일러 '도의 지도리'라고 하니, 지도리라야 비로소 그 고리의 한가운데에 자리잡아 무궁한 시비에 대응할 수 있다. 옳음 또한 하나의 무궁이고, 그름 또한 하나의 무궁이다. 그러므로 "천리의 밝음으로 비추는 것보다 나은 것이 없다"라고 하는 것이다.

物無非彼, 物無非是①. 自彼則不見, 自知則知之②. 故曰, 彼出於是, 是亦因彼③, 彼是方生之說也. 雖然, 方生方死, 方死方生, 方可方不可, 方不可方可, 因是因非, 因非因是, 是以聖人不由而照之於天, 亦因是也④. 是亦彼也, 彼亦是也, 彼亦一非, 此亦一是非, 果且有彼是乎哉, 果且無彼是乎哉. 彼是莫得其偶⑤, 謂之道樞⑥, 樞始得其環⑦中, 以應無窮⑧. 是亦一無窮, 非亦一無窮也⑨. 故曰莫若以明⑩.

① 物無非彼, 物無非是 : 이 편 내의 문장에서 '저것과 이것'(彼是)의 '시是'와

'그름과 옳음'(非是)의 '시是'는 혼동하기 쉽다. 내가 다른 사람을 가리켜 '저 사람'(彼)이라고 하면 다른 사람은 나를 가리켜 '저 사람'이라고 한다. 그러 므로 '저 사람' 아닌 것이 없다. 내가 나 자신을 '차此'라고 하면 남은 자기 자신을 '차此'라고 한다. 그러므로 '차此' 아닌 것이 없다고 말한다. 따라서 '저것'과 '이것'이라는 명칭과 '남'과 '나'라는 것은 모두 같은 대상을 가리키 는 말이다. 그러나 '차此'는 가까운 것이고 '피彼'는 멀다는 말이다. '피彼'와 '차此'는 '남'과 '나'라는 관념이 있고 난 뒤에 성립되는 말이니, '사私'와 관 련이 있다. [篇內彼是之是, 與非是之是, 易混. 夫我指人爲彼, 人指我爲彼, 故無非彼. 我以我爲此, 人以其己爲此, 故日無非此. 夫彼此之名, 與人我皆同, 而此則近也, 彼則遠 之之辭. 彼此乃人我以後之說, 而涉於私矣.]

② 自彼則不見, 自知則知之 : 사물은 모두 상대가 보는 것은 보지 못하고 다만 자기가 아는 것만 안다. [言物皆不見彼之所見, 而獨自知其所知也.]

③ 彼出於是, 是亦因彼 : 보지 못하기 때문에 지적하여 '저것'(彼)이라고 하니, '저것'(彼)이라는 말은 '이것'(此)으로 말미암아 생겨난다. 자기가 알기 때문 에 '이것'(此)이라고 하니, '이것'(此)이라는 말도 '저것'(彼)이 있기 때문에 있 는 것이다. [不見故, 指以爲彼, 彼之名, 由於此而生. 知之故, 謂之此, 此之名, 亦因於 有彼也.]

④ 彼是方生之說也……亦因是也 : 곽상이 말하였다. "죽음과 삶이 같은 것은 아니지만 각기 그 상황을 편안히 여기는 것은 같다. 지금 산 사람은 살아 있는 것을 산 것으로 생각하고, 죽은 사람은 산 것을 죽은 것으로 여길 것이 니, 삶이란 원래 없는 것이다. 산 사람은 죽은 것을 죽었다고 생각하고, 죽은 사람은 죽은 것을 산 것으로 생각하니, 죽음이란 원래 없는 것이다. 삶도 없고 죽음도 없으며, 옳은 것도 없고 옳지 않은 것도 없다. 그러므로 유가와 묵가의 시비를 내가 같다고 할 수 없고, 그들의 주장이 마땅한 것에 대해서 는 내가 다르다고 할 수 없다. 저 시비를 없앨 것을 생각하는 사람은 천하의 '옳다', '그르다' 하는 주장들을 따르기만 할 뿐, 스스로는 '옳다', '그르다' 함이 없다. 그러므로 '옳다', '그르다' 하는 다툼의 길을 걷지 않고, '옳다',

'그르다' 함이 합당한지에 대한 근심이 없다. 다만 그 본디 그러한 이치를 밝게 알아서 '옳다', '그르다' 하는 어느 한쪽에 빼앗기는 바가 없기 때문이다." [郭氏云, 死生雖異, 各安所遇一也. 今生者方自謂生爲生, 而死者方自謂生爲死, 則無生矣. 生者方自謂死爲死, 而死者方自謂死爲生, 則無死矣. 無生無死, 無可無不可. 故儒墨者是非, 吾所不能同也, 至於各宜其分, 吾所不能異也. 夫懷割者, 因天下之是非, 而自無是非也. 故不由是非之塗, 而是非無患不當者, 直明其天然, 而無所奪故也.]

○ 임희일이 말하였다. "'저것이 있으면 이것이 있다'는 것은 바로 '나란히 생긴다'는 설과 같다. 일반적으로 태어나면 반드시 죽으니, 태어남과 죽음은 서로 분리될 수 없다. 만약 태어남만 말하고 죽음은 말하지 않는다면 이것은 한쪽만 본 것일 따름이다. 그러나 태어나면 반드시 죽음이 있고, 죽으면 반드시 태어남이 있다. 옳음이 있으면 곧바로 옳지 않음이 있게 되고 옳지 않음이 있으면 곧바로 옳음이 있게 되니, 어떻게 분리할 수 있겠는가? 그 설說을 분리할 수 없다는 것을 알았다면, 그 옳은 측면에 근거하여 옳다고 하고 옳지 않은 측면에 근거하여 옳지 않다고 하는 것이 낫다. 성인이 한쪽에 치우친 견해를 적용하지 않고 하늘의 이치에 비추어 보는 것은 바로 그 옳음에 근거하는 것일 따름이다. 앞에서는 '인시因是', '인비因非'라고 했다가 여기서는 '인시因是'라고만 말한 것은 글을 생략한 것이다." [林氏云, 有彼有是, 正與方生之說同. 盖生必有死, 二者不相離, 若說生而不說死, 是只見得一邊而已. 雖然, 如生則必有死, 死則必有生, 纔有箇可, 便有箇不可, 纔有箇不可, 便有箇可, 如何離得. 旣知其說之不可離, 則不若因其所是而是之, 因其所非而非之. 聖人所以不用一偏之見, 而照之以天理者, 卽因其是而已. 前說因是因非, 此只言因是, 省文也.]

○ 생각건대 '저것'과 '이것' 이 두 가지 개념은 태어남과 죽음이 상수相隨하고 옳음과 옳지 않음이 상생相生하는 것과 같다. 내가 옳다고 하는 것에 근거하여 상대방이 그르다고 함이 있게 되고, 상대방이 그르다고 하는 것에 근거하여 내가 옳다고 함이 있게 되니, 상대방과 내가 옳다고 하고 그르다고 하는 것이 반복하여 서로가 그렇게 주장하는 근거가 된다. 이 때문에 성인은 이것에 말미암지 않고, 다만 천리天理의 공변됨에 비추어 보는 것이다. 성인이 이렇게 하는 것도 또한 옳음에 근거한 것일 따름이니, '옳다'라는

것은 이치로 보아 당연한 것이다. 여기서 말한 "옳음에 근거한다"라는 것과 앞의 "옳다고 함에 근거하여, 그것을 근거로 그르다고 한다"의 '인시因是'는 말은 서로 같으나 뜻은 전혀 같지 않다. 앞의 '시是'자는 여러 학파가 스스로 옳다고 하는 것이니 그르다고 하는 자와 서로 다투는 것이고, 이 부분의 '시是'자는 천리의 당연함이니 '비非'자를 삭제하여 상대적인 개념을 없앤 것이다. 이치란 것은 절대적 '옳음'일 따름이고, '그르다'는 것은 이치에 맞지 않는 것이다. 그러므로 주장하는 내용 가운데 옳은 것을 옳다고 하면 곧 옳은 것에 말미암는 것이고, 그른 것을 그르다고 해도 옳은 것에 말미암는 것이니, 이것은 하나이지 둘이 아니다. 임희일이 "인시因是만 말한 것은 글을 생략한 것이다"라고 말한 것은 잘못이다. 또 임희일이 "나란히 생긴다는 주장은 단지 한쪽만 보았을 따름이다"라고 생각한 것은 아마도 원문에서 '나란히 생긴다'라고만 하고 '나란히 죽는다'라는 말을 함께 하지 않았기 때문일 것이다. 그러나 비유를 할 때에는 먼저 두 글자를 끌어와 제목으로 삼고 뒷부분에 펼쳐서 서술하기도 하니, 이것은 문장 엮는 법 가운데 하나이다. 아래에 나오는 문장에서 '아침에 세 개'라고 한 것과 같은 예이니, '저녁에 네 개'는 말하지 않았으나 '저녁에 네 개'라는 뜻이 그 속에 포함되어 있다. 여기서도 '나란히 죽다'라고는 말하지 않았으나 '나란히 죽다'라는 뜻이 그 속에 포함되어 있는 것이다. [按, 彼是二者, 如生死之相隨, 可不可之相生. 因我之所是, 而因以有彼之所非, 因彼之所非, 而因以有我之所是, 彼我是非, 反覆相因. 是以聖人不由乎此, 而獨照之于天理之公. 夫聖人之所以如此者, 亦因其是耳, 是者卽理之當然也. 此所謂因是, 與上因是因非之因是, 語雖相似, 而意固不同. 上是字, 物論之自是也. 與非之者, 而相爭矣, 此是字, 天理之當然也, 除了非字, 而無對矣. 夫理者, 一介是而已, 非者, 非理也. 故物之是者是之, 卽因是也, 非者非之, 亦因是也, 此一也, 非二也. 林氏云, 只言因是, 省文者, 誤也. 且林氏以方生之說爲只見得一邊而已者, 蓋以只言方生, 不兼言方死而然也. 然欲誤譬, 而先提二字爲題目, 從後鋪敍, 是一文法, 如下文謂之朝三之例也, 不言暮四, 而暮四在其中. 此亦不言方死, 而方死在其中.]

⑤ 偶 : '우耦'자와 같으니, '서로 마주서다'라는 뜻이다. [與耦同, 待對也.]

⑥ 是亦彼也……謂之道樞 : 이것 또한 저것이고 저것 또한 이것이니, 저것과 이것이란 원래 없는 것이다. 저것도 하나의 시비是非이고 이것도 하나의 시비是非이니, 이것과 저것의 시비是非를 일방적으로 무시하지도 않고 취하지도 않으면 이 또한 저것과 이것을 분별함이 없는 것이다. 그러므로 "저것과 이것이란 과연 있는 것인가, 없는 것인가?"라고 말한 것이니, 없다는 말이다. 저것이 없으면 이것이 그 짝을 얻을 수가 없고, 이것이 없으면 저것이 그 짝을 얻을 수 없다. 얻을 수가 없다는 것은 자연히 얻을 수 없게 되어 인력人力을 용납하지 않는다는 것이다. 짝이 없으면 하나이고, 하나이면 시是만 있고 비非는 없는 것이다. 이것을 일러 '도의 지도리'라고 하니, 지도리라는 것은 문의 지도리로 핵심이란 뜻이다. [此亦彼, 彼亦此, 則無彼此也. 彼亦一是非, 此亦一是非, 則於此於彼之是非, 無偏廢而偏取, 是亦無彼此也. 故曰, 彼此果有乎, 果無乎, 言無也. 無彼則此莫得其偶, 無此則彼莫得其偶, 莫得云者, 自然不得, 而非容人力者也. 無偶則一矣, 一則只有是而無非矣. 此之謂道樞, 樞者戶樞也, 要也.]

⑦ 環 : 지도리가 들어가는 구멍이다. [樞之牝也.]

⑧ 樞始得其環中, 以應無窮 : '고리'라는 것은 끝과 시작이 없고 가운데는 텅 비어 있는데, 지도리는 그 속에 자리하고 있다. 그래서 회전하여도 막힘이 없다. '이것'과 '저것', '옳음'과 '그름'이 서로 인하여 끝이 없는 것이 마치 고리와도 같고, 도의 핵심은 지도리와 같다. 지도리와 같고 나서야 비로소 둥근 구멍 가운데에 들어갈 수 있다. 시비가 끝없이 일어나도 마음을 비우고 그것에 응하면, 밝기를 기약하지 않아도 저절로 밝아지고 공평하기를 기약하지 않아도 저절로 공평하게 된다. 이른바 "하늘의 이치에 비추어 본다", "옳음에 근거한다"라는 것이 바로 이것이다. [環者, 終始無端, 其中虛矣, 樞在其中, 故周運不滯. 夫彼此是非之相因無窮如環, 而道之要如樞. 如樞然後, 方始得環中. 是非雖無窮, 而我以虛應之, 不期明而自明, 不期公而自公. 所謂照之于天, 因是者, 卽此也.]

⑨ 是亦一無窮, 非亦一無窮也 : 이 두 구는 앞의 '무궁無窮' 두 글자를 풀이한 것이다. [此兩句, 訓上無窮二字.]

⑩ 故曰莫若以明 : 앞 단락에서는 "밝음으로써 하는 것보다 나은 것이 없다"라고 하였는데, 이 단락은 곧 밝히는 방법에 해당한다. 그러므로 이 말로써 끝맺은 것이다. [前段言莫若以明, 而此段乃明之之道也, 故以此結之.]

◇ 이상은 아홉 번째 단락이다. 먼저 '저것'(彼)과 '이것'(此)이 상대적인 개념으로서 단독으로 존재할 수 없음을 말하고, "하늘의 이치에 비춘다", "옳은 것을 따른다"라는 말로 맺었다. 이 말은 "저것과 이것이라는 것이 본래 없음"을 말하고 '도의 지도리'로 끝맺었으니, 하늘의 이치에 비추어 보고 옳은 것을 따르는 것이 곧 도의 지도리이다. '도의 지도리'라고 말하였으니, 숨어 있는 도가 모두 밝게 드러날 것이다.

右第九段. 先言彼此之相對相生, 而結之以照天因是. 此言彼此之本無, 而結之以道樞, 照天因是, 卽道之樞也. 言道之樞, 則道之隱者, 盡明矣.

○ 나는 다음과 같이 생각한다. 사마담司馬談[26]이 말하기를, "도가道家는 허무虛無를 근본으로 삼고 옛것을 그대로 따르는 것을 능사로 여긴다"[27]라고 하고, 또 "시속을 따르는 것을 업으로 삼고 외물을 따라 그것과 합일한다"[28]라고 하였으며, 또 "'허虛'라는 것은 도의 변함없는 본성이고, '인因'이라는 것은 주재자의 벼리이다"[29]라고 하였다. 도가에서 '인因'자가 심오한 뜻으로 쓰인다는 것을 사마담만이 알았다.

按, 司馬談曰, 道家以虛無爲本, 以因循爲用, 又曰, 因時爲業, 因物與合, 又曰, 虛者道之常也, 因者君之綱也. 因字爲道家妙用, 惟太史公知之矣.

○ 곽상은 "가함도 없고 불가함도 없으니, 각기 자기 입장에서 마땅하게 여긴다는 것은 시비가 없게 하고자 하는 것이다"라고 해설하였다. 그러나

---

26) 사마담 : ?~BC.110. 중국 前漢 때의 인물로, 司馬遷의 부친이다.
27) 도가는 ~ 여긴다 : 『史記』 「太史公自序」에 나오는 구절.
28) 시속을 ~ 합일한다 : 『史記』 「太史公自序」에 나오는 구절.
29) 허라는 것은 ~ 벼리이다 : 『史記』 「太史公自序」에 나오는 구절.

이치는 같지만 형체는 분리되어 있고, 형체가 분리되어 있으면 지각은 저절로 같지 않게 되며, 지각이 같지 않으면 저절로 하나의 시是와 하나의 비非가 있게 된다. 시是와 비非가 있고 나면 '옳다', '그르다' 하면서 다투는 것은 이치로 보아 당연하다. 이러한 시비가 없기를 바라도 어림없는 일이고, 없애려고 노력한다고 해도 없앨 수 없다. 임희일은 "그 옳은 측면에 근거하여 옳다고 하고, 그 옳지 않은 측면에 근거하여 옳지 않다고 한다"라고 설명하였고, 진심은 임희일의 주장을 이용하여 "다른 사람이 가하다고 하면 나도 따라서 가하다고 하고, 다른 사람이 불가하다고 하면 나도 따라서 불가하다고 한다"라고 하였다. 이것은 남이 '옳다', '그르다' 하는 것을 좇음으로써 다툼이 없게 하려는 것이다. 그러나 내가 반드시 전부 옳은 것도 아니고 남이 반드시 전부 그른 것도 아니며, 남이 반드시 전부 옳은 것도 아니고 내가 반드시 전부 그른 것도 아니다. 내가 남을 따를 수 없으면 남도 나를 따를 수 없다. 나에게 옳은 점이 있으면 옳다고 하고, 그른 점이 있으면 그르다고 하는 것이 옳은 것이다. 남에게 옳은 점이 있으면 옳다고 하고, 그른 점이 있으면 그르다고 하는 것이 또한 옳은 것이다. 또 시是와 비非가 비록 상반되는 두 끝이지만 논하는 대상은 단지 한 가지 사물일 따름이다. 지금 여기에 하나의 물物이 있는데 갑甲은 옳다고 하고 을乙은 그르다고 할 경우, 나의 견해가 갑과 같지 않으면 반드시 을과 같을 것이고 을과 같지 않으면 반드시 갑과 같을 것이니, 어찌 갑 및 을과 동시에 같을 수 있겠는가? 나의 견해는 반드시 어느 한쪽과 같을 것인데 억지로 같지 않은 것을 같다고 하면, 이것은 마음으로는 같지 않게 여기면서 입으로만 같다고 말하는 것일 따름이고, 안으로는 그르게 여기면서 겉으로만 옳게 여기는 것이니, 나 자신이 이미 먼저 가지런하게 되지 않은 것이다. 곽상이 '명冥'이라고 말한 것은 불교의 '공空'에 가깝고, 임희일이 '인因'을 설명한 것은 향원鄕愿[30]과 같은 류에 가깝다. 장자가 말한 '인시因是'는 두 사람이 말한 것과는 다르다. 대개 여러 학파의 가지런하지 않은 주장을 촛불이 물체를 비추고

---

30) 향원 : 『論語』「陽貨」편에 "鄕原은 德의 적이다"(鄕原, 德之賊也)라고 하였으니, 겉으로만 공손한 似而非 有德者를 말한다.

거울이 몸을 비추듯이 한번 천리天理에 비추어 보면, 그 시비의 진상이 숨을 곳이 없을 것이다. 내가 피차라는 관념과 누가 옳고 누가 그른지에 대한 편견을 버리고 천리에 따를 따름이라면, 그 옳다는 것도 내가 스스로 옳다고 하는 것이 아니고 그 그르다는 것도 내가 스스로 그르다고 하는 것이 아니다. 그것은 단지 천리에 따르는 것일 뿐이어서, 나의 주관이 그 사이에 끼어들 수 없을 것이다. 그렇다면, 밝아지지 않는 시비가 없게 하는 것도 천리를 따르는 것이고, 시비에 마음이 없는 것도 천리를 따르는 것이다. 이것은 시비라는 관념이 아예 없는 것이나 시비에 대한 남의 판단을 그대로 따르는 것과는 크게 다르다. '인시因是' 이 두 글자는 곧 여러 학파의 주장을 가지런하게 하는 요체이다. 해설하는 학자들이 문장 전체의 뜻에 밝지 못하여 오해하였다. 그래서 별도로 해설하였다.

郭氏之說曰, 無可無不可, 各宜其分者, 欲使無是非也. 然而以理則同, 而以形則分, 形旣分, 則知自不同, 知旣不同, 則自有一是一非. 旣有是非, 則是之非之, 理之當然. 使此是非, 欲無之, 固不可也, 雖欲無之, 亦不可得也. 林氏之說曰, 因其所是而是之, 因其所非而非之, 陳氏用是說而曰, 人曰可, 吾因而可之, 人曰不可, 吾因而不可之. 此則欲隨人之是非, 而無所爭也. 然而我不必全是, 而人不必全非, 人不必全是, 而我不必全非. 以我隨人不可, 以人隨我亦不可. 在我而有是者則是之, 有非者則非之, 可也, 在人而有是者則是之, 有非者則非之, 亦可也. 且是非雖兩端, 而所論者只一事一物也. 今有一物於此, 甲者是之, 乙者非之, 我之所見, 不同於甲, 則必同於乙, 不同於乙, 則必同於甲, 豈有幷同甲乙之理乎. 我之所見, 必在於一, 而强與之不同者同, 則是心不同, 而只以口同耳, 內非而外是, 我於一身中, 已先不齊矣. 郭氏之冥, 近於釋家之空, 林氏之因, 近於鄕愿之同流也, 莊氏所謂因是者, 異於二子之所言. 蓋物論之不齊者, 一照之于天, 如燭之照物, 如鑑之照形, 其是非之眞者, 無所逃焉. 我不知有彼有此, 我不知誰是誰非, 而只是因天而已, 其是者, 非我自是之, 其非者, 非我自非之, 而只是因天而已, 我無與於其間. 然則莫明於是非者, 因是也, 無心於是非者, 因是也. 其與無是非, 與隨人是非者, 大異矣. 因是二字, 乃齊物之要, 而解者不明全篇之旨, 隨而誤. 故別爲之說.

제10단

손가락으로 손가락이 손가락 아님을 밝히는 것은 손가락 아닌 다른
것으로써 손가락이 손가락 아님을 밝히는 것만 못하다. 말(馬)을 가지고
말이 말이 아님을 밝히는 것은 말이 아닌 것으로써 말이 말이 아님을
밝히는 것만 못하다. 천지도 하나의 손가락이고, 만물도 한 마리 말이다.
옳은 것을 옳다고 하고, 옳지 않은 것을 옳지 않다고 한다. 길은 다녀서
이루어지고 사물은 사람이 불러서 그 사물이 된다. 무엇을 옳다고 하는가?
옳다고 하는 것을 옳다고 한다. 무엇을 옳지 않다고 하는가? 옳지 않다고
하는 것을 옳지 않다고 한다. 사물은 본래 옳다고 할 바가 있고 사물은
본래 옳은 바가 있으니, 옳다고 하지 않는 사물이 없고 옳지 않은 사물이
없다. 이러한 까닭에 풀 대궁과 기둥, 문둥이와 서시, 익살스러운 것과
괴이한 것, 허탄한 것과 괴상한 것이 도에서는 통하여 하나가 된다.
나뉨이 곧 이루어짐이고, 이루어짐이 곧 허물어짐이다. 따라서 모든
사물은 이루어짐도 허물어짐도 없는 것이니, 다시 통하여 하나가 된다.
도에 통한 사람만이 통하여 하나가 됨을 안다. 이 때문에 하나가 되게
하는 데 뜻을 두지 않고 변함없는 이치에 맡긴다. 변함없는 이치란 '씀'이
고, '씀'이란 '통함'이며, '통함'은 '얻음'이니, '얻음'에 이르면 도에 가깝다.
옳음에 인할 따름이다. 이미 그러한데도 그러한 줄을 알지 못하는 것을
'도道'라고 한다. 정신을 피로하게 하여 하나가 되게 힘쓸 뿐 그것이
같음을 알지 못하는 것을 일러 '조삼朝三'이라고 하니, '조삼'이란 무슨
말인가? 원숭이를 기르는 관원이 도토리를 주면서 "아침에는 세 개,
저녁에는 네 개를 주겠다"라고 말하자 원숭이들이 모두 화를 냈다. 다시
"그렇다면 아침에는 네 개, 저녁에는 세 개를 주겠다"라고 말하자 원숭이
들이 모두 기뻐했다. 명칭과 실제가 바뀌지 않았는데도 기뻐하기도 하고

화를 내기도 하였으니, 또한 자기가 옳게 여기는 것을 인因한 것이다. 이 때문에 성인은 시비를 조화롭게 하여 하늘의 공평함에 이르러서 쉬니, 이것을 '양행兩行'이라고 한다.

以指①喩指之非指, 不若以非指喩指之非指也, 以馬②喩馬之非馬, 不若以非馬喩馬之非馬也③. 天地一指也, 萬物一馬也④. 可乎可⑤, 不可乎不可. 道行之而成, 物謂之而然. 惡乎然, 然於然⑥, 惡乎不然, 不然於不然. 物固有所然, 物固有所可, 無物不然, 無物不可⑦. 故爲⑧是⑨擧莛⑩與楹, 厲⑪與西施⑫, 恢⑬恑⑭憰⑮怪⑯, 道通爲一⑰. 其分也成也, 其成也毁也, 凡物無成與毁, 復通爲一⑱. 惟達者⑲, 知通爲一. 爲是不用⑳, 而寓㉑諸庸㉒, 庸也者用也, 用也者通也, 通也者得也. 適得而幾㉓矣㉔, 因是已. 已而不知其然, 謂之道㉕, 勞神明爲一, 而不知其同也㉖, 謂之朝三. 何謂朝三, 曰, 狙公㉗賦㉘芧㉙曰, 朝三而暮四, 衆狙皆怒, 曰, 然則朝四而暮三, 衆狙皆悅㉚. 名實未虧㉛, 而喜怒爲用, 亦因是也㉜. 是以聖人和之以是非㉝, 而休乎天均㉞, 是之謂兩行㉟.

① 指 : 손가락이다. [手指也.]

② 馬 : 임희일이 말하였다. "쌍륙雙六놀이가 말이다." [林氏云, 博塞之馬也.]
○ 서상길徐常吉³¹⁾이 말하였다. "『공손룡자公孫龍子』³²⁾에 「백마白馬」·「지물指物」의 두 편이 있는데, 장자는 여기에 의거하여 논리를 세웠다. 쌍륙놀이의 산가지로 풀이하는 것은 잘못이다." [徐常*吉云, 公孫龍, 有白馬指物二篇, 莊子蓋據此立論. 解以博塞之籌, 謬也.(*常 : 국역대본에는 '尙'으로 되어 있으나 오류임)]

③ 以指喩指之非指……不若以非馬喩馬之非馬也 : 곽상이 말하였다. "나의

---

31) 서상길 : 중국 명나라 때 사람으로 자는 士彰이다. 『六經類雅』·『四書原旨』 등의 저술이 있다.
32) 『공손룡자』 : 중국 전국시대 趙나라의 사상가인 공손룡의 저서. 『漢書』 「藝文誌」에서는 14편으로 기록하고 있지만 현재는 「跡府篇」·「指物論」·「堅白論」·「白馬論」·「通變論」·「名實論」의 6편만이 전한다.

손가락으로 상대방의 손가락에 대해 말하면 상대방의 손가락은 나의 손가락에 전혀 포함되지 않으므로 손가락이 아닐 뿐이다. 이것이 '손가락으로 손가락이 손가락 아님을 밝히는 것'이다. 논리를 뒤집어서 상대방의 손가락으로 다시 나의 손가락에 대해 말하면 나의 손가락이 다시 손가락이 아닌 것이 된다." [郭氏云, 以我指喩彼指, 則彼指於我指, 獨爲非指矣. 此以指喩指之非指也. 若覆以彼指還喩我指, 則我指復爲非指矣.]

ㅇ 진경원陳景元[33]이 말하였다. "나의 손가락으로 상대방의 손가락이 손가락 아님을 밝히는 것은, 상대방의 손가락이 손가락이 아니라는 논리로 상대방의 손가락이 손가락이 아님을 밝히는 것만 못하다." [陳氏云, 以我指喩彼指之非指, 不若就彼指之非指, 喩彼指之非指也.]

ㅇ 살펴보건대 "손가락이 손가락 아님을 밝히려 할 경우 손가락으로 그것을 밝히는 것은 손가락 아닌 것으로써 그것을 밝히는 것보다 못하며, 말이 말이 아님을 밝히려 할 경우 말을 가지고서 그것을 밝히는 것은 말이 아닌 것으로써 그것을 밝히는 것보다 못하다"라는 말이다. 대개 "말은 말이 아니다"(馬之非馬)라는 말은 공손룡이 말한 "흰 말은 말이 아니다"(白馬非馬)[34]라는 류와 같은 뜻일 것이다. 여러 학자들이 '나의 말', '남의 말'로 나누어 설명하는 것은 아마도 잘못인 듯하다. '말이다'와 '말이 아니다'라는 것은 그 주장이 비록 다르나 모두 말을 가지고 설명한 것이니, 이것은 말을 가지고서 깨우친 것이다. 이 말이라는 것을 버리고 초연히 사물의 겉모습을 벗어나서 보는 것이 바로 말이 아닌 것으로써 말이 아님을 밝히는 것이다. 대체로 말하면 사물을 논하면서 사물을 가지고 논하는 것은 사물이 아닌 것으로써 논하는 것만 못하다는 것이니, 사물이 아닌 것으로써 사물을 논하는 것이야말로 지도리가 둥근 구멍 가운데 빈 곳을 얻은 격이 되어 '이것'과 '저것'이라는 구별이 없게 된다는 것이다. [按, 言欲喩指之非指者, 以指喩之, 不若以非指

---

33) 진경원 : 1024~1094. 중국 북송 때 사람으로 자는 太初이고 호는 碧虛이다. 『南華眞經章句音義』 등을 지었다.

34) 흰 말은……아니다 : 『公孫龍子』「白馬論」에 나오는 내용으로, "백마는 빛깔을 가리키는 개념이고 말은 형체를 가리키는 개념이므로 백마는 백마이지 말이 아니다"라는 주장이다.

喻之也, 欲喻馬之非馬者, 以馬喻之, 不若以非馬喻之也. 盖喻馬之非馬, 如公孫龍所言
白馬非馬之類, 諸家以我馬人馬分說者, 恐誤矣. 夫馬與非馬, 其說雖異, 而皆就馬上說
也, 此以馬喻之也. 若捨是馬, 而超然於有物之表以觀之, 此以非馬喻之也. 概言, 論物而
以物論之, 不若以非物論之也, 非物論物, 則是得環中之虛, 而無彼此之局矣.]

④ 天地一指也, 萬物一馬也 : 임희일이 말하였다. "하늘이 맡은 일은 만물을
덮어 주는 것이고 땅이 맡은 일은 만물을 실어 주는 것이니, 한쪽에 치우친
것이라고 서로 비난할 수 있다. 나는 것과 달리는 것, 동물과 식물 등 같지
않은 만물 또한 각기 다른 쌍륙판의 산가지 말과 같아서, 한쪽에 치우친
것이라고 서로 비난할 수 있다. 다만 상대와 나라는 관념이 있으면 시비가
있게 마련이니, 천지도 상대와 나로 나눌 수 있을 것인가! 이래서 바로 여러
학파의 주장을 가지런하게 하지 않아서는 안 되는 것이다." [林氏云, 天職覆,
地職載, 皆可以一偏相非矣. 萬物之飛走動植, 亦若籌馬之不同, 亦可以一偏而相非矣.
只緣有彼我, 則有是非, 天地亦可以彼我分乎. 此物論之不可不齊也.]

○ 살펴보건대 이 두 구는 특별히 깊은 뜻은 없다. 다만 천지만물도 또한
손가락, 말과 같은 것으로 보아야 마땅함을 말하는 것일 뿐이다. [按, 此兩句,
無深意. 只言天地萬物, 亦當如指馬看也.]

⑤ 可乎可 : 앞의 '가可'자는 '옳다'라는 뜻이고, 뒤의 '가可'자는 '옳다고 하다'
라는 뜻이다. [上可字可也, 下可字可之也.]

⑥ 然於然 : 앞의 '연然'자는 '그렇게 여기다'라는 뜻이고, 뒤의 '연然'자는 '그렇
다'라는 뜻이다. [上然字然之也, 下然字然也.]

⑦ 可乎可, 不可乎不可……無物不可 : '가불가可不可'는 곧 '옳은 것과 옳지
않은 것'이니 '도道'에 속하고, '연불연然不然'은 '옳다고 하는 것과 옳지 않다
고 하는 것'이니 '말(言)'에 속한다. 길은 다님으로써 이루어지지만, 말로는
이루지 못할 것이 없으니 사물이란 본래 옳은 바가 있기 때문이다. 말로
표현하면 곧 옳다고 한다. 말은 옳다고 하지 않음이 없어서이니, 사물이란
본래 옳다고 하는 바가 있기 때문이다. '옳다고 하는 것을 옳다고 한다'는
것은, 발굽이 있는 것은 달리는 것을 옳다고 하고, 날개가 있는 것은 나는

것을 옳다고 하며, 그림쇠는 둥근 것 그리는 것을 옳다고 하고, 곱자는 모난 것 그리는 것을 옳다고 하는 것 같은 경우이다. '옳다고 하지 않는 것을 옳다고 하지 않는다'는 것은, 발굽이 있는 것은 나는 것을 옳다고 하지 않고, 날개가 있는 것은 달리는 것을 옳다고 하지 않으며, 그림쇠는 네모 그리는 것을 옳다고 하지 않고, 곱자는 원 그리는 것을 옳다고 하지 않는 것 같은 경우이다. 그러나 나는 옳다고 하는 것도 없고 옳다고 하지 않는 것도 없다. 다만 상대가 '옳다', '옳지 않다'라고 하는 것에 따라 '옳다', '옳지 않다'라고 할 따름이다. 이것이 이른바 '인因'이라는 것이니, 그러므로 "무엇을 옳다고 할 것이며, 무엇을 옳지 않다고 할 것인가?"라고 하였다. 모든 사물은 한편 으로 옳은 측면이 있으니, 그러므로 "사물은 본래 옳다고 할 바가 있고, 사물은 본래 옳은 바가 있다"라고 한 것이다. 한 가지 사물만 그런 것이 아니라 모든 사물이 다 그러하니, 그러므로 "옳다고 하지 않는 사물이 없고, 옳지 않은 사물이 없다"라고 한 것이다. 위의 구절에서는 '옳음'과 '옳지 않음', '옳다고 함'과 '옳다고 하지 않음'을 짝으로 예거하여 설명하였고, 여기서는 '옳다고 함'과 '옳음'만을 말하였다. 대개 '옳다고 하지 않음'을 제외하면 '옳다고 함'만이 있고, '옳지 않음'을 제외하면 '옳음'만 있을 따름 이다. 이것이 이른바 '인시因是'인 것이다. 스스로 사물의 겉모습에 얽매이 지 않는 자, 너와 나를 구분하지 않는 자, '말(馬)이 아니다'라는 말의 뜻을 이해하는 자가 아니면 '인시因是'를 실천할 수 없을 것이다. [可不可, 卽是不是 也, 屬道. 然不然, 卽是之不是之也, 屬言. 道則行之而可成, 言無不成也, 以其物固有所 可也. 言則謂之而卽然, 言無不然也. 以其物固有所然也. 然於然者, 如蹄者然於走, 翼者 然於飛, 規則然於圓, 矩則然於方也. 不然於不然者, 如蹄者不然於飛, 翼者不然於走, 規 則不然於方, 矩則不然於圓也. 然而我無然, 我無不然, 只因物之然不然, 而然焉不然焉 耳. 此所謂因也, 故曰, 惡乎然惡乎不然. 凡物各有一箇是底, 故曰, 物固有所然, 物固有 所可. 非但一物, 而物物皆然, 故曰, 無物不然, 無物不可. 上節以可與不可, 然與不然, 對擧說來, 而此則獨言然與可, 蓋除了不然, 則只一然而已, 除了不可, 則只一可而已. 此 所謂因是也. 自非超於物表, 不局彼此, 而契非馬之旨者, 不能也.]

⑧ 爲 : 거성去聲이다. [去聲.]

⑨ 爲是 : '이를 위한 까닭'이라는 말이다. [言爲此之故也.]

⑩ 莛 : 음은 '정廷'이니 풀 대궁이다. 『한서漢書』에 "풀 대궁을 들고 종을 친다"³⁵⁾라고 하였다. [音廷, 草莖也. 漢書, 擧莛撞鍾.]

⑪ 厲 : 못생긴 사람이다. [醜人.]

⑫ 西施 : 미녀의 이름이다. [美女名.]

⑬ 恢 : 여러 주석에서 모두 '크다'는 뜻으로 풀이하였다. 그러나 이 구에서는 '크다'의 뜻으로 쓴 것은 아닌 듯하다. 아마도 이 글자는 '해諧'와 같은, 즉 '익살부리다'라는 뜻일 것이다. 아래의 '괴恑'와 '휼憰' 이 두 글자도 '심心'변을 썼으나 또한 모두 '언言'변을 쓴 글자와 뜻이 같다. [諸註皆以大爲訓, 而此句所用, 似非大之義. 恐是與諧同, 爲諧浪也. 下恑憰二字, 從心, 而亦皆與從言者, 義同.]

⑭ 恑 : '궤詭'와 같다. [與詭同.]

⑮ 憰 : '휼譎'과 같다. [與譎同.]

⑯ 恢恑憰怪 : '회恢', '괴恑', '휼憰', '괴怪' 이 네 글자는 모두 도와 상반된다. [恢恑憰怪四字, 皆相反乎道者也.]

⑰ 道通爲一 : 풀 대궁은 작고 기둥은 크나 각기 그 용도에 합당하고, 문둥이는 추악하고 서시는 아름다우나 각기 타고난 바탕을 온전히 한 것이다. 지극히 익살스럽고 괴이하고 허탄하고 괴상하여도, 옳은 것을 옳다고 하고 옳다고 하는 것을 옳다고 해 준다. 그렇게 하면 큰 것과 작은 것, 추악한 것과 아름다운 것은 상반되지만 옳다고 여기는 것과 옳은 것은 동일하다. 그러므로 '도는 통합하여 하나로 만든다'라고 한 것이다. [莛小楹大, 而各當其用, 厲醜施美, 而各全其質. 極之於恢恑憰怪, 而各可其可, 各然其然, 則其小大醜美雖相反, 而其然

---

35) 풀 대궁을 ~ 친다 : 『漢書』 권65에, "대롱 구멍으로 하늘을 엿보고, 바가지로 퍼서 바닷물을 재며, 풀 대궁을 들고 종을 치는 것이다"(以管窺天, 以蠡測海, 以莛撞鐘)라는 구절이 있다.

其可, 一也. 故曰, 道通爲一.]

⑱ 其分也成也……復通爲一 : 나무를 베어 집을 짓는 데 비유할 것 같으면,
나무의 입장에서 보면 분산되는 것이지만 집의 입장에서 보면 이루어지는
것이니, 나무가 분산되는 것은 곧 집이 이루어지는 것이고 집이 이루어지
는 것은 곧 나무가 손상되는 것이다. 파괴되는 것에 초점을 맞추고 보면
이루어짐이 없는 것이고, 이루어짐에 초점을 맞추고 보면 파괴됨이 없는
것이다. 그러므로 사물에 있어서 이루어짐과 파괴됨은 상반되는 것이지만
또한 통하여 하나가 되는 것이다. '크다', '작다', '추악하다', '아름답다'라고
하는 것은 사물의 서로 다른 측면을 말한 것이고, '분산된다', '합해진다',
'이루어진다', '파괴된다'라고 하는 것은 사물의 변하는 측면을 말한 것이
다. 해설하는 자들이 '통하여 하나가 된다'를 '하나로 관통된다'[36]라는 가르
침에 견주는데, '하나로 관통된다'는 것은 자연적으로 그렇게 되는 것이지
인위적으로 그렇게 하는 것이 아니지만, '통합하여 하나가 된다'는 것은
'통하여 하나가 되게 한다'는 말과 같으니 '통위通爲' 두 글자에는 모두 인위
적인 흔적이 있다. [譬如伐木作室, 在木爲分, 在室爲成, 木之分, 便爲室之成, 室之
成, 便是木之毁. 自毁而看之, 則無成, 自成而看之, 則無毁. 故成與毁, 物之相反者, 而
亦通爲一也. 大小醜美, 以物之異者而言, 分合成毁, 以物之變者而言. 說者以通爲一,
比一以貫之之訓, 而一以貫之者, 天也非人也, 通爲一者, 如曰貫之以一也, 通爲二字,
皆有跡焉.]

⑲ 惟達者 : 도에 통한 사람을 말한다. [通乎道者也.]

⑳ 爲是不用 : '위시불용爲是不用'은 '이러한 까닭으로 쓰지 않는다'는 뜻이니,
'하나로 만드는 데 뜻을 두지 않는다'는 것이다. 위 문장 '이 때문에 따르지
않는다'의 뜻과 같다. '시是'자를 '시비是非'의 '시是'자로 풀이하는 경우가
많은데, 그 설명이 모두 구차하다. [爲是不用, 言爲此之故不用也, 不用有意於爲一
也. 猶上文是以不由之義. 是字, 多訓以是非之是, 其說皆苟矣.]

---

36) 하나로 관통된다 : 『論語』 「里仁」편에, "공자가 말하기를 '삼아, 나의 도는 하나로
관통된다'라고 하였다"(子曰, 參乎, 吾道一以貫之)라는 구절이 있다.

㉑ 寓 : '맡기다'라는 뜻이다. [寄也.]

㉒ 庸 : '용庸'은 떳떳함이다. 만물을 통합하여 하나로 만든다는 것은 떳떳한 이치를 따르는 것에 불과하다. 만약 하나로 만드는 데에 뜻이 있다면 이것은 억지로 하는 것이지 자연스러운 것이 아니다. 그러므로 도에 통한 사람은 통합하여 하나로 만들 줄 안다. 그러나 하나로 만들고자 자신이 아는 것을 쓰지는 않고 떳떳한 이치에 맡기니, '쓰지 않는다'는 것은 스스로 가진 것을 쓰지 않는다는 말이다. 통합하여 하나로 만들 줄 아는 것은 나에게 있는 것이고, 스스로 아는 것을 쓰지 않고 일상적인 이치에 맡기는 것은 내가 아는 것을 내가 소유하지 않고 떳떳한 이치에 돌리는 것이다. 말하자면 '하나'라는 것은 자연이고, 하나로 만드는 것은 뜻이 있는 것에 가깝다. 그러므로 장자가 다시 '용庸'자를 등장시켜 자연으로 돌아가야 함을 강조한 것이다. [庸, 常也. 夫通萬物爲一者, 不過因理之常, 而若有意於爲一, 則是强而非自然也. 故達者知通爲一, 而爲是不用, 寓之於庸, 不用者, 不自用也. 知通爲一, 則在我也, 不自用而寓諸庸, 則我不有而還他理也. 盖一者, 自然也, 爲一者, 近於有意. 故莊子復發庸字, 要歸於自然也.]

㉓ 幾 : '가깝다'는 뜻이다. [近也.]

㉔ 庸也者……適得而幾矣 : 만물이 각기 그 떳떳한 이치를 얻으면 모두 그 적절한 쓰임새에 맞게 쓰이고, 그렇게 되면 자연의 이치에 통하게 된다. 통하면 무엇이든 자득하지 못할 것이 없다. '적適'은 '이르다'는 뜻이다. 자득함에 이르면 도와 하나가 됨에 가깝다. 스스로 아는 것을 쓰지 않고 쓰임새를 만물에 맡기면 적절하게 쓰이어 자연의 이치에 통하게 되니, 통하기 때문에 자득한다는 것이 이와 같다. 만물을 각기 만물에 맡기니 '나'라는 주관은 여기에 관여하는 바가 없다. 이것이 바로 '옳음'을 따르는 것이다. [萬物各得其常, 則皆用其用矣, 皆用其用, 則通矣, 通則, 無入而不自得矣. 適, 至也, 至於得, 則幾於一矣. 不自用而寄用於萬物, 用而通, 通故而得如此也. 物各付物, 我無所與此, 卽因是也.]

㉕ 因是已. 已而不知其然, 謂之道 : 이상은 모두 '인시因是'의 뜻을 밝힌 것이

다. 그러나 어찌 의식적으로 ‘인시因是’에 뜻을 두겠는가? 따르게 하는 것이
무엇인지 모르는데도 저절로 따르는 것일 따름이니, 이것을 ‘도道’라고 한
다. [以上皆所以明因是也, 然而豈有意於因是哉. 不知所以因, 而自因耳, 此之謂道也.]
○ 임희일이 말하였다. “아래 구절의 ‘이已’자로 위 구절의 ‘이已’자에 연결
시켰는데, 이것은 붓끝으로 장난친 것이다.” [林氏云, 以下句已字, 粘上句已字,
是筆端遊戲處.]

㉖ 勞神明爲一, 而不知其同也 : 통하여 하나가 됨을 알면서도 떳떳한 이치에
맡기지 못하고 피곤하게 정신을 쏟아 하나로 만들면, 저 하나가 되지 못하
는 것과 더불어 같다. [知通爲一, 而不能寓諸庸, 勞其神明以爲一, 則與彼不一者,
同矣.]

㉗ 狙公 : 원숭이 사육을 담당하는 관리이다. 어떤 사람은 늙은 원숭이라고
한다. [典狙之官也. 一云, 老狙.]

㉘ 賦 : ‘주다’라는 뜻이다. [與也.]

㉙ 芧 : 음은 ‘서序’이니, 산에서 생산되는 밤이다. ‘도토리’라고도 한다. [音序,
山栗. 一名橡子.]

㉚ 謂之朝三……衆狙皆悅 : 아침까지는 시간적으로 가깝고 저녁까지는 멀며,
네 개는 많고 세 개는 적다. 가까운 아침에 한 개 많은 네 개를 주는 것만
좋아하고, 저녁에 주는 세 개가 적은 줄은 알지 못하는 것이다. 이것은 피차
의 ‘옳다’, ‘그르다’ 함이 서로 같음에도 불구하고 ‘차此’는 가깝고 ‘피彼’는
멀기 때문에 ‘차此’ 한쪽에 치우쳐 ‘차此’만 알고 ‘피彼’쪽은 알지 못하는 것
이다. [朝近而暮遠, 四多而三小. 悅近四之多, 而不知遠三之小. 正與彼此之是非相同,
此近而彼遠, 故在此一邊, 只知此, 而彼一邊, 則不能知也.]

㉛ 名實未虧 : ‘명名’은 삼三과 사四이고, ‘실實’은 합하여 일곱 개가 되는 것이
다. 명과 실이 모두 바뀌지 않았음을 말한다. [名三與四也, 實通七數也. 言名與
實皆不變也.]

㉜ 喜怒爲用, 亦因是也 : 아침에 세 개, 저녁에 네 개와 아침에 네 개, 저녁에

세 개는, 세 개와 네 개가 거꾸로 되었으나 합하여 일곱 개가 되는 것은 같다. 여러 원숭이들은 그것이 같음을 알지 못하고 기뻐하기도 하고 화내기도 한다. 이것을 예로 들어 정신을 피곤하게 하면서 하나로 만드는 것이 실제로는 하나로 만들지 않는 것과 같다는 것을 알지 못함을 비유하였다. 저공은 여러 원숭이들이 기뻐하는 것을 인하여 아침에 네 개, 저녁에 세 개를 주었으니, 또한 옳은 것을 따른 것이다. [朝三而暮四, 與朝四而暮三, 三四雖顚倒, 而其爲七, 同也. 衆狙不知其同, 而或喜或怒, 以譬勞神爲一者, 不知與彼不一者, 同也. 狙公因衆狙之喜, 而與之朝四暮三, 亦因是也.]

㉝ 是以聖人和之以是非 : '화和'는 조화시켜 합하는 것이다. 그 시비를 조화시켜 합하고 더불어 논쟁하지 않는 것이다. 이것은 정신을 피곤하게 하면서 하나로 만드는 것과 상반된다. [和, 和合也. 言和合其是非, 而不與爭辨也. 此與勞神爲一者, 相反.]

㉞ 休乎天均 : '휴休'는 멈추어 쉬는 것이고 '천균天均'은 '하늘의 공평함은 상대와 나라는 개념이 없다'는 것이니, 시비는 하늘의 공평함에 의해 저절로 그치게 된다는 말이다. 내가 논변하지 않아도 하늘은 지극히 공평하니 반드시 그 시비를 안정시켜 시비가 저절로 그치고, 시비가 그치면 저절로 하나가 된다. 이 또한 하늘의 이치에 비추는 것이고, 옳음을 따른다는 뜻이다. [休, 止息也, 天均, 天之均平而無彼此也, 言是非止息於天均也. 盖我則不辨, 而天則至均, 必有以定其是非, 而是非自止, 是非止, 則自爲一. 此亦照于天而因是之義.]

㉟ 是之謂兩行 : 내가 스스로 하나가 되고, 저 하나로 되지 않는 것은 그대로 둘 뿐이다. 이것을 "나란히 행하게 한다"라고 한다. [我自爲一, 而彼不一者, 則任之而已. 此謂兩行也.]

◇ 이상은 열 번째 단락이다. 거듭 '인시因是'의 방법을 밝혔다.
右第十段. 申明因是之道.

제11단

옛사람은 그 지혜가 지극한 바가 있었다. 얼마나 지극하였던가? 사물은 일찍이 있었던 적이 없다고 생각하는 사람이 있었으니, 지극하고 극진하여 더할 것이 없다. 그 다음은 사물이 있지만 일찍이 객관적인 존재로서 나와의 구별은 없다고 생각하였다. 그 다음은 구별은 있으나 일찍이 옳고 그름은 없는 것으로 생각하였다. 시비가 드러나는 것이 도가 이지러지는 원인이고, 도가 이지러진 것이 애착이 성립되는 까닭이다. 그러나 과연 이루어짐과 이지러짐이 있는 것인가, 과연 이루어짐과 이지러짐이 없는 것인가? 이루어짐과 이지러짐이 있으니 예컨대 소문昭文이 거문고를 연주하는 때가 그러하고, 이루어짐과 이지러짐이 없으니 소문이 거문고를 연주하지 않는 때가 그러하다. 소문이 거문고를 연주하는 것, 악사 광曠이 책策을 잡고 악기를 두드리는 것, 혜자惠子가 오동나무 안석에 기대앉아 도를 말하는 것으로 말하면, 이 세 사람의 앎은 거의 도에 가까워서 모두 세상에 이름을 떨쳤기 때문에 말년까지 그 일에 종사하였던 것이다. 그러나 오직 그들이 좋아하는 것이 천하의 다른 사람들과는 다르다고 여겨서 그들이 좋아하는 것, 그것이 좋음을 밝히고자 한 것이니, 그들은 밝혀 줄 것이 아님에도 밝히려고 하였기 때문에 '견백론堅白論' 같은 혼매한 주장을 펼치며 일생을 마쳤던 것이다. 소문의 아들도 소문이 남긴 일로 일생을 마쳤으나 이룬 것이 없었다. 이와 같은데도 이루었다고 말할 수 있다면 나 같은 사람도 또한 이룸이 있는 것이고, 이와 같은 경우 이루었다고 할 수 없다면 저 세 사람과 나는 모두 이룸이 없는 것이다. 이 때문에 혼돈 속의 밝은 빛이 바로 성인이 추구하는 것이다. 그래서 저 세 사람이 하는 행위를 하지 않고 일상적인 이치에 맡기니, 이것을 일러 '밝음으로써 한다'라고 말한다.

古之人^①, 其知^②有所至矣. 惡乎至. 有以爲未始有物^③者, 至矣盡矣, 不可以加矣. 其次, 以爲有物矣, 而未始有封^④也. 其次, 以爲有封焉, 而未始有是非^⑤也. 是非之彰也, 道之所以虧也, 道之所以虧, 愛之所以成^⑥. 果且有成與虧乎哉, 果且無成與虧乎哉^⑦. 有成與虧, 故^⑧昭氏^⑨之鼓琴也, 無成與虧, 故昭氏之不鼓琴也^⑩. 昭文之鼓琴也, 師^⑪曠^⑫之枝^⑬策^⑭也, 惠子之據梧^⑮也, 三子之知, 幾乎皆成者也^⑯, 故載之末年^⑰. 唯其好之也, 以異於彼^⑱, 其好之也 欲以明之^⑲, 彼非所明而明之, 故以堅白之昧終^⑳, 而其子又以文之綸緒^㉑, 終身無成^㉒. 若是而可謂成乎, 雖我亦成^㉓也, 若是而不可謂成乎, 物^㉔與我皆無成也^㉕. 是故滑^㉖疑之曜^㉗, 聖人之所圖^㉘也, 爲是不用^㉙而寓諸庸^㉚, 此之謂以明.

① 古之人 : 곧 앞 단락의 성인이다. [即上聖人.]

② 知 : 음은 '지智'이다. 두 번째 문단의 '큰 지혜가 있는 자'와 '작은 지혜가 있는 자'는 모두 여러 학파의 주장을 통합하지 못하는 자들이나, 이곳의 옛 성인은 참다운 지혜가 지극하였다. [音智. 第二段, 大知小知, 皆不能齊物者也, 此眞知之至也.]

③ 未始有物 : 이름붙일 만한 물물과 아我가 없다는 것이다. [無物我之可名也.]

④ 有物矣, 而未始有封 : 비록 물물과 아我가 있으나 구별 지을 만한 경계가 없다는 것이다. [雖有物我, 而無畛域之可分也.]

⑤ 有封焉, 而未始有是非 : 비록 물물과 아我라는 경계는 있으나, 다툴 만한 시비가 없다는 것이다. [雖有畛域, 而無是非之可爭也.]

⑥ 是非之彰也……愛之所以成 : 임희일이 말하였다. "도가 허물어지면 좋아하고 미워하는 감정이 생겨나서 나에게 있는 것을 사랑하고 남에게 있는 것을 미워하니, 석가의 '애하愛河'³⁷⁾라는 말이 바로 이것이다." [林氏云, 道旣虧則有好惡, 在我則愛而在物則惡, 佛氏所謂愛河, 是也.]

---

37) 애하 : 『화엄경』·『능엄경』 등 불경에서 나온 말로, 애욕에 빠진 사람을 강물에 휩쓸린 것으로 비유한 것이다.

○ 생각건대 사랑한다는 것은 사사롭게 스스로 좋아하는 것이니, 시비가 생겨서 천리가 파괴된다. 천리가 파괴되면 사사롭게 스스로 좋아하는 마음이 더욱 견고해진다. [按, 愛私自好者, 是非著而天理壞矣. 天理壞, 而其私自所好者, 益膠固矣.]

⑦ 果且有成與虧乎哉, 果且無成與虧乎哉 : 임희일이 말하였다. "이 한 단락은 진실로 천지가 시작된 태초로 말머리를 삼은 것이다. 그러나 이 이치를 깨달은 자는 문득 눈앞에 한 생각도 일어나지 않는 것 같아질 것이니, 이것이 곧 애초에 남이 있지 않은 때인 것이다. 생각이 일어나고 나면 곧 남이라는 관념이 생긴다. 이 남이라는 관념으로 인하여 남과 나라는 관념이 생기니, 문득 경계가 있게 되는 것이다. 남과 나라는 관념이 생김으로 인하여 좋아하고 싫어하는 감정이 생기니, 곧 시비가 있게 된다. 한 생각이 일어나기 전의 상태로 생각을 돌리지 못하면 단지 가슴속이 뒤엉켜 흔들리는 것만 볼 수 있으니, 문득 도가 허물어지고 애愛가 이루어진다. 이 생각이 한 번 지나감에 이르러서도 본대대로 아무 일이 없으면 어찌 일찍이 이루어짐과 이지러짐이 있음을 알겠는가?" [林氏云, 此一段, 固是天地之初, 說來. 然會此理者, 眼前便是如一念未起, 便是未始有物之時. 此念旣起, 便是有物, 因此物而後有物我, 便是有封, 因物我而有好惡, 便是有是非. 未能回思一念未起之時, 則但見胷次膠擾, 便是道虧而愛成, 及此念一過, 依然無事, 便見得何嘗有成有虧.]

○ 생각건대 사람들이 사사롭게 스스로 좋아하는 것을 이루려고 하지만, 끝내 이룰 수가 없다. 도는 존재의 근원이 하늘에 있고 예로부터 그침이 없어, 진실로 시비의 어지러움 따위가 이지러지게 할 수 있는 것이 아니다. 그렇다면 이지러진다고 말한 것은 곧 사람이 스스로 도에서 어긋나는 것일 뿐이니, 도가 어찌 일찍이 이지러지겠는가! '도가 이지러지는 것이 애착이 이루어지는 까닭이 된다'는 관점에서 본다면 이루어짐과 이지러짐이 있는 것 같으나, '애착은 끝내 이루어짐이 없고 도는 끝내 이지러짐이 없다'는 관점에서 보면 결과적으로 이루어짐과 이지러짐은 없는 것이다. [按, 人之私自所好者, 雖欲成, 而終不可得以成. 道之在天, 亘古不息, 固非是非之汨亂, 所可得以虧

也. 則向所謂虧者, 乃人自虧于道耳, 道何嘗虧也. 自道之所以虧, 愛之所以成而觀之, 似有成虧也, 自愛終不成, 道終不虧而觀之, 果無成虧也.]

⑧ 故 : '여如'와 같다. [猶如也.]

⑨ 昭氏 : 이름은 문文이다. 옛날에 거문고를 잘 연주한 사람이다. [名文, 古之善鼓琴者.]

⑩ 無成與虧……故昭氏之不鼓琴也 : 좋아하여 그것을 이루고자 한 것이 바로 소씨가 거문고를 연주한 것이다. 그러나 이루어지면 문득 이지러짐이 있으니, 연주하지 않아서 이루어짐과 이지러짐이 아예 없는 것이 낫다. 세 사람을 등장시켜서 위의 '이루어짐'과 '이지러짐'의 뜻을 이어 더욱 진작시켰으니, 붓끝에 신이 내린 듯하다. [好之而欲成之者, 昭氏之鼓琴也. 然而有成而便有虧, 不若不鼓而無成虧之愈也. 欲發三子而承上成虧, 鼓舞出來, 筆端有神.]

⑪ 師 : 악사이다. [樂師.]

⑫ 曠 : '광曠'은 이름이고, 진晉나라 사람이다. [曠名, 晉人.]

⑬ 枝 : '지持'와 같다. [猶持也.]

⑭ 策 : 악기를 치는 물건이다. [擊樂器之物.]

⑮ 據梧 : 검은 색 안석에 기대어 도를 이야기하였다. [憑烏几, 而談道.]

⑯ 成 : 세상에 이름이 난 것이다. [有成名於世也.]

⑰ 載之末年 : '재載'는 '일삼는다'라는 뜻이다. 이 일에 종사하며 일생을 마쳤다는 말이다. [載, 事也. 言從事於此, 以終其身也.]

⑱ 唯其好之也, 以異於彼 : 그들이 좋아하는 것이 천하의 다른 사람과는 다르다고 스스로 생각한다는 말이다. [言其所好者, 自以爲異於天下之人.]

⑲ 其好之也, 欲以明之 : 스스로 그것을 좋아하기 때문에 또한 남에게 과시하고자 자신들이 좋아하는 바를 밝히려고 한다는 말이다. [言旣自好之, 故又欲誇示於人, 以明其所好也.]

⑳ 彼非所明而明之, 故以堅白之昧終 : 견백론堅白論은 본래 공손룡의 주장인데, 혜자의 "누런 말과 검은 소는 셋이다"[38]라는 주장도 또한 이와 같다. 나는 그 도를 밝히고자 해도 듣는 자들이 밝게 깨달을 수 없는데, 내가 억지로 깨닫게 하려 하기 때문에 그 도가 어둡고 어리석은 것에서 끝날 따름이라는 말이다. 세 사람에 대한 이야기를 하다가 혜자로 끝맺은 것은 여기에 핵심이 있기 때문이다. 거문고를 연주하는 것과 오동나무 안석에 기대어 담론하기를 말년까지 일삼은 것은 바로 도가 작은 성취에 은폐되어 버린 것이다. 오직 그것을 좋아하여 그것을 밝히고자 하는 것은 곧 말이 지나치게 과시하고 자랑하는 것에 은폐된 것이다. [堅白, 本公孫龍之論, 而惠子之黃馬驪牛三, 亦是也. 言我雖明之, 彼聽之者, 非所可明, 而我强爲之, 故己之道, 終於昏昧而已矣. 言三子而以惠施結之者, 故重在此也. 盖鼓琴據梧, 載之末年, 卽道之隱於小成也. 惟其好之, 欲以明之, 卽言之隱於榮華也.]

㉑ 綸緒 : '윤서綸緒'는 '서업緒業'(남긴 사업)과 같다. [綸緒猶緒業也.]

㉒ 終身無成 : '이룬다'는 것은 '그 뜻을 이룬다'는 것이다. 소문의 아들이 그 아버지가 남긴 것으로 공부하였으나 또한 끝내 이루지 못했다는 말이다. [成, 成其志也. 言昭文之子, 以其父之緒學, 亦卒不成.]

㉓ 雖我亦成 : 나처럼 이룬 것이 없는 사람도 또한 이룸이 있다고 말할 수 있다는 말이다. [言雖無成如我者, 亦可謂之成也.]

㉔ 物 : '물物'은 '피彼'와 같으니, 세 사람을 가리킨다. [物猶彼, 指三子.]

㉕ 物與我皆無成也 : 이룸이 없다면 이지러지게 한 것이다. 세 사람의 학문도 모두 끝내 이룸이 없고, 부질없이 큰 도를 이지러지게 한 것이다. 대체로 제자백가의 여러 가지 학술도 모두 그렇지 않은 것이 없는데, 여기서 세 사람만 말한 것은 다만 그 대략을 예거한 것일 뿐이다. [無成則虧也. 三子者之學, 皆終無成, 而徒使大道虧. 盖百家衆技, 無不皆然, 而此言三子, 特擧其略耳.]

---

38) 누런 말과 ~ 셋이다 : 『莊子』 「天下」편에 나오는 구절.

㉖ 滑 : 음은 '골骨'이니, 어지럽다는 뜻이다. [音骨, 亂也.]

㉗ 滑疑之曜 : '요曜'는 햇빛이다. 밖은 어지럽고 흐릿한 듯하나 안에는 지극히 밝은 것을 품고 있으니, 이것은 밝음 가운데 큰 것이다. [曜, 日光也. 外若滑亂疑惑, 而內懷至明, 此明之大者也.]

㉘ 圖 : '하고자 하다'라는 뜻이다. [欲也.]

㉙ 爲是不用 : 이 때문에 세 사람이 행한 것을 쓰지 않는다는 뜻이다. [爲此之故, 不用三子之所爲.]

㉚ 寓諸庸 : 저 세 사람이 밝히고자 한 것은 그들이 좋아하는 것을 비상한 것으로 여겨서이다. 성인은 변함없는 천리에 맡기기 때문에 그 마음이 아무런 사물도 존재하지 않은 태초에서 노니니, 피차의 경계가 없고 시비가 드러나지 않아 지극한 도가 저절로 이루어진다. [彼三子之所欲明之者, 以其所好爲非常也. 聖人寓諸庸, 故遊心於未始有物之初, 無彼此之封是非之彰, 而至道自成矣.]

◇ 이상은 열한 번째 단락이다. "천리의 밝음으로써 한다"라는 뜻을 거듭 밝히는 것으로 결론을 맺었다. '인시因是'와 '이명以明' 이 두 가지는 여러 학파의 주장을 가지런하게 하는 데 핵심이 된다. 그래서 두세 번에 그치지 않고 반복하여 자세하게 논하였다. 그러나 이 두 가지를 행함에 있어서, 뜻을 가지고 행하면 도리어 외물과 짝이 되어 도가 이루어지지 않는다. 앞 단락에서는 "옳음을 따르면서도 그렇다는 것을 모른다"라고 말하고, 이 단락에서는 "혼돈 속의 밝은 빛"이라고 하여 떳떳한 도에 귀착시키는 것으로 총결하였다.

右十一段. 申明以明之義而結之. 盖因是以明二者, 乃齊物之要, 故反覆詳論, 不止再三, 而然而於二者, 有意爲之, 則反與物爲耦, 而道不成. 前段言因是而不知其然, 此段言滑疑之曜, 總歸之於庸.

제12단

지금 여기에 어떤 말이 있다고 가정하자. 그 말이 이것과 같은 부류인지
이것과 같은 부류가 아닌지 알지 못하겠다. 같은 부류와 같은 부류가
아닌 것이 서로 더불어 같은 부류가 되니, 저것은 이것과 다름이 없다.
그렇기는 하지만 시험 삼아 한 번 말해 보겠다. 시작이 있었다는 사람이
있으며, 애초에 시작이란 것이 없었다는 사람이 있으며, 저 애초에 시작이
없었다는 것도 없었다는 사람이 있다. 있었다는 사람이 있으며, 없었다는
사람이 있으며, 저 없었다는 것이 있은 적이 없었다는 사람이 있으며,
저 없었다는 것이 있은 적이 없다는 것이 있은 적이 없다는 사람이
있다. 잠깐 사이에 '있음'이 '없음'이 되니, '있다' '없다'는 것이 과연
무엇이 있고 무엇이 없는 것인지를 알지 못하겠다. 지금 나는 이미 말한
것이 있다. 그러나 알지 못하겠다. 내가 말한 것이 과연 말함이 있는가,
아니면 말함이 없는가? 천하에 가을 터럭의 끝보다 큰 것이 없고 태산이
작은 것이 되며, 요절한 아이보다 오래 산 사람이 없고 팽조는 요절한
것이 된다. 천지는 나와 나란히 살고 만물은 나와 하나가 된다. 이미
하나가 되었는데 또 말이 있었다고 할 수 있겠는가? 이미 그것을 하나라고
하였으니 또 말이 없었다고 할 수가 있겠는가? '하나'라는 개념과 하나라고
하는 '말'이 합하여 둘이 되고, '둘'과 '하나'가 '셋'이 된다. 이로부터
계산해 나가면 재주 있는 역법가라도 다 계산해 내지 못할 것인데, 하물며
보통사람이겠는가? 그러므로 없는 것에서 있는 것으로 나아가도 셋이
되는데, 하물며 있는 것에서 있는 것으로 나아감에랴! 나아감이 없어야
하니, 마땅한 이치를 따를 뿐이다.

今且有言於此[1]. 不知其與是類乎, 其與是不類乎. 類與不類, 相與爲類, 則與彼
無以異矣[2]. 雖然, 請嘗[3]言之[4]. 有始也者, 有未始有始也者, 有未始有夫未始有

始也者, 有有也者, 有無也者, 有未始有無也者, 有未始有夫未始有無也者, 俄而有無矣, 而未知有無之果孰有孰無也⑤. 今我則已有謂矣, 而未知吾所謂之, 其果有謂乎, 其果無謂乎⑥. 天下莫大於秋毫之末, 而太山爲小. 莫壽於殤⑦子, 而彭祖爲夭⑧. 天地與我並生, 而萬物與我爲一⑨. 旣已爲一矣, 且得有言乎, 旣已謂之一矣, 且得無言乎. 一與言爲二, 二與一爲三. 自此以往, 巧歷⑩不能得, 而況其凡乎. 故自無適有, 以至於三, 而況自有適有乎. 無適焉, 因是已⑪.

① 今且有言於此 : '언言'자를 환기시키면서 가상적인 질문을 던지고 있다.
   [喚起言字, 以設問.]

② 不知其與是類乎……則與彼無以異矣 : 이것과 같으면 저것과 같지 않고, 이것과 같지 않으면 저것과 같다. 이것과 같은 것과 저것과 같은 것은, 같은 바가 다르지만 '같다'라는 점에서는 같다. 이것과 같지 않은 것과 저것과 같지 않은 것은, 같지 않은 바가 다르지만 '같지 않다'는 점에서는 같다. 같은 것과 같은 것이 서로 더불어 같음이 되고 같지 않은 것과 같지 않은 것이 서로 더불어 같음이 되니, 이것과 저것은 다름이 없는 것이다. [類是則不類彼, 不類是則類彼. 類是與類彼, 所類雖異, 而爲類則同, 不類是與不類彼, 所不類雖異, 而爲不類則同. 類與類, 相與爲類, 不類與不類, 相與爲類, 則是之與彼, 無以異矣.]

③ 嘗 : '시험 삼아'라는 뜻이다. [試也.]

④ 雖然, 請嘗言之 : 지극한 도는 말로 표현할 수 없으니, 말을 하면 반드시 동류同類가 있게 된다. 그래서 "비록 그러하나 시험 삼아 한 번 말해 보려 한다"라고 한 것이다. [至道無言, 言則必有類. 故以雖然請嘗爲辭而言之.]

⑤ 有始也者……俄而有無矣 而未知有無之果孰有孰無也 : 여혜경이 말하였다. "그 시작한 바를 찾아도 찾을 수 없고 또 그 없다는 것을 찾아도 찾을 수 없다면, 그 깨달음은 굽어보고 쳐다보고 하는 사이에 입술이 합쳐지듯 저절로 합치하는 데 달려 있다. 그래서 '잠깐 동안에 있다가 없다가 하니, 있다가 없다가 하는 것이 과연 무엇이 있고 무엇이 없는지를 알지 못하겠

다'라고 하였으니, 배우는 자들로 하여금 말을 잊어버리고 마음으로 깨닫도록 한 것이다." [呂氏云, 求其所始者, 不可得, 又求其所無者, 又不可得, 則其語在俛仰之間, 脗然自合. 故曰, 俄而有無矣, 未知有無之果孰有孰無也, 使學者, 忘言以心契之.]

○ 박세당이 말하였다. "사물이 생겨남은 모두 시작하는 바가 있다'는 말이 있고, 또 '애초에 시작이 없다'는 말이 있으며, 또 '애초에 시작이 없었을 리가 없다'는 말이 있으니, 이것은 하나의 시비이다. '사물은 본래 있다'는 말이 있고, '사물은 본래 없다'는 말이 있으며, 또 '애초에 사물이 없었을 리가 없다'는 말이 있고, '또 애초에 사물이 있었을 리가 없다'라고도 하니, 이 또한 하나의 시비이다. '있음'과 '없음'을 시비하는 주장들은 같은 것도 있고 같지 않은 것도 있어서, 잠깐 사이에 '있음'이 되기도 하고 '없음'이 되기도 하니 알지 못하겠다. 이 '있음'과 '없음'을 논변하는 자들 가운데 과연 누가 '있음'이 되는 이치를 알았으며 과연 누가 '없음'이 되는 이치를 알았는가? 다만 서로 같은 것으로 귀착되어 이것과 저것이 차이가 없음을 볼 뿐이다." [西溪云, 有謂物之生皆有所始, 有謂物初無所始, 又有謂初無無始之理, 卽一是非也. 有謂物本有, 有謂物本無, 又有謂初無無物之理, 又有謂初無有物之理, 此又一是非也. 有無是非之論, 有類有不類, 俄頃之間, 而爲有爲無. 未知, 爲此有無之論者, 果孰得爲有之理, 孰得爲無之理耶. 但見其終於相類, 而彼與是, 無以異.]

○ 생각건대 이 부분은 앞 문단의 "애초에 사물이 있지 않았다"(未始有物)라는 구절을 이어서 거꾸로 말하여 '처음'의 근원을 추구한 것이다. 저 '같음'과 '같지 않음'은 시비에서 시작하니, 시비가 바로 '시작'인 것이다. 시비는 物물과 我아라는 경계에서 시작하니, 경계가 없는 것이 바로 '애초에 시작이라는 것이 없다'는 것이다. 경계는 物물이라는 관념이 있는 데서 시작하니, 애초에 物물이라는 관념이 없는 것이 바로 저 '시작이라는 것이 없다는 관념마저 애초에 없다'는 것이다. 이미 '物물이 있다'라고 말하고 '애초에 物물이 있지 않았다'라고 말했기 때문에, '있다'라고 하는 사람이 있고 '없다'라고 하는 사람이 있다고 한 것이다. 여기서의 '무無'자는 '유有'의 상대적인 개념으로 쓰인 명칭이니, 아직도 '유有'를 벗어나지 못하고 있다. '유유有有'와 '무無'는 모두 없는 것이다. '유有'는 모두 없다는 것을 아우르나, '없다'는

것은 대개 근원을 궁구하여 극단적으로 논한 것이니, 없고 또 없어 적막하고 아득한 것이다. 그런데 잠깐 사이에 홀연히 '있음'이 되기도 하니, '있음'이라는 관념이 생기면 '없음'이 그 짝이 된다. 그러므로 "있는 것이 되기도 하고 없는 것이 되기도 한다"라고 말하는 것이다. 대체로 말하면, 말이란 본래 없는 것이지만 문득 얽히고설키어서 있는 것이 되기도 하고 없는 것이 되기도 하는데, 결국은 모두 서로 동류同類가 되는 것에 귀착되니 저것과 이것이 다름이 없는 것이다. [按, 此因上文未始有物一節, 倒說而推原其始者也. 夫類與不類, 始於是非, 則是非卽始也者也, 是非始於有封, 則無封卽未始有始者也, 有封始於有物, 則未始有物卽未始有夫未始有始也者也. 旣曰有物, 旣曰未始有物, 故曰有有也者, 有無也者也. 此無字, 與有字相對爲名, 則猶未能離於有也. 有有與無, 俱無也者, 有幷與其俱無者, 而無也者, 蓋推原極論, 無而又無, 寂廖杳冥矣, 俄頃之間, 忽然爲有, 旣有則無爲之對, 故曰有無矣. 蓋言, 言之本無, 而忽生紛紜, 爲之有爲之無, 皆歸於相類, 而彼與此, 無以異矣.]

⑥ 今我則已有謂矣……其果無謂乎 : '위謂'는 '말'(言)이다. 앞에서 이미 말이 없는 것을 지극하다고 하였으니, 지금 내가 '일찍이 말하였다'고 말한 그 말도 또한 하나의 시비를 주장하는 것일 뿐이다. 그러나 내가 이 말을 하는 것이 정말 시비를 주장하려고 한 것인가? 아니면 그렇지 않은가? [謂, 言也. 前旣以無言爲至, 則今我謂嘗言之之言, 亦一是非之論. 然吾之爲此言者, 其眞欲爲是非之論乎, 抑不然乎.]

⑦ 殤 : 나이가 열아홉이 되기 전에 죽은 것을 '상殤'이라고 한다. [年十九以下死者, 爲殤.]

⑧ 天下莫大於秋毫之末……而彭祖爲夭 : 곽상이 말하였다. "타고난 본성이 크다는 것을 족하게 여기면 천하에서 가을 터럭보다 더 큰 것이 없고, 타고난 본성이 크다는 것을 족하게 여기지 않으면 태산이라도 또한 작다고 할 것이다. 그러므로 한철 사는 쓰르라미는 수만 년 사는 대춘大椿을 부러워하지 않고, 메까치는 천지天池를 귀하게 여기지 않는다.39)" [郭氏云, 若以性足爲

___

39) 그러므로 ~ 않는다 : 『莊子』「逍遙遊」편의 "蜩與學鳩笑之曰……衆人匹之, 不亦悲乎"

大, 則天下之足, 未有過於秋毫, 若性足者非大, 則雖太山亦可謂小矣. 故螳蚷不羨大椿, 斥鷃不貴天池.]

○ 박세당이 말하였다. "가을 터럭은 작은 먼지에 비하면 큰 것이 되고, 태산은 천지에 비하면 작은 것이 된다. 가을 터럭을 작다고 하는 것도 하나의 주장이고, 크다고 하는 것도 또한 하나의 주장이다. 요절한 사람도 아침에 돋아나서 해가 떠오르면 죽어버리는 버섯과 비교하면 오래 산 것이 되고, 팽조彭祖도 바다거북과 비교하면 일찍 죽은 것이 된다. 요절한 사람을 일찍 죽었다고 하는 것도 하나의 주장이고, 오래 살았다고 하는 것 역시 하나의 주장이다. 팽조를 오래 살았다고 하는 것도 하나의 주장이고, 일찍 죽었다고 하는 것도 역시 하나의 주장이다. 이것이 바로 시비가 끝이 없다는 것이다. 만약 '작다', '크다', '장수했다', '요절했다'고 하는 것이 애초에 정해진 기준이 없어서, 작은 것이 되기도 하고 큰 것이 되기도 하며 일찍 죽은 것이 되기도 하고 오래 산 것이 되기도 함을 안다면 분쟁이 그치고 여러 학설이 가지런해질 것이다." [西溪云, 秋毫比微塵則爲大, 太山比天池爲小, 以秋毫則爲小者亦一論, 爲大者亦一論, 以太山爲大者亦一論, 爲小者亦一論. 殤子比朝菌則爲壽, 彭祖比冥櫺則爲夭, 以殤子爲夭者亦一論, 爲壽者亦一論, 以彭祖爲壽者亦一論, 爲夭者亦一論. 此是非之無窮者也. 若能知小大壽夭, 初無定體, 有爲乎小, 有爲乎大, 有爲乎夭, 有爲乎壽, 則紛爭息, 而物論齊矣.]

○ 생각건대 사물의 시초를 추구해 보면 동일하게 하나의 이치이다. 이치는 크고 작음과 길고 짧음이 없어서, 가을 터럭이 태산과도 같으니 태산과 같다면 곧 크다고 말할 수도 있고, 태산이 가을 터럭과도 같으니 가을 터럭과 같다면 곧 작다고 말할 수 있다. 팽조와 요절한 자의 장수와 단명도 마찬가지이다. 또 크다는 관점에서 크다고 하면 크지 않은 사물이 없고, 작다는 관점에서 작다고 하면 작지 않은 사물이 없다. [按, 原物之始, 同一理也. 理無大小, 無長短, 秋毫與太山同, 同乎太山則爲之大, 可也, 太山與秋毫同, 同乎秋毫則爲之小, 可也. 彭殤之長短, 亦然. 且大其大而大之, 則無物不大, 小其小而小之, 則無物不小.]

구절에서 인용한 말이다.

⑨ 天地與我並生, 而萬物與我爲一 : 박세당이 말하였다. "내가 태어나기 전에는 천지가 있음을 몰랐으며, 내가 죽은 뒤에도 천지가 있음을 모를 것이니, 이것이 바로 천지의 시작과 끝이 나와 함께한다는 것이다. 내가 하고 싶은 것이 있듯이 사물 또한 하고 싶은 바가 있지 않은 것이 없으며, 내가 싫어하는 것이 있듯이 사물 또한 싫어하는 바가 있지 않은 것이 없으니, 이것이 바로 사물의 성정性情이 나와 같다는 것이다." [西溪云, 我生之前, 不知有天地, 我生之後, 亦不知有天地, 是則天地終始, 與我並也. 我有所欲, 而物莫不有所欲, 我有所惡, 而物莫不有所惡, 是則物之情性, 與我一也.]

○ 생각건대 오래 산 팽조와 요절한 사람이 이미 같으니, 천지는 유구함이 끝이 없으나 그 또한 나와 함께 산다고 말할 수 있다. 가을 터럭과 태산이 이미 같으니, 만물의 크기가 비록 다르나 나와 하나가 된다고 말할 수 있다. [按, 彭殤既同, 則天地之攸久無疆, 而亦可謂與我並生也. 毫山既同, 則萬物之大小雖異, 而亦可謂與我爲一也.]

⑩ 歷 : '역曆'과 같다. [與曆同.]

⑪ 旣已爲一矣……無適焉, 因是已 : 만물이 하나가 되고 나면 원칙적으로 말할 것이 없다. 그러나 '하나'라고 말한 것도 말한 것이니, '하나'와 '하나라고 한 그 말이 곧 둘이 된다. '하나'라고 말하고 '둘'이라고 말하면, 둘과 하나 곧 셋이 된다. 셋에서 더 나아가면 만萬에 이를 것인데, 만이라는 숫자는 역법의 계산에 교묘한 재주를 가진 자라도 그 수를 다 계산하지 못할 터이니 하물며 보통사람이겠는가! "애초에 사물이 있지 않았다"면 본래 없는 것이지만, '하나'라는 말이 있자마자 바로 셋에 이르니 '있음'과 '있음'이 서로 곱해져 가지와 잎이 점차 번성해지면 어떻게 다 계산할 수 있겠는가? 다만 '유有'를 향해 나아가지 말아야 할 뿐이니, 나아감이 없게 하는 도道는 하늘의 이치를 따르는 것에 지나지 않는다. '나아감이 없게 한다'는 것은 논리를 끌어와서 자기주장을 펼치지 말라는 것이니, 말이 없게 하려는 것이다. [萬物已爲一, 則無可言矣. 然而其謂之一, 亦是言也, 則一與謂一之言, 便成二矣. 旣謂一, 旣謂二, 則二與一, 便成三矣. 自三以往, 將至萬, 萬雖巧於籌曆者, 亦不得盡計

其數, 況凡者乎. 未始有物, 則是本無也, 而纔有一言, 便至於三, 況有與有相乘, 枝與葉漸繁, 則將何以窮極乎. 但可無適焉耳. 無適之道, 卽不過因是已, 無適者, 勿引以往也, 蓋欲無言也.]

◇ 이상은 열두 번째 단락이다. '물론物論'이란 말이고, '물론物論을 가지런하게 하는 것'(齊物論)은 도道이다. 그러므로 반드시 말과 도를 대비하여 설명한 것이다. 둘째 단락에서는 지혜와 말을 대비하여 설명하였고, 여덟 번째 단락에서는 말과 도를 대비하여 설명하였으며, 여덟 번째 단락 뒤로는 모두 도에 대하여 설명하였다. 이 단락에서는 말에 대하여 설명하였고, 다음 단락에서는 도를 지혜와 말과 대비하여 설명하였다. 대개 물론物論이 가지런하게 되는 것은 지혜가 밝아지고 도를 깨달아야 하는 것이지, 말로써 논쟁만 일삼아서는 안 된다는 것이다. 그러므로 말이 없고자 한 것이다. 그러나 사람이 물론物論을 가지런하게 하려고 하면 또 말이 없을 수가 없으니, 말을 하지 않을 수 없다면 곧 저 물론物論을 제기하는 자와 다름이 없게 된다. 그래서 "지금 내가 말하였는데 과연 말을 한 것인가, 과연 말하지 않은 것인가?"라고 한 것이다. 끝부분에서 "유有에 나아가지 말고 하늘의 이치를 따를 뿐이다"라고 하였는데, 하늘의 이치를 따른다는 것은 저것과 이것을 분별하지 않고 천리天理에 비추어 보는 것이다. 장자는 마음속으로 "내가 말을 하였지만 말이 없는 것과 같다"라고 생각한 것이다.

右第十二段. 物論者, 言也, 齊物論者, 道也, 故言與道必對說. 第二段, 知與言對說, 第八段, 言與道對說, 八段以後, 皆說道, 此段說言, 後段復以道, 知與言對說. 蓋物論之齊, 在於知之明道之通, 而不可以言徒事爭辨. 故卽欲無言. 然欲人之齊物, 又不得無言, 旣不得無言, 則便與彼物論者無異. 故曰, 今我有謂矣, 其果有謂乎, 其果無謂乎. 末乃曰, 無適焉因是已, 因是者, 無彼是之分, 而照之天者也. 莊子之意, 以爲我雖有言, 而與無言同也.

제13단

도道는 원래 경계가 없고, 말은 원래 일정함이 없다. 이 때문에 경계가 있게 되었다. 그 경계에 대하여 말해 보겠다. 왼쪽과 오른쪽이 있으며, 윤리와 마땅함이 있고, 나눔과 분변함이 있으며, 물리침과 다툼이 있다. 이것을 여덟 가지 덕이라고 한다. 천지 밖에 대해서는 성인은 그냥 두고 논하지 않았으며, 천지 안의 일에 대해서는 논하되 세세히 따지지 않았다. 『춘추』는 세상의 큰 법이 되며 선왕의 뜻이 담겨 있다. 그러므로 성인은 자세히 따지기는 하였으나 시비하지는 않았다. 그러므로 나눈다는 것에는 나누지 아니함이 있고 분변한다는 것에는 분변하지 아니함이 있다. 무슨 말인가? 성인은 품으며, 보통 사람은 변론함으로써 서로 과시한다. 그러므로 "분변한다는 것은 보지 못한 것이 있다"라고 말하는 것이다. 큰 도는 혼연渾然하여 명칭이 없고, 위대한 변론은 말로 표현되지 않으며, 크게 어진 이는 스스로 어질다고 여기지 않고, 크게 청렴한 이는 자만하지 않으며, 큰 용기는 많은 사람을 해치치 않는다. 도는 밝아지면 도가 아니게 되고, 말은 능란하게 잘하면 힘이 부족하며, 어짊은 일정한 대상에 편중되면 이루어지지 않고, 청렴함은 맑은 데 뜻을 두면 신실하지 않으며, 용기는 사나우면 이루어지지 않으니, 이 다섯 가지는 깎이어 모난 것에 가까워지는 것이다. 그러므로 자기가 알지 못하는 것에서 멈출 줄 알면 지극하다. 누가 말하지 않는 변론과 말로 표현되지 않는 도를 알겠는가? 제대로 이것을 아는 이를 일러 '천부天府'라고 하니, 물을 부어도 가득 차지 않고 퍼내어도 마르지 않는다. 그러나 그 유래를 알지 못하니, 이것을 '보광葆光'이라고 한다. 그 때문에 옛날에 요임금이 순임금에게 물었다. "나는 종宗, 회膾, 서오胥敖를 정벌하고자 한다. 남면南面하고 있으면서도 마음에 맺힌 것이 있는 듯하니, 그 까닭이 무엇인가?" 순임금이

답하여 말하였다. "저 세 나라는 쑥대밭 사이에 있는 것과 같거늘 마치 마음에 맺힌 것이 있는 것 같은 것은 무엇 때문입니까? 옛날에 열 개의 태양이 한꺼번에 떠올라 만물이 모두 비추어졌습니다. 하물며 덕이 태양보다 나은 사람이겠습니까?"

夫道未始有封, 言未始有常, 爲是而有畛①也②. 請言其畛. 有左有右③, 有倫④有義⑤, 有分⑥有辨⑦, 有競⑧有爭⑨, 此之謂八德⑩. 六合⑪之外, 聖人存而不論⑫, 六合之內, 聖人論而不議. 春秋⑬經世⑭, 先王之志, 聖人議而不辯⑮. 故分也者, 有不分也, 辯也者, 有不辯也⑯, 曰何也. 聖人懷之⑰, 衆人辯之, 以相示也. 故曰, 辯也者, 有不見也⑱. 夫大道不稱⑲, 大辯不言, 大仁不仁⑳, 大廉不嗛㉑, 大勇不忮㉒. 道昭㉓而不道, 言辯而不及㉔, 仁常而不成㉕, 廉淸而不信㉖, 勇忮而不成㉗, 五者园㉘而幾向㉙方矣㉚. 故知止㉛其所不知, 至矣㉜. 孰知不言之辯, 不道之道. 若有能知, 此之謂天府, 注焉而不滿, 酌焉而不渴, 而不知其所由來㉝, 此之謂葆光㉞. 故昔者堯問於舜曰, 我欲伐㉟宗膾胥敖㊱, 南面而不釋然㊲, 其故何也㊳. 舜曰, 夫三子者, 猶存乎蓬艾之間㊴, 若㊵不釋然, 何哉. 昔者, 十日並出㊶, 萬物皆照, 而況德之進㊷於日者乎㊸.

① 畛 : '봉封'은 경계이고 '진畛'은 두둑이니, '봉封'은 큰 것이고 '진畛'은 작은 것이다. [封城也, 畛陌也. 封大而畛小.]

② 夫道未始有封……爲是而有畛也 : 곽상이 말하였다. "도道는 경계가 없다. 그러므로 만물이 그 분수 안에서 마음대로 할 수 있다." [郭氏云, 道無封, 故萬物得恣其分域.]

○ 임희일이 말하였다. "지극한 이치를 지닌 도道와 지극한 이치가 담긴 말(言)은 본래 '이것'과 '저것'이라는 개념이 없다. 그러나 인심人心의 사사로움 때문에 '시是'(옳다)자가 나타났다. 그래서 허다한 경계가 있게 된 것이다." [林氏云, 至道至言, 本無彼此. 因人心之私, 有箇是字. 故生出許多疆界.]

○ 박세당이 말하였다. "도道는 본래 천지와 완전히 융합하여 만물과 나란히 하나가 되니, 어찌 일찍이 영역을 구분하는 경계가 있겠는가? 말은 시비를 낳아 둘이 되고 셋이 되며, 재주 있는 역법가도 계산해 내지 못하는 데에 이르니, 변함없을 수 없음이 이와 같다. 이 때문에 말을 하면 도道로 하여금 경계가 있음을 면치 못하게 한다." [西溪云, 道本渾融天地, 並萬物一, 何嘗有封畛. 言生是非, 爲二爲三, 至於巧曆之所不能得, 則其不可爲常, 如此. 爲此有言, 而不免使道有畛.]

③ 有左有右 : 방위를 말한 것이다. [以方位言也.]

④ 倫 : 질서이다. 모든 존재물은 다 질서가 있는데, 인륜은 그 가운데 큰 것이다. [序也. 百物皆有序, 而人倫其大者也.]

⑤ 有倫有義 : '의義'는 마땅함이다. 모든 일은 다 마땅함이 있다. '질서가 있다'(有倫)와 '마땅함이 있다'(有義)는 것은 '사事'와 '물物'을 지목하여 말한 것이다. [宜也, 百事皆有宜也. 有倫有義, 以事物言.]

⑥ 分 : 가르는 것이다. [析也.]

⑦ 辨 : 구별하는 것이니, 나누는 것보다 더욱 심하게 가르는 것이다. [別也, 較分則重.]

⑧ 競 : 겨루어 물리치는 것을 '경競'이라고 한다. [並逐曰競.]

⑨ 有分有辨, 有競有爭 : 서로 싸우는 것을 '쟁爭'이라고 하니, '경競'보다 심한 것이다. 나누고 분변하며 물리치고 다툰다는 것은 옳고 그름을 따져서 서로 경쟁하는 것이다. [相鬪曰爭, 較競則大. 有分有辨, 有競有爭, 分辨其是非, 而相競爭者也.]

⑩ 八德 : 한유韓愈[40]가 말하였다. "덕德은 빈자리이다. 그래서 길덕吉德과 흉덕凶德이 있다."[41] [韓退之*云, 德虛位也, 故有吉有凶.(*之 : 국역대본에는 '之'자가 없음)]

---

40) 한유 : 768~824. 중국 당나라 때 사람으로, 唐宋八大家 가운데 한 사람이다. 자는 退之이고, 흔히 昌黎先生으로 불린다. 『昌黎先生集』 40권과 『外集』 10권, 『遺文』 1권 등의 저술을 남겼다.
41) 덕은 ~ 있는 것이다 : 韓愈의 「原道」에, "仁과 義는 정해진 이름이고, 道와 德은

⑪ 六合 : 하늘·땅·동·서·남·북이다. [天地四方也.]

⑫ 論 : 평성平聲이다. [平聲.]

⑬ 春秋 : 허다한 여러 경전이 있으나 특별히 『춘추』를 예로 든 것은, 왕 노릇한 자들이 세상을 다스린 큰 법이고, 성인께서 옳고 그름을 가려서 인정하고 인정하지 않은 뜻이 담겨 있기 때문이다. [諸經傳甚多, 而必舉春秋者, 以王者治世之大法, 而聖人是非與奪之所在也.]

⑭ 經世 : 세상의 큰 법이 되는 것이다. [爲大經於世者也.]

⑮ 六合之外……聖人議而不辯 : 스스로 말하는 것을 '논論'이라고 하고, 다른 사람과 의논하는 것을 '의議'라고 하며, 남과 다투는 것을 '변辯'이라고 한다. 육합六合 밖은 존재하는 이치가 있어도 견문이 미칠 수 없다. 존재하는 이치가 있고 이치가 존재하면 없다고 말할 수는 없으나, 견문이 미치지 못하니 말하면 허황되고 터무니없는 것이 된다. 이 때문에 성인이 그냥 두고 논하지 않은 것이다. 육합 안의 허다한 도리는 모두 일상생활에 절실한 것이어서 성인이 논하지 않을 수 없으나, 많은 사람들과 번거롭게 의논할 필요는 없는 것이다. 『춘추』에 실린 것은 임금과 신하, 아버지와 자식 사이의 큰 윤리와 큰 의리이니 성인이 의논하지 않을 수 없으나, 다른 사람들과 다투어 논변할 필요는 없는 것이다. 그냥 두고 논하지 않고, 논하기만 하고 의논하지 않으며, 의논하기만 하고 논쟁하지 않는 것은, 경중과 차례가 있기는 하나 성인이 어찌 그것에 대해 말이 없었겠는가? 언급하였으나 다만 시비를 분변하여 이기려고 하지 않았을 뿐이다. [自說曰論, 與人謀曰議, 與人爭曰辯. 蓋六合之外, 雖有理存焉, 而見聞之所不及者也. 有理存, 理存焉, 則不可謂之無, 見聞所不及, 則言之涉荒誕, 是以聖人存而不論. 六合之內許多道理, 皆切於日用, 則聖人不可不論, 而不必與衆煩謀. 春秋所載, 乃君臣父子大倫大義, 則聖人不可不議, 而不必與人爭辯. 其存而不論, 論而不議, 議而不辯, 雖有輕重次第, 而聖人何嘗無言乎. 言之而但不辯是非而求勝也.]

빈자리이다. 그러므로 도에는 군자와 소인이 있고, 덕에는 길흉이 있는 것이다"(仁與義爲定名, 道與德爲虛位. 故道有君子有小人, 而德有凶有吉)라는 구절이 있다.

⑯ 分也者……有不辯也 : 분변한다는 것은 자기는 아는 것이 있으나 남들은 알지 못하는 것이 있기 때문에 그렇게 할 따름이다. 그러나 반드시 분변할 필요가 없는 것을 알지 못하고 억지로 분변하면, 이것은 분변하지 못하는 것이 있는 것이다. [分辯之者, 以其已有所得, 而人不能知, 故然耳. 然而不知其不必分辯者, 而强分辯之, 是有所不分辯者也.]

⑰ 聖人懷之 : 성인은 육합의 안과 밖에 통하고 『춘추』에 담긴 세상의 큰 법에 밝으니, 가슴속에 분명히 깨달은 것이 있으나 가슴에 간직해 두고 드러내지 않아서 일찍이 남과 논쟁하지 않았다. [聖人通六合內外, 明春秋之經世, 則胸中有大分曉者, 而懷而不發, 未嘗與人爭辯也.]

⑱ 辯也者, 有不見也 : 논변하여 밝혀서 서로 과시하니, 이것이 바로 도를 보지 못한 증거이다. [辯而明之, 以相誇示, 是不能見道處.]

⑲ 大道不稱 : 혼연하여 명칭이 없는 것이다. [渾然無名.]

⑳ 大仁不仁 : 스스로 인仁이라고 생각하지 않는다. [不自以爲仁也.]

㉑ 大廉不嗛 : '嗛'의 음은 '겸謙'이다. 입에 물건을 머금고 있는 것을 '겸嗛'이라고 하니, 자만하는 마음이 있다는 뜻이다. [音謙. 口藏物曰嗛, 有自滿之意.]

㉒ 大勇不忮 : 무리들에게 해를 끼치지 않는 것이다. [不害於衆也.]

㉓ 昭 : 조금 밝은 모양이다. [小明貌.]

㉔ 言辯而不及 : 논변하고자 하여도 힘이 부족한 것이다. [欲辯而力不及也.]

㉕ 仁常而不成 : '상常'은 사랑이 위엄을 이김을 말하니, 그래서 이루어지지 않는 것이다. [常者愛克之謂也, 所以不成.]

㉖ 廉淸而不信 : 맑다는 것을 의식하면 명예를 추구하는 것에 가까워서 신실한 것이 아니다. [有意於淸, 則近於求名而非信實.]

㉗ 勇忮而不成 : 사나우면 반드시 용기를 잃는다. [忮則必喪其勇.]

㉘ 园 : 음은 '완阮'이고 '완刓'과 뜻이 통하니, 깎는 것이다. '둥글다'는 뜻으로 풀이하는 것은 오류인 듯하다. [音阮, 與刓通, 削也. 訓以圓, 恐誤.]

㉙ 向 : '어於'와 뜻이 같다. [與於意同.]

㉚ 五者圓而幾向方矣 : '밝음'(昭), '논변함'(辯), '일정함'(常), '맑음'(淸), '사나움'(忮), 이 다섯 가지는 온전히 이루어진 것의 본체이지만 깎이어 뾰족한 모서리가 점차 드러나서 모남에 가까워진다는 말이다. [言以其昭辯常淸忮五者, 渾成之本體, 斲削而圭角漸露, 近於方矣.]

㉛ 止 : "지극한 선에 머무르다"42)의 '지止'와 같다. [止字, 猶止於至善之止.]

㉜ 知止其所不知, 至矣 : 알지 못하는 것에서 그칠 줄 아는 것은 곧 알지 못함을 아는 것이다.43) 아래 구절의 말하지 않는 변론과 말로 표현하지 못하는 도가 바로 이것이다. [知止於所不知, 乃不知之知. 下句不言之辯, 不道之道, 卽是也.]

㉝ 孰知不言之辯……而不知其所由來 : 진심이 말하였다. "천부天府는 온갖 이치가 모인 곳이다. 보태려고 해도 더 보태지 못하고 덜어내려고 해도 덜어내지 못하니, 끝도 없고 시작도 없어서 그 유래한 바를 알지 못하는 것이다." [陳氏云, 天府, 萬理之所會. 欲益之而不可益, 欲損之而不可損, 無終無始, 而不知其所由來.]

○ 상고하건대 「산해편山海篇」에, "큰 골짜기는 물을 대어도 가득차지 않고, 퍼내어도 마르지 않는다"라고 하였으니, 큰 골짜기는 바로 바다이다. 여기에서 말하는 '천부'도 또한 바다를 가리키는 듯하다. [按, 山海篇, 大壑注焉而不滿, 酌焉而不渴, 大壑卽海也. 此所謂天府, 亦似指海也.]

㉞ 葆光 : '보광葆光'은 '그 밝음을 감추어 갈무리 한다'는 말이다. "성인은 가슴 속에 간직한다"와 "그 알지 못하는 것에서 그칠 줄 안다"는 것은 모두 보광이다. [葆光, 言韜藏其光明也. 聖人懷之與知止其所不知, 皆葆光也.]

---

42) 지극한 선에 머무르다 : 『대학』의 經文에, "대학의 도는 밝은 덕을 밝히고 백성을 새롭게 하며 지극한 선에 머무르는 데 있다"(大學之道, 在明明德, 在親民, 在止於至善)라는 구절이 있다.

43) 알지 못하는 ~ 것이다 : 『論語』 「爲政」편에, "아는 것을 안다고 하고 모르는 것을 모른다고 하는 것, 이것이 아는 것이다"(知之爲知之, 不知爲不知, 是知也)라는 구절이 있다.

㉟ 伐 : 싸우고 치는 것은 시비是非 가운데 큰 것이다. [戰伐, 是非之大者也.]

㊱ 宗膾胥敖 : 종宗과 회膾와 서오胥敖는 세 나라 이름이다. [宗與膾與胥敖, 三國名.]

㊲ 不釋然 : 마음에서 떨쳐버리지 못하는 것이다. [不能捨於懷也.]

㊳ 我欲伐宗膾胥敖……其故何也 : 곽상이 말하였다. "임금 노릇하면서도 석연치 못하다는 것은 조회를 보면서도 기쁘지 않다는 것이다." [郭氏云, 南面不釋然, 聽朝不怡也.]

○ 임희일이 말하였다. "종宗·회膾·서오胥敖 이야기 역시 우언이다." [林氏云, 宗膾胥敖, 亦寓言.]

○ 생각하건대 종宗·회膾·서오胥敖는 경전에 나타나지 않으니 상고할 수가 없다. 그러나 요임금 때 순종하지 않은 나라는 오직 삼묘三苗뿐이었으니, 이 세 나라가 삼묘인 듯하다. 삼묘가 아니라고 하더라도 아마도 남방에 있었던 듯하다. 그래서 "남쪽을 향함에 석연치 못하다"라고 한 것이다. [按, 宗膾胥敖, 不見於經, 今不可考, 而堯時不順者, 惟三苗, 則此三國, 似是三苗也. 雖非三苗, 似在於南方, 故曰, 南面而不釋然.]

㊴ 夫三子者, 猶存乎蓬艾之間 : 세 나라는 막히고 가려진 것이 마치 쑥대밭 속에 있어 햇빛을 못 보는 것과 같다는 말이다. [言三子, 有所障蔽, 如在蓬艾之中, 不見日光也.]

㊵ 若 : 박세당이 말하였다. "'약若'은 '너'라는 뜻이다." [西溪云, 若汝也.]

○ 생각하건대 '약若'은 글자의 본래 뜻(마치~인 듯하다)으로 보아야 하니, 온화하고 조용하며 박절하지 않다는 뜻이다. 『맹자』의 "마치 기쁘지 않은 듯하다"44)의 '약若'자와 같다. [按, 若如字看, 雍容不迫之意. 猶孟子若有不豫之若字.]

㊶ 十日並出 : 옛날에 "열 개의 해가 동시에 하늘에 나타났는데 예羿45)가 아홉

---

44) 마치 ~ 듯하다 : 『孟子』「公孫丑下」에, "맹자가 제나라를 떠날 때 充虞가 길에서 묻기를, '선생님께서는 기쁘지 않은 기색이 있으신 듯합니다' 하였다"(孟子去齊, 充虞路問曰, 夫子若有不豫色然)라는 구절이 있다.

개를 쏘았다"⁴⁶⁾라는 이야기가 있다. [古有, 十日並出, 羿射九日之說.]

㊷ 進 : '낫다'는 뜻이다. [愈也.]

㊸ 昔者……而況德之進於日者乎 : "성인의 덕은 열 개의 해가 동시에 비추는 것보다 나으니 마땅히 이 세 나라를 용납하고 겨루지 말아야 한다"라는 말이다. 이 설화를 인용하여 성인이 간직한 광채를 증명한 것이다. 『서경書經』「우서虞書」에 "방패와 깃을 들고 두 계단 사이에서 춤을 추니 유묘족이 귀순하였다"⁴⁷⁾라는 기사가 실려 있다. 장자는 아마도 여기에 의거하여 이야기하였을 것이다. [言聖人之德, 勝於十日之並照, 當容此三子, 而不與較也, 引此以證聖人之葆光. 虞書有舞干羽于兩階, 而有苗格之事, 莊子蓋依此而爲之說也.]

◇ 이상은 열세 번째 단락이다. 열한 번째 단락의 뜻을 거듭 밝힌 것이다. 도는 경계가 없는 것을 위대하다고 여기고, 말은 말하지 않는 것을 지극하게 여긴다. 그러나 경계가 없다는 것은 좌우·내외의 정해진 방향과, 윤리와 의리의 큰 규범을 모두 타파하고 뒤섞어서 하나로 만듦을 말하는 것이 아니다. 단지 사심으로 너와 나의 경계를 만들지 않을 따름이다. 말이 없다는 것은 입을 닫고 혀를 묶어 일절 말하지 않는다는 뜻이 아니다. 단지 남과 시비를 다투는 언설을 하지 않을 따름이다. 그러므로 팔덕八德 가운데 나눔과 분변함, 물리침과 다툼, 이 네 가지는 성인이 하지 않았으나, 왼쪽과 오른쪽에 관한 것, 윤리와 의리에 관한 것의 네 가지는 성인 또한 일찍이 폐하지 않았다. 육합六合의 안과 밖은 바로 왼쪽과 오른쪽이고, 『춘추』가 세상의 큰 법이 된다는 것은 바로 윤리와 의리이다. 주장하고 도모하는 것인즉, 성인이 어찌 입을 다물고 침묵했겠는가?

---

45) 예 : 고대 전설 속의 인물로 활쏘기에 매우 뛰어났다고 한다.
46) 열 개의 ~ 쏘았다 : 『淮南子』「本經訓」에 나오는 고사로, 요임금 때에 하늘에 열 개의 해가 떠서 곡식과 초목이 다 마르고 백성들이 먹을 것이 없게 되자 요임금이 羿에게 명하여 아홉 개의 해를 쏘아 떨어뜨렸다고 한다.
47) 방패와 ~ 귀순하였다 : 『書經』「大禹謨」편에, "순임금이 文德을 크게 펴시어 방패와 깃 일산으로 두 뜰에서 춤을 추셨는데, 70일 만에 有苗가 와서 항복하였다"(帝乃誕敷文德, 舞干羽于兩階, 七旬, 有苗格)라는 구절이 있다.

열한 번째 단락의 내용을 가지고 논하면, "애초에 사물이 있지 않았다"(未是有物)는 주장이 지극한 것이고, 그 다음은 "사물이 있다"(有物)는 것이고, 그 다음은 "경계가 있다"(有封)는 것이니, 모두 도에 해가 되지 않는다. 그러나 시비가 드러나 나누고 분변하고 겨루고 다투는 데에 이르면 비로소 도가 손상되고 마는 것이다. 해설하는 사람들은 아무런 전제 없이 '경계 없는 것'을 큰 도라고 하니 큰 도는 문득 어리숙한 사물이 되어 버리고, 곧바로 '말하지 않는 것'을 지극한 덕이라고 하니 지극한 덕은 문득 벙어리가 되어 버린다.

장자의 말은 골계가 많으나, 여기에 이르러서는 진심으로 바로 말한 것이다. 육합의 밖은 그냥 두고 논하지 않는다고 한 것을 보면 장자를 두고 허황하여 터무니없는 것을 좋아한다고 말할 수 없다. 육합의 안에 있는 것은 논하기만 하고 도모하지 않는다고 하였으니 장자를 두고 사물을 버려둔다고 말할 수 없다. 『춘추』를 중요시할 줄 알았으니 장자가 성인의 경전을 배반하였다고 말할 수 없고, 선왕을 높일 줄 알았으니 대인을 모독하였다고 말할 수 없다.

"광채를 간직함"(葆光)으로 끝맺은 것은 열한 번째 단락에서 "혼돈 속의 빛남"(滑疑之曜)으로 끝맺은 것과 같다. '빛남'과 '광채'는 모두 밝은 것 가운데서도 밝은 것이지만, 그것은 밝음이 외부로 드러나는 것이다. 외부로 드러나는 것을 숨기어 간직하는 것, 이것이 밝음의 지극함이다.

右第十三段. 申明第十一段之義. 夫道以無封爲大, 言以不言爲至. 然而無封者, 非謂左右內外之定方, 倫常義理之大閑, 皆打破, 混同之也. 但不以私立彼我之界耳. 無言者, 非謂緘口結舌, 一切泯默也. 但不與人爭是非之說耳. 故八德之中, 分辯競爭四者, 聖人不爲, 而左右倫義四者, 聖人亦未嘗廢也, 六合之內外, 此左右也, 春秋之經世, 此倫義也. 論之議之, 則聖人豈泯默哉. 以第十一段論之, 未是有物, 至矣, 而其次有物, 其次有封, 皆不害於道, 而至是非之彰, 而分辯競爭, 始爲道之虧也. 說者, 直以無封爲大道, 則大道便爲倥侗之物矣, 直以不言爲至德, 則至德便爲暗啞之人矣. 莊子之言多滑稽, 而至此眞正說也. 六合之外, 存而不論, 則不可謂莊子樂荒誕也, 六合之內, 論而不議, 則不可謂莊子遺事物也, 知重春秋, 則不可謂背聖經也, 知尊先王, 則不可謂侮大人也. 末乃以葆光結之, 亦如十一段以滑疑之曜爲終也. 曜與光, 皆以明之明, 而明之發於外者, 以發於外者晦藏之, 此以明之至也.

제14단

설결齧缺이 왕예王倪에게 물었다. "선생님은 만물이 다 같이 옳다고 여긴다는 것을 아십니까?" 왕예가 답하였다. "내가 어떻게 그것을 알겠는가?" (설결이 물었다.) "선생님은 선생님이 모른다는 것을 아십니까?" 왕예가 답하였다. "내가 어떻게 그것을 알겠는가?" 설결이 물었다. "그렇다면 사물은 본래 지각이 없습니까?" 왕예가 답하였다. "내가 어떻게 그것을 알겠는가? 그렇지만 한번 말해 보겠다. 내가 안다고 하는 것이 알지 못하는 것이 아님을 어찌 알 것이며, 내가 모른다고 하는 것이 아는 것이 아님을 어찌 알겠는가? 그리고 내가 너에게 한번 물어 보겠다. 사람은 축축한 곳에서 자면 허리에 병이 나고 반신불수가 되지만 미꾸라지도 그런가? 사람이 나무 위에 있으면 벌벌 떨며 무서워하는데 원숭이도 그런가? 셋 가운데 누가 올바른 거처를 안다고 할 수 있는가? 사람은 소나 양, 개나 돼지의 고기를 먹고, 고라니와 사슴은 풀을 먹으며, 지네는 뱀을 맛있게 먹고, 올빼미와 까마귀는 쥐를 좋아한다. 넷 가운데 누가 올바른 맛을 안다고 하겠는가? 암컷 원숭이는 편저猵狙가 짝으로 삼고, 고라니는 사슴과 짝짓기를 하며, 미꾸라지는 물고기와 헤엄치며 노닌다. 모장毛嬙과 여희麗姬는 사람들이 아름답다고 하지만, 물고기가 보면 물속 깊이 들어가 버리고 새가 보면 높이 날아가 버리며 고라니와 사슴이 보면 재빨리 달아나 버린다. 넷 가운데 누가 천하의 진정한 아름다움을 안다고 하겠는가? 내가 보기에는 인의를 논하는 허다한 단서로 시비의 길이 이리저리 뒤엉켜 어지러우니, 내가 어떻게 그 분별을 알겠는가?"
설결이 물었다. "선생님은 이로움과 해로움을 모르시니 지인至人은 본디
이로움과 해로움을 모르는 것입니까?" 왕예가 답하였다. "지인은 신묘한
존재이니, 큰 못이 불타도 뜨겁게 할 수 없고 황하와 한수가 얼어붙어도
춥게 할 수 없으며 빠른 우레가 산을 무너뜨리고 바람이 바다를 뒤흔들어
도 놀라게 할 수 없다. 그와 같은 사람은 구름 기운을 타고 해와 달을
몰고서 사해四海의 바깥에서 노닌다. 죽음과 삶이 자신을 변화시키지
못하는데 하물며 이해의 단서 따위이랴!

齧缺問乎王倪曰, 子知物之所同是乎①. 曰吾惡乎知之②. 子知子之所不知耶③.
曰吾惡乎知之. 然則物無知耶④. 曰吾惡乎知之⑤, 雖然嘗試言之⑥. 庸詎知吾所謂
知之非不知耶, 庸詎知吾所謂不知之非知耶⑦. 且吾嘗試問乎汝⑧. 民濕寢則腰疾
偏死⑨, 鰍⑩然乎哉, 木處則惴慄恂懼⑪, 猨猴然乎哉, 三者孰知正處. 民食芻豢⑫,
麋鹿食薦⑬, 蝍蛆⑭甘帶⑮, 鴟鴉嗜鼠, 四者孰知正味. 猨猵狙*⑯以爲雌. 麋與鹿交,
鰍與魚游. 毛嬙⑰麗姬⑱, 人之所美也, 魚見之深入, 鳥見之高飛, 麋鹿見之決驟⑲,
四者孰知天下之正色哉⑳. 自我觀之, 仁義之端㉑, 是非㉒之塗, 樊然㉓殽㉔亂, 吾惡
能知其辨㉕. 齧缺曰, 子不知利害, 則至人固不知利害乎㉖. 王倪曰, 至人神矣, 大澤
焚而不能熱, 河漢沍㉗而不能寒, 疾雷破山風振海, 而不能驚. 若然者, 乘雲氣㉘,
騎日月㉙, 而游乎四海之外㉚. 死生無變於己, 而況於利害之端乎. (*狙:국역대본에는
'狚'으로 되어 있으나 오기임)

① 子知物之所同是乎 : 박세당이 말하였다. "세상에 논변하는 자들은 모두
　　천하 사람들의 생각이 하나가 되게 하여 그 옳게 여기는 것이 같아지게
　　하려고 한다. 그러나 이것이 바로 여러 가지 학설이 가지런해지지 않는 까
　　닭이다.[西溪云, 世之辯者, 皆欲一天下之人, 而同其所是. 此物論所以不齊.]
　　○ 생각하건대 만물은 모두 자기가 좋아하는 것을 옳게 여긴다. 그래서 그

좋아하는 것이 같지 않아도 각자 스스로 옳게 여긴다는 점은 같다. 그래서 "다 같이 옳다고 여긴다"라고 말한 것이니, 종·회·서오 이 세 나라의 경우도 스스로 행하는 것을 옳다고 여긴다. 이 문단은 앞 단락의 "그 알지 못하는 것에서 그칠 줄 안다"(知止其所不知)에서부터 나온 것이다. [按, 物皆以己所好爲是, 其所好雖不同, 而其自是者同, 故曰同是. 如宗膾三國, 亦自以所爲爲是也. 此段, 自上文知止其所不知上生來.]

② 吾惡乎知之 : 만물은 모두 스스로가 옳다고 생각하는 것을 옳다고 하니, 어떻게 누가 옳고 누가 그르다는 것을 알겠는가? 자기가 알지 못하는 것에 그칠 줄 아는 것이 지극하다. 그러나 "아십니까?"라고 물었기 때문에 "알지 못한다"라고 대답한 것이다. [物皆以所自是者爲是, 則何以知其孰是孰非乎. 知止其所不知, 至矣, 而以知爲問, 故以不知答之.]

③ 子知子之所不知耶 : 왕예는 "알지 못한다"라고 대답하였으나, 스스로 자기가 알지 못함을 알았으니 이 또한 아는 것이다. 그러므로 설결이 다시 "아십니까?"라고 물은 것이다. [王倪以不知答之, 然自知其不知, 是亦知也. 故齧缺又以知爲問.]

④ 然則物無知耶 : "이미 알 수가 없다면 만물이 스스로 알지 못하는 것이다. 그렇다면 만물은 본래 모두 지각이 없는 것인가?"라는 말이다. [言旣不能知, 物不能自知, 則物本皆無知覺乎.]

⑤ 吾惡乎知之 : 스스로 안다고 여기는 것도 잘못이고, 아는 것이 없다고 하는 것도 또한 잘못이다. 그러므로 또 알지 못한다는 말로 답한 것이다. [夫自以爲知非也, 無知亦非也, 故又以不知答之.]

⑥ 雖然嘗試言之 : 세 번 질문함에 세 번 알지 못한다고 하였으니, 그 대답은 초지일관 단호하게 거절한 것이다. 설결이 끝내 깨닫지 못할까 염려하여 말하려고 하였으나, 이미 알지 못한다고 말하였기 때문에 '수연상시雖然嘗試'이 네 글자로 문맥을 바꾸어 말한 것이다. [三問而三不知, 則其答落落深拒, 而恐齧缺之終不轉寤, 欲言之, 而旣曰不知, 故以雖然嘗試四字, 折轉說去.]

⑦ 庸詎知吾所謂知之非不知耶, 庸詎知吾所謂不知之非知耶 : "한번 말해

보겠다"라는 말은 안다는 것이고, "어찌 알겠는가"라는 말은 알지 못한다는 것이다. "안다고 하는 것이 알지 못하는 것이 아니고, 알지 못한다는 것이 아는 것이 아님을 어찌 알겠는가?"라고 하였으니, 그 뜻은 대개 '알지 못하는 것을 안다고 한다'는 것이다. [嘗試言之, 則是知也, 惡乎知之, 則是不知也. 庸詎知知之非不知, 不知之非知, 則其意盖以不知爲知也.]

⑧ 且吾嘗試問乎汝 : 상대방이 나에게 물었는데 내가 대답하지도 않고 상대방에게 반문하니, 이것은 알지 못하는 것으로 자처하는 뜻을 담고 있다. [彼旣問於我, 而我不答, 我反問於彼, 以不知自處之意.]

⑨ 偏死 : 몸의 한쪽이 말라서 죽는 것이다. [偏枯而死也.]

⑩ 鰌 : '鰌'의 음은 '추秋'이니, 물고기 이름이다. [音秋, 魚名.]

⑪ 惴慄恂懼 : 비슷한 의미를 지닌 네 글자를 중복하여 쓴 것은 심히 두려워한다는 뜻이다. [複用四字, 畏之甚也.]

⑫ 芻豢 : 소와 양은 풀을 먹기 때문에 '추芻'라고 하고, 개와 돼지는 곡식을 먹기 때문에 '환豢'이라고 한다. [牛羊草食, 故曰芻, 犬豕穀食, 故曰豢.]

⑬ 薦 : 주초褥草[48]이다. [褥草也.]

⑭ 蝍蛆 : 지네이다. [蜈蚣.]

⑮ 帶 : 뱀 종류이다. [蛇類.]

⑯ 猵狙 : 편저猵狙는 원숭이와 비슷한데 머리는 개와 같다. 수컷이 암원숭이와 교미하기를 좋아한다. [猵狙*似猿狗頭, 其雄喜與雌猿交.(*狟 : 국역대본에는 '狟'으로 되어 있으나 오기임)]

⑰ 毛嬙 : 옛날의 미녀 이름이다. 어떤 사람은 월나라 여자라고도 한다. [古美女名. 一云越姬.]

⑱ 麗姬 : 아래에 보인다. [見下.]

⑲ 決驟 : 빨리 달리는 것이다. [疾走也.]

---

48) 주초 : 풀이름이나 자세하지 않다.

⑳ 民濕寢則腰疾偏死……四者孰知天下之正色哉 : 거처·맛·미모 이 세 가지는 모두 자기가 편히 여기는 것을 편안해하고 좋게 여기는 것을 좋아하니, 어느 것이 과연 바른 것이겠는가? 모두 알지 못하는 것이다. [處味色三者, 皆以其所安者安之, 所好者好之, 何者果爲正也. 皆不知也.]

㉑ 端 : 그 논설에 갈래가 많은 것이다. [其論多端也.]

㉒ 是非 : 인의仁義의 학설로 서로 시비하는 것이다. 고자告子와 순자荀子가 인간의 본성을 논한 류⁴⁹⁾ 같은 것이니, 당시 학자들 가운데 반드시 이와 같은 자가 많았던 것이다. [以仁義之說, 相是非也. 如告子荀子論性之類, 當時學者, 必多如此者.]

㉓ 樊然 : 어지러운 모양이다. [紛然也.]

㉔ 殽 : '섞이다'라는 뜻이다. [雜也.]

㉕ 仁義之端……吾惡能知其辨 : 내 입장에서 보는 것과 저 어지럽게 시비를 주장하는 것이 대립하여 말을 하는 경우, 나와 저 어지럽게 시비를 주장하는 자가 아는 것은 마치 사람·미꾸라지·원숭이·사슴처럼 다르다. 그리고 저 어지럽게 시비를 주장하는 자 스스로도 사람·미꾸라지·원숭이·사슴처럼 서로 같지 않으니, 그 옳고 그름을 알 수가 없는 것이다. 제자백가의 여러 학술이 많은데 특별히 유가儒家를 거론한 것은, 유가를 천하의 학술 가운데 존귀한 것으로 여겼기 때문이다. [自我觀之者, 與彼樊然者, 對立爲說, 我與彼樊然者, 其所知不同, 如人鰌猿猴麋鹿也, 彼樊然者, 自相不同, 亦如人鰌猿猴麋鹿也, 無以知其是非矣. 百家衆技甚多, 而特擧儒家者, 以儒爲天下學術之大也.]

㉖ 子不知利害, 則至人固不知利害乎 : 시비是非는 이해利害에서 시작되는데, 왕예는 시비를 알지 못하니 이것은 이해에 대해 초연한 것이다. 그러므로 또 이것을 가지고 질문한 것이니, 아마도 왕예를 지인至人으로 여긴 것이리라. [夫是非起於利害, 而王倪不知是非, 則不知利害也. 故又以此爲問, 盖以王倪爲至人也.]

---

49) 고자와 ~ 논한 류 : 『孟子』「告子」편에는 "성은 선함도 없고 불선함도 없다"(性無善無不善)라는 구절이 있고, 『荀子』「性惡」편에는 "사람의 성품은 악하니, 선하다는 것은 거짓이다"(人之性惡, 其善者僞也)라는 구절이 있다.

㉗ 冱 : '얼음이 언다'는 뜻이다. [氷凝也.]

㉘ 乘雲氣 : '가지 못할 곳이 없다'는 뜻이다. [行無所不通也.]

㉙ 騎日月 : '밝히지 못할 곳이 없다'는 뜻이다. [明無所不照也]

㉚ 游乎四海之外 : '사물이 없는 곳에서 노닌다'는 뜻이다. [游於無物之境.]

◇ 이상은 열네 번째 단락이다. 앞 단락 이상은 '인시因是'와 '인명因明'에 대해
반복하여 상세히 설명하였으니, 모두 물론物論을 가지런하게 하는 핵심이
다. 앞 단락의 "나눈다는 것에는 나누지 아니함이 있고"(分也者有不分也) 아래
로부터 뒤의 단락까지는 모두 물론物論을 분변하는 자를 꾸짖어 배척한 것
이다. 제자백가의 여러 학술은 모두 자기들이 아는 것을 옳게 여기니, 바로
거처·맛·아름다움 이 세 가지를 좋아하는 것이 각기 다르지만 누가 옳은
것인지 알지 못하는 것과 같다. 그것을 같게 하고자 해도 그렇게 할 수가
없기 때문에 분변하지 않는 것을 마땅하게 여기는 것이다. 이 단락은 뜻이
얕은 데서 시작하여 깊은 데로 들어갔으니, 시비是非에서 시작하여 호오好惡
에 이르렀고, 호오로부터 이해利害를 말하였으며, 이해로부터 죽고 사는 것
에까지 들어갔다.

右第十四段. 前段以上, 以因是以明, 反覆詳說, 皆齊物之要, 自前段之分也者有不分也
以下, 至後段, 皆譏斥物論之分辯者也. 夫百家衆技, 皆以其所知爲是, 正如處味色三者
之所好各異, 未知其孰是, 而雖欲同之, 亦不可得, 故不分不辯爲宜矣. 蓋此段從淺入深,
從是非及好惡, 從好惡說利害, 從利害入死生.

제15단

구작자瞿鵲子가 장오자長梧子에게 물었다. "제가 공자께 들었습니다.
누가 '성인은 세상일에 종사하지 않으니, 이익에 나아가지 않고 해로움을

160   여암 신경준의 장자

피하지 않으며, 구하기를 좋아하지 않고 도를 따르지 않는다. 말한 것이 없어도 말함이 있으며, 말한 것이 있어도 말한 것이 아니어서, 속세 밖에서 노닌다'라고 하니, 공자께서는 맹랑한 말이라고 하였습니다. 그러나 저는 오묘한 도가 행해지는 것이라고 생각합니다. 당신은 어떻게 생각하십니까?" 장오자가 말하였다. "이것은 황제黃帝가 듣고 잘 몰랐던 말인데, 공구孔丘가 어떻게 그것을 잘 알겠는가? 또 그대 역시 지나치게 속단하고 있으니, 계란을 보고 새벽에 시간을 알아서 울어 주기를 바라고 탄환을 보고 부엉이 구이를 바라는 격이다. 내가 그대를 위해 허튼 소리를 한번 해 볼 테니 그대도 농담 삼아 들어 보라. 어떠한가! 성인은 해와 달을 곁에 두고 우주를 끼고서 그것들과 빈틈없이 맞게 하여 일체가 되며, 어지럽고 혼매하여 천한 것을 존귀하게 여기는 것은 그냥 버려둔다. 보통사람들은 외물에 끌려 허겁지겁하지만, 성인은 우둔한 듯하나 만세의 변화에 참여하여 한결같이 순수함을 완성시키고 만물을 모두 그렇게 되게 하여 우둔함으로써 감싼다. 내 어찌 알랴, 삶을 좋아함이 미혹된 짓이 아닌 줄을! 내 어찌 알랴, 죽음을 싫어함이 어려서 집을 잃고 돌아갈 줄 모르는 자가 아닌 줄을! 여희麗姬는 애艾땅 국경지기의 딸이다. 진나라가 처음 그녀를 잡아왔을 때에는 눈물로 옷자락을 적시며 울었는데, 왕의 처소에 이르러 왕과 함께 편안한 침상을 쓰고 맛있는 고기를 먹은 뒤에는 처음 와서 울었던 것을 후회하였다. 내 어찌 알랴, 저 죽은 자가 막 죽었을 때 다시 살아나기를 바란 것을 후회하지 않으리라는 것을! 꿈에 술을 마신 자는 아침이면 곡을 하며 울고, 꿈에 곡하며 울었던 자는 아침에 사냥하러 나간다. 막 꿈을 꿀 때에는 그것이 꿈인 줄 모르고 꿈속에서 또 그 꿈을 점치다가, 꿈에서 깬 뒤에야 그것이 꿈이었음을 안다. 또 크게 깬 이후에야 이것이 큰 꿈임을 알거늘, 어리석은 사람은 스스로 깨어 있다고 여겨 자잘하게 따져서 '임금이다', '목동이다' 하고 있으니 고루하구나! 공구孔丘와 그대는 모두 꿈을 꾸고 있고, 내가 그대에게 말하는 것도 꿈속의 일이다. 이러한 말은 그 명칭을 '적궤弔詭'(매우 기이함)라고 한다. 만세萬歲가 지난 뒤에 그 이치를 보고 깨달은 큰 성인을 한번 만난다면, 이것은 아침저녁에 만나는 격이다."

瞿鵲子問乎長梧子曰, 吾聞諸夫子①, 聖人不從事於務②, 不就利, 不避害③, 不喜求④, 不緣道⑤, 無謂有謂⑥, 有謂無謂⑦, 而遊乎塵垢之外⑧, 夫子⑨以爲孟⑩浪⑪之言, 而我以爲妙道之行也, 吾子以爲奚若. 長梧子曰, 是黃帝之所聽熒⑫也, 而丘⑬也何足以知之⑭. 且汝亦大早計, 見卵而求時夜⑮, 見彈而求鴞⑯炙⑰. 予嘗爲汝妄言之, 女以妄聽之⑱. 奚⑲, 旁日月, 挾宇宙, 爲其脗⑳合㉑, 置㉒其滑㉓泯㉔以隸㉕相尊㉖. 衆人役役㉗, 聖人愚芚㉘, 參萬歲㉙而一成純㉚, 萬物盡然, 而以是相蘊㉛. 予惡乎知, 說㉜生之非惑耶. 予惡乎知, 惡㉝死之非弱喪㉞而不知歸者耶㉟. 麗之姬㊱, 艾㊲封人㊳之子也, 晉國之始得之也, 涕泣沾襟, 及其至於王所㊴, 與王同匡床㊵, 食芻豢而後, 悔其泣也. 予惡乎知, 夫死者不悔其始之蘄㊶生也㊷. 夢飮酒者, 朝而哭泣, 夢哭泣者, 朝而田獵㊸. 方其夢也, 不知其夢也, 夢之中, 又占其夢焉, 覺㊹而後, 知其夢也㊺. 且有大覺而後, 知此其大夢也㊻, 而愚者自以爲覺, 竊竊然㊼知之, 君乎牧乎㊽, 固哉㊾. 丘也與汝, 皆夢也, 予謂汝夢, 亦夢也㊿. 是其言也, 其名爲弔(51)詭. 萬世之後, 而一遇大聖, 知其解(52)者, 是朝暮遇之也(53).

① 夫子 : 공자孔子이다. [孔子也.]

② 不從事於務 : '무務'는 '일삼는다'는 뜻이다. 종사하지 않는 사람은 일이 생기면 저절로 거기에 반응하니, 따라가서 일을 하는 것이 아니다. [務, 所事者也. 不從事者, 事至自應, 非從而事之也.]

③ 不就利, 不避害 : 이익을 이롭게 여기지 않고 손해를 해롭게 여기지 않기 때문에 나아가지도 않고 피하지도 않는 것이다. [不以利爲利, 不以害爲害, 故無所就避也.]

④ 不喜求 : 세상사람들의 잘못은 모두 추구하는 데 있다. 추구하는 것을 좋아
   하지 않으면 욕구가 없어진다. [世人之病, 皆在於求. 不喜求, 則無欲也.]

⑤ 不緣道 : '연緣'은 '따르다'라는 뜻이다. 몸이 도道를 따르면 이것은 몸과
   도가 둘이 되는 것이다. 도를 따른다는 의식이 없으면 도와의 거리가 없게
   된다. [緣, 脩也. 以身脩道, 則是身與道爲二矣, 不緣道, 則與道無間矣.]

⑥ 無謂有謂 : 말로 표현되지 않는 말이다. [不言之言.]

⑦ 有謂無謂 : 말하여도 말하는 것이 아니다. [言而不言也.]

⑧ 遊乎塵垢之外 : '진구塵垢'는 '세속'이라는 뜻이다. 시비를 분변하는 것은
   세상일 때문이니, 세상일에 종사하지 않으면 이로움과 해로움에 나아가고
   피하는 일이 저절로 없어질 것이다. 이로움과 해로움에 나아가고 피함이
   없게 되면 욕심이 없게 되고, 욕심이 없게 되면 천리天理에 온전하여 저절로
   도와의 거리가 없게 된다. 도와의 거리가 없게 되면 저절로 말한 것이 없어
   도 말한 것이 있고 말한 것이 있어도 말한 것이 없는 것이 되어 세속 밖에서
   노닐게 된다. 이것은 지도리의 중심에 자리 잡아 만사에 응하면서 떳떳한
   천리에 맡기는 자가 아니면 누가 할 수 있겠는가? [塵垢, 世俗也. 盖是非之分辨,
   由於務, 不從事於務, 則自無利害之就避矣, 無利害之就避, 則無欲, 無欲, 則純乎天理自
   與道無間矣, 與道無間, 則自爾無謂有謂有謂無謂, 遊於世俗之外矣. 此非得環中以應而
   寓諸庸者, 其孰能之乎.]

⑨ 夫子 : 박세당이 말하였다. "앞뒤의 '부자夫子'는 아마도 한 사람이 아닌
   듯하다. 앞의 '부자'는 구작자의 스승을 말한 것이고, 뒤의 '부자'는 공자를
   말한 것이다." [西溪云, 上下夫子, 疑非一人, 上夫子謂其師, 下夫子謂孔子.]
   ○ 생각하건대 앞뒤의 '부자'는 모두 공자를 가리킨 것이다. "성인은 세상일
   에 종사하지 않으니" 이하는 공자가 전해들은 이야기를 말한 것이고, 뒤에
   서 또 '부자'라고 말한 부분은 공자가 그 말에 대하여 맹랑하다고 말한 것이
   다. [按, 上下夫子, 皆是孔子. 聖人不從事於務以下, 乃孔子說傳聞之言, 下又稱夫子者,
   孔子以其言爲孟浪也.]

⑩ 孟 : 고본에는 '맹孟'자가 '맹盂'자로 쓰여 있다. [古本孟作盂.]

⑪ 孟浪 : 상수向秀[50]가 말했다. "'맹랑孟浪'은 '만란漫瀾'과 같으니, 취하거나 버릴 것이 없음을 말한다." [向秀云, 孟浪與漫瀾同, 無所趣舍之謂.]

⑫ 聽熒 : 어떤 책에는 '영熒'이 '형熒'으로 쓰여 있다. 임희일이 말하였다. "'영熒'은 '밝다'는 뜻이니, 황제도 이 말을 듣고 난 뒤에 밝힐 수 있었다는 말이다." [一本作熒. 林氏云, 熒, 明也. 言黃帝聽此以後明之.]

　○ 초횡焦竑[51]이 말했다. "'청영聽熒'은 '의혹되다'라는 뜻이다." [焦竑云, 聽熒, 疑惑也.]

　○ 최선崔譔[52]이 말했다. "'영熒'은 조금 밝아 크게 또렷하지 않은 것이다." [崔譔云, 小明不大了也.]

　○ 생각하건대 최선의 설을 따르는 것이 마땅하다. [按, 當從崔說.]

⑬ 丘 : 어떤 사람은 '구丘'를 장오자의 이름이라고 한다. 이것은 아마도 성인의 이름[53]을 함부로 부르는 것을 꺼려하여 배척한 듯한데, 잘못이다. [一云, 丘長梧子名也. 盖嫌斥呼聖人之名, 而然而非也.]

⑭ 是黃帝之所聽熒也, 而丘也何足以知之 : 노자를 공부하는 사람들은 황제黃帝를 조사祖師로 여기고, 유교를 공부하는 사람들은 공자를 조사로 여긴다. 장자 당시 노자를 공부하는 사람들과 유교를 공부하는 사람들이 각기 자신들이 공부한 것으로 서로 논쟁하였다. 그래서 장자가 그의 조사인 황제와 함께 공자를 기롱한 것이니, 분한 감정이 지극하여 골계가 심해진 것이다. 기실 장자는 황제와 공자를 성인이 아니라고 생각하지 않았다. 선종禪宗의 승려가 부처를 꾸짖고 조사를 욕하여, "석가가 태어나자마자 손가락으로 하늘과 땅을 가리키며 사자후를 토하는 것을 보았다면 막대기를 잡고 때려 죽여서 강아지에게 먹이로 주었을 것이다. 천하가 태평한 것이 귀하다"[54]라

---

50) 상수 : 중국 西晉 때 사람. 『莊子隱解』를 지었으나 현재는 일부분만 전한다.
51) 초횡 : 1541~1620. 중국 명나라 때 사람으로, 자는 弱侯이고 호는 澹園이다. 『老子翼』, 『莊子翼』 등의 저술이 있다.
52) 최선 : 중국 晉나라 때 사람으로, 10권 27편의 『莊子注』를 지었다.
53) 성인의 이름 : 공자의 이름이 '丘'이다.
54) 석가가 ~ 귀하다 : 중국 당나라 때의 선승 雲門선사는 부처가 갓 태어나자마자 일곱 걸음을 걸은 뒤 하늘과 땅을 가리키면서 유아독존을 외쳤다는 말을 듣고는,

고 한 것과 꼭 같다. 식자들은 그렇게 한 것이 부처님 은혜에 깊이 보답한 것이라고 했다. [盖學老者, 以黃帝爲祖, 學儒者, 以孔子爲師, 而當是時, 老者儒者, 各以其所學, 互相爭辯. 故莊子並與祖師而譏之, 憤激之極, 滑稽之甚也, 其實非以黃帝孔子爲非聖人也. 正如禪宗中, 喝佛罵祖, 見釋迦始生, 手指天地, 作獅子吼, 要一捧打殺, 與狗子喫了, 貴在天下太平. 識者謂其深報佛恩.]

⑮ 時夜 : 밤에 시간을 알아 우는 것을 말한다. [言知時於夜而鳴也.]

⑯ 鴞 : '청효靑鴞'이니, 구이를 만들 수 있다. [靑鴞也, 可作炙.]

⑰ 見卵而求時夜 見彈而求鴞炙 : '적炙'은 '지之'와 '석夕'의 반절이니, 구운 고기이다. 계란에서 병아리가 나오지도 않았는데 새벽에 시간을 알려주기를 바라고, 탄환으로 올빼미를 쏘지도 않았는데 구이 만든 것을 구한다는 것이다. 이것은 성급함을 비유한 것이다. 구작자가 지식이 모자라면서도 지극한 도에 대하여 갑자기 말하려고 하니 그 생각이 너무 성급하다는 것을 비유하였다. [之石切, 燔肉也. 鷄未出卵而求其時夜, 彈未射鴞而求其作炙, 此早計之喻. 以譬瞿鵲知識未及, 而驟語至道, 其爲計大早也.]

⑱ 予嘗爲汝妄言之, 女以妄聽之 : 지극한 도는 현묘하고 심오하여, 황제는 듣고서 어렴풋이 알았고 공자는 말할 줄을 몰랐던 것이다. 이것은 허튼소리여서 듣는 사람 또한 망령된 것이라는 뜻이다. 망령되이 말한다고 하여 말을 잊어버리고 마음으로 깨닫게 하고자 한 것이다. [至道玄奧, 黃帝之所聽瑩, 孔子所不知言之者. 是妄而聽之者, 亦妄也, 欲其妄言而以心契之也.]

⑲ 奚 : '어떤가?'라는 말이다. [言何也.]

⑳ 脗 : 음은 '민泯'이니, 틈이 없는 모양이다. [音泯, 無彼際之貌.]

㉑ 旁日月……爲其脗合 : 해와 달의 밝음 및 하늘과 땅의 큼과 합치하는 것이니, 바로 앞 단락에 나오는 "해와 달을 몰고 바다 밖에서 노닌다"라는 뜻이다. [言與日月之明天地之大, 脗合也, 卽上文騎日月遊海外之義也.]

"내가 부처가 태어났을 때 만났다면 몽둥이로 때려 죽여 개에게 던져 주었을 터인데, 그랬다면 천하가 태평했을 것이다"(我當初若見, 一棒打殺, 與狗子喫却, 貴圖天下太平)라고 말했다고 한다.(『五燈會元』, 권15, 「雪峯義存禪師法嗣)」)

㉒ 置 : '버린다'는 뜻이다. [捨也.]

㉓ 滑 : '어지럽다'는 뜻이다. [汨亂也.]

㉔ 泯 : '어둡고 어리석다'는 뜻이다. [昏昧也.]

㉕ 隸 : '천하다'는 뜻이다. [賤也.]

㉖ 以隸相尊 : 사람들이 천하게 여기는 것을 스스로 존귀하게 여기는 것이다. 위에서 말한 "세상일에 종사하여, 이로운 것에 나아가고 해로운 것을 피하며 추구하기를 좋아하는 사람"은 곧 천성을 어지럽히고 없애어 천한 것을 존귀하게 여기는 자이다. 성인은 모두 그냥 버려두고 행하지 않는다. [以人之所賤者, 自相尊貴也. 上所謂從事於務, 就利避害喜求, 卽滑泯天性, 而以隸相尊者也. 聖人皆捨置而不爲之.]

㉗ 衆人役役 : 보통사람들이 천성을 어지럽히고 없애어 천한 것을 존귀하게 여기는 것, 이것이 바로 외물에 끌려 허겁지겁하는 것이다. [衆人滑泯以隸相尊, 是役於物也.]

㉘ 芚 : 음은 '돈豚'이니, 흐릿하여 분명히 살피지 못하는 것이다. [音豚, 渾沌不分察也.]

㉙ 萬歲 : 만세 동안에는 많고 적은 변화가 있고 많고 적은 시비가 있다. [萬世之間, 有多少變化, 有多少是非.]

㉚ 一成純 : 섞이지 않는 것이다. [不雜也.]

㉛ 萬物盡然……而以是相蘊 : 임희일이 말하였다. "만물이 모두 그러하다는 것은 만물이 각기 그 옳다고 여기는 것을 옳다고 한다는 것이니, 사람마다 모두 사사로운 뜻이 있어서 이러한 마음을 가슴속에 쌓아 둔 것이다." [林氏云, 萬物盡然者, 萬物各然其所然, 人人皆有私意, 以是相積也.]

○ 박세당이 말하였다. "'진연盡然'이란 모두가 추구하고 회피하고 나아가고 일삼는 것이 있어 그것에 끌려 허겁지겁하는 것을 말한다. '이것으로써 서로 덮어 가린다'는 것은 이 몇 가지로써 그 본성을 덮어 가린다는 것이다." [西溪云, 盡然, 謂皆役役於有求有違有就有事也. 以是相蘊, 謂以此數者, 蘊蔽其本性也.]

○ 생각건대 성인은 사람이 추구하고 피하고 나아가고 일삼는 것을 모두 버리고 취하지 않아 마치 우둔하여 지식이 없는 듯하다. 그러나 만세의 변화에 참여하여 그것에 합치됨으로써 한결같이 순수한 도를 이루고, 만물에 이르기까지 모두 그렇게 되게 하여 이것으로써 서로 감싸 준다. '온蘊'은 '싸다'라는 뜻이니, 이 '우둔愚芚'이라는 도로써 감싸는 것이다. '그렇게 하지 않는 때가 없고 그렇게 하지 않는 물건이 없는 것', 이것이 곧 한결같이 순수함을 이루는 것이다. 보통사람들은 죽을 때까지 허겁지겁해도 성공하지 못하지만, 성인은 우둔하나 그 성취하는 것이 결과적으로 어떠한가? 여러 학자들이 '만물을 모두 그렇게 되게 한다'(萬物盡然) 이하를 아래 문단에 연결시켜 해석하나 잘못이다. [按, 聖人於人之所求所違所就所事, 舉置而不取, 有若愚芚, 而無所知識矣. 然而參合萬歲之變, 一而成純, 至於萬物, 莫不皆然, 以是相蘊. 蘊者包也, 以是愚芚之道包之也. 無時不然, 無物不然, 此即一成純也. 衆人終身役役, 而不見其成功, 聖人愚芚, 而其所成者, 果如何也. 諸家以萬物盡然以下, 屬於下文而解之, 謬矣.]

㉜ 說 : '열悅'과 뜻이 같다. [與悅同.]

㉝ 惡 : '오惡'는 '오烏'와 '로路'의 반절이다. [烏路切.]

㉞ 弱喪 : '약弱'은 어리다는 뜻이다. '상喪'은 자기 집을 잃는 것이다. [弱, 幼也. 喪, 失其家也.]

㉟ 不知歸者耶 : 삶이란 나그네이고 죽음이란 돌아가는 것이니, 어릴 때 고향을 떠나 늙어서 돌아가지 않을 것 같으면 이것은 사리판단에 어두운 것이다. [夫生寄也, 死歸也, 如少小離鄉, 老大不歸, 是惑也.]

㊱ 麗之姬 : 진晉나라 헌공獻公의 총희寵姬이니 여융麗戎에서 데려 왔다.[55) [晉獻公之姬也, 得之於麗戎.]

㊲ 艾 : 여융국麗戎國의 지명이다. [戎國地名.]

---

55) 진나라 ~ 데려 왔다 : 麗姬는 춘추시대 驪戎의 딸로, 晉나라 獻公이 여융을 정벌한 후 嬖妃로 삼았다. 여희는 자신의 아들 奚齊를 태자로 세우기 위해 태자였던 申生을 참소하여 죽게 하고 두 公子도 축출하였다.

㊳ 封人 : 국경을 지키는 사람이다. [守封之人.]

㊴ 王所 : 장자가 활동한 시대에는 제후가 왕을 참칭하였다. 그래서 헌공을 왕이라고 한 것이다. [莊子時, 諸侯僭稱王, 故謂獻公爲王.]

㊵ 匡床 : 편안한 침상이다. [安床也.]

㊶ 蘄 : '바라다'라는 뜻이다. [求也.]

㊷ 予惡乎知, 夫死者不悔其始之蘄生也 : 사람들은 모두 사는 것을 좋아하고 죽는 것을 싫어한다. 그러나 죽은 뒤에 지극한 즐거움이 있어서 여희가 왕과 편안한 침상에 함께 있는 것과 같지는 않을지 어찌 알겠는가? 죽은 자가 이러한 즐거움을 얻는다면 처음에 살기를 바랐던 일을 후회하는 것이 마치 여희가 처음 잡혀 왔을 때 눈물 흘리며 울었던 것을 후회한 것과 같지는 않을지 어찌 알겠는가? 누가 장자가 죽음과 삶을 같게 여겼다고 하는가? 이 말은 죽음이 삶보다 즐겁다는 것이다. [人皆以生爲悅, 以死爲惡, 而其死之後, 有所至樂, 安知不如麗姬之與王同床乎. 死者旣得此樂, 則悔其始之求生, 安知不如麗姬之悔其涕泣乎. 誰謂莊子齊死生乎. 此以死樂於生也.]

㊸ 夢飲酒者……朝而田獵 : 이것은 꿈을 점치는 책에 있는 말이다. 대체로 꿈속에서 기뻐했던 사람은 꿈에서 깨면 슬프고, 꿈속에서 슬퍼한 사람은 꿈에서 깨면 기쁘다. 바야흐로 꿈을 꾸고 있을 때는 깬 후의 슬픔과 기쁨을 알지 못하고 꿈에서 깨면 꿈속의 기쁨과 슬픔을 알지 못하는 것이, 살아 있는 자는 죽음의 즐거움을 모르고 죽은 자는 삶의 즐거움을 모르는 것과 꼭 같다. 죽음과 삶이라는 것은 백년을 기한으로 하니 그래도 오랜 세월이라고 말할 수 있지만, 꿈꾸고 깨는 것은 잠깐 사이인데도 알 수가 없으니 어떻게 만세의 변화와 시비에 참여하여 그것을 알겠는가? [此占夢書中語也. 夫夢而歡者, 覺而悲應之, 夢而悲者, 覺而歡應之. 方其夢也不知覺之悲歡, 方其覺也不知夢之悲歡, 正如生者不知死之樂, 死者不知生之樂也. 死生者, 百年之限, 猶云久矣, 夢覺須臾之間, 而不能知, 何能參萬世而知之乎.]

㊹ 覺 : 음은 '교敎'이다. 아래도 같다. [音敎. 下同.]

㊺ 方其夢也……知其夢也 : 꿈꾸는 사람이 또 꿈속에서 꿈을 꾸고, 다시 그 꿈이 어떠한가를 점치지만, 꿈에서 깨고 나면 꿈을 꾼 것과 점을 친 것이 모두 꿈임을 안다는 것이다. [夢者又於夢中有夢, 又占其夢之如何, 而旣覺之後, 乃知所夢所占皆夢也.]

㊻ 且有大覺而後, 知此其大夢也 : 크게 깨어나면 죽음과 삶, 꿈과 현실이 모두 큰 꿈임을 안다. [大覺, 則知死生夢覺, 并爲大夢也.]

㊼ 竊竊然 : 소견이 작은 모양이다. [小見之貌.]

㊽ 君乎牧乎 : 일설에는 '목牧'은 '장長'(우두머리)과 같다고 하는데 잘못이다. 이것은 『열자列子』의 "일꾼이 꿈에 임금이 된 것"[56]과 같은 류이다. 또 옛날에 양을 치는 아이가 꿈에 임금이 되었다는 이야기가 있는데, 목동은 천하고 임금은 귀하다고 하여 목동은 깨어 있는 상태이고 임금은 꿈속의 상황이라고 자잘하게 분변하고 있으나, 실제는 모두 꿈속의 일이다. [一說云, 牧猶長也, 非也. 此列子役夫夢爲國君之類也. 又古有牧羊兒, 夢爲君之說, 以牧爲賤, 以君爲貴, 以牧爲覺, 以君爲夢, 竊竊然分辨, 而其實皆夢也.]

㊾ 固哉 : '고固'는 고루한 것이니, 어리석은 사람을 가리킨다. [固, 固陋也, 指愚者.]

㊿ 丘也與汝……亦夢也 : "어리석은 사람만이 꿈을 꾸는 것이 아니고 공자와 그대도 모두 꿈을 꾸고 있는 것이며, 내가 그대에게 꿈을 꾸고 있다고 말하는 것도 꿈속의 말일 뿐이다"라는 말이다. 온 세상이 모두 꿈이면 누가 이해利害의 얽매임과 사생死生의 상리常理를 알 것이며, 누가 지인과 성인의 도를 알겠는가? 단지 달콤한 낮잠 속에 빠져 헤매기만 할 것이다. [言非但愚者夢也, 孔子與汝, 皆夢也, 我之謂汝爲夢, 亦夢中語耳. 擧世皆夢, 則誰能知利害之累死生之常, 誰能知至人聖人之道乎. 徒見其汨沒於黑甛鄕中矣.]

(51) 弔 : 음은 '적的'이고, '지극하다'는 뜻이다. [音的, 至也.]

---

56) 일꾼이 ~ 된 것 : 『列子』 권3 「周穆王」에, "한 늙은 일꾼이 있었는데…… 꿈속에서 임금이 되어 백성들 위에 군림하며 한 나라의 일을 총괄했다"(有老役夫……夢爲國君, 居人民之上, 總一國之事)라는 구절이 있다.

㊼ 解 : 견해見解이다. [見解也.]

㊽ 萬世之後……是朝暮遇之也 : 구작자와 장오자의 문답은 여기까지이다. 대성大聖은 앞의 "세상일에 종사하지 않는 부류"(不從事於務)의 인물이다. 성인은 늘 있는 것이 아니라 일만 세대가 지나는 동안에 혹 한 번 태어날까 말까 하니 만나기가 매우 어렵지만, 만약 만난다면 비록 일만 세대라는 긴 세월이 흐른 뒤에 만나더라도 마치 하루처럼 가까운 시간 안에 만난 것과 같다고 할 수 있다. "천리 떨어져 한 성인이 있어도 어깨를 나란히 한 것과 같다"[57]라는 옛말이 이 뜻과 같으니, "내가 한 말이 비록 상식에 어긋나서 세상을 놀라게 할 만큼 지극히 괴이하나, 그 속에는 깊은 경지에 나아간 독특한 견해가 있어서 일만 세대 이후에라도 반드시 알아주는 사람이 있을 것이다"라는 말이다. [瞿鵲長梧問答止此. 大聖, 如上不從事於務之人也. 聖人不常有, 而萬世之間, 或一生焉, 甚難遇也, 若遇之, 則雖萬世之遠, 若一日之近也. 古云, 千里一聖, 如比肩, 與此義同. 言我之所言, 反常駭俗, 至爲詭怪, 而其中自有獨解深造者, 萬世之後, 必有知者矣.]

◇ 이상은 열다섯 번째 단락이다. '지인至人은 이로움과 해로움, 죽음과 삶이 자신을 변화시키는 것을 모른다'(至人不知利害死生變化)는 앞 단락의 뜻을 거듭 밝힌 것이다. 여기서 말하는 성인이 바로 지인至人이다. 그런데 앞 문단에서는 "구름 기운을 타고, 해와 달을 부린다"(乘雲氣, 騎日月) 등의 말로써 그 훌륭함을 포괄적으로 찬양하였으니 이것은 상징적으로 표현한 것이고, 이 문단에서는 "세속의 일에 종사하지 않고, 추구하는 것을 좋아하지 않는다"(不事務, 不喜求) 등의 말로써 그 조목을 차례차례 서술하였으니 이는 곧 실제이다. 그러나 그 뜻은 모두 이로움과 해로움, 죽음과 삶을 다 알지 못해야 한다는 것에 있다. 대체로 나에게 옳은 점이 있다고 해서 반드시 남에게 과시하는

---

57) 천리 ~ 같다 : 『意林』 권1 「鶡子」에, "聖王이 제위에 있을 적에는 백리 안에 선비가 있어도 없는 듯하였는데, 왕도가 쇠퇴하자 천리 밖에 선비가 있는데도 어깨를 나란히 하는 듯하였다"(聖王在位, 百里有一士, 猶無有也. 王道衰, 千里一士, 則猶比肩也)라는 구절이 있다.

것은 남이 자기를 존경하게 하고자 해서이니, 이것은 이로움을 추구하는 것이다. 남이 나를 비난한다고 해서 나도 그 사람을 비난하는 것은 남이 자기를 헐뜯는 것을 싫어해서이니, 이것은 해로움을 멀리하는 것이다. 그 나머지 이러저러한 논변과 다툼이 모두 이로움과 해로움 때문에 일어나는 데, 죽음과 삶은 곧 이해利害 가운데서도 큰 것이다. 마음이 이해와 사생死生에 얽매이면 사심이 크게 일어나고 천리는 숨겨진다. 그래서 옳은 이치를 따르지 못하고 천리의 밝음에 비추어 볼 수 없기 때문에 따지고 다투는 것을 그만두지 않는다. 이것이 따지고 다투는 것에 깊이 들어간 사람들의 마음씀씀이가 지닌 병통이다.

右第十五段. 申明前段至人不知利害死生變化之義. 此所謂聖人, 卽其至人也, 而前段乘雲氣騎日月等語, 泛贊其美, 虛景也, 此段不事務不喜求等語, 歷敍其目, 乃實際也. 然而其意, 都在於利害死生, 要皆不知. 夫我有所是, 則必誇示於人者, 欲人之尊己也, 是求利也, 人有非我, 則我亦非其人者, 惡人之貶己也, 是違害也. 其餘種種辨爭, 皆由於利害, 而死生乃利害中之大者也. 心有界於利害死生之間, 則私勝而理晦, 無以因是以明, 而辨爭不已矣. 此深中辨爭者, 心術之病.

제16단

나와 그대가 논변하였는데, 그대가 나를 이기고 내가 그대를 이기지 못했다면 과연 그대가 옳고 내가 그른 것인가, 내가 그대를 이기고 그대가 나를 이기지 못했다면 과연 내가 옳고 그대가 그른 것인가? 어느 한쪽은 옳고 한쪽은 그른 것인가, 모두 옳거나 모두 그른 것인가? 나와 그대가 알 수 없다면 남들도 참으로 그 불분명함의 영향을 받을 터인데, 나는 누구를 시켜 그것을 바로잡을 것인가? 그대와 의견이 같은 사람에게 그것을 바로잡게 한다면, 그 사람은 이미 그대와 의견이 같으니 어떻게 바로잡을 수 있겠는가! 나와 의견이 같은 사람에게 바로잡게 한다면,

이미 나와 의견이 같으니 어떻게 바로잡을 수 있겠는가! 나와 그대 모두와 의견이 다른 사람에게 바로잡게 한다면, 이미 나와 그대 모두와 의견이 다르니 어떻게 바로잡을 수 있겠는가! 나와 그대 모두와 의견이 같은 사람에게 바로잡게 한다면, 이미 나와 그대 모두와 의견이 같으니 어떻게 바로잡을 수 있겠는가! 그렇다면 나와 그대와 그 사람은 모두 알 수 없는 것이다. 그러니 만세의 성인을 기다려야 하는가?

자연의 도로써 조화시킨다는 것은 무엇을 말하는가? 옳은 것과 옳지 않은 것, 그러하다는 것과 그러하지 않다는 것에서, 옳은 것이 과연 옳은 것이라면 그 옳은 것이 옳지 않은 것과는 다르다는 것을 분변하지 않을 수 없고, 그러하다는 것이 과연 그러한 것이라면 그 그러한 것이 그러하지 않다는 것을 분변하지 않을 수 없다. 그러나 시비를 따지는 소리에 의지하는 것은 의지하지 않는 것과 같다. 자연의 도로써 조화시키고 끝없는 변화를 따르는 것이 천수를 다하는 방법이다. 삶과 죽음을 잊고, 옳고 그름을 잊으면 끝이 없는 경지에서 소요할 것이다. 그러므로 끝이 없는 경지에 맡기는 것이다.

既使我與若①辨矣. 若勝我, 我不若勝, 若果是也, 我果非也耶. 我勝若, 若不吾勝, 我果是也, 而②果非也耶. 其或是也, 其或非也耶, 其俱是也, 其俱非也耶③. 我與若不能相知也, 則人固受其黮④闇, 吾誰使正之⑤. 使同乎若者正之, 既與若同矣, 惡能正之. 使同乎我者正之, 既同乎我矣, 惡能正之. 使異乎我與若者正之, 既異乎我與若矣, 惡能正之. 使同乎我與若者正之, 既同乎我與若矣, 惡能正之⑥. 然則我與若與人, 俱不能相知也, 而待彼也耶⑦. 何謂和之以天倪. 曰, 是不是, 然不然, 是若果是也, 則是之異乎不是也, 亦無辨, 然若果然也, 則然之異乎不然也, 亦無辨⑧. 化聲⑨之相待, 若其不相待⑩. 和⑪之以天倪⑫, 因之以曼⑬衍⑭, 所以窮年也⑮. 忘年忘義, 振⑯於無竟⑰, 故寓諸無竟⑱.

① 若 : '너'라는 뜻이다. [汝也.]

② 而 : '너'라는 뜻이다. [汝也.]

③ 若勝我……其俱非也耶 : "그대가 나를 이기고 내가 그대를 이기지 못했다 해도 반드시 그대가 옳고 내가 그른 것은 아니고, 내가 그대를 이기고 그대가 나를 이기지 못했다 해도 반드시 내가 옳고 그대가 그른 것은 아니다. 이미 누가 옳고 누가 그른가를 정할 수 없으며, 둘 다 옳거나 둘 다 그르다는 것도 단정할 수 없다"라는 말이다. [言若勝而我不勝, 未必若是我非, 我勝而若不勝, 未必我是若非, 或是或非, 旣未可定, 俱是俱非, 亦無以斷也.]

④ 黮 : 음은 '담湛'이니, 밝지 않다는 뜻이다. [音湛, 不明也.]

⑤ 我與若不能相知也……吾誰使正之 : "나와 그대가 모두 알지 못하면 반드시 다른 사람에게 바로잡게 해야 하는데, 다른 사람도 알지 못할 것이니 장차 누구에게 그것을 바로잡게 하겠는가?"라는 뜻이니, '바룰 수 있는 사람이 없다'는 말이다. [我若俱不能相知, 則必正乎人, 而人亦黮闇, 將使誰正之乎. 言無可正者也.]

⑥ 使同乎若者正之……惡能正之 : 지금 다른 사람에게 그것을 바로잡게 하려고 할 경우, 그대와 의견이 같은 사람이라면 반드시 그대가 나를 이기게 할 것이고, 나와 의견이 같은 사람이면 반드시 내가 그대를 이기게 할 것이다. 나와 그대 모두와 의견이 다른 사람이라면 반드시 나와 그대 둘 다 그르다고 할 것이며, 나와 그대 모두와 의견이 같은 사람이라면 반드시 나와 그대 둘 다 옳다고 할 것이니, 아까 나와 그대가 서로 논변하던 것과 같게 되어 그것을 바로잡기에는 부족할 것이다. [今欲使人正之, 而同乎若者, 必使若勝我, 同乎我者, 必使我勝若, 異乎我若者, 必以我若俱非, 同乎我若者, 必以我若爲俱是矣. 反與向之我若相辨同, 而不足以正之也.]

⑦ 然則我與若與人……而待彼也耶 : 곽상이 말하였다. "저것에 힘입어도 이것을 바로잡기에 부족하다면 천하에 서로 바로잡을 수 있는 것이 없다. 그러므로 스스로 바루도록 맡겨 두어야 지극해진다." [郭氏云, 待彼不足以正此, 則天下莫能相正也. 故付之自正而至矣.]

○ 유신옹이 말하였다. "'피彼'자는 본래 가리키는 대상이 없으니 '장차 다시 어느 사람을 힘입겠는가?'라는 말과 같다." [劉氏云, 彼字, 本無所指, 猶言將復待何人耶.]

○ 임희일이 말하였다. "'피彼'자는 곧 조화이고, 자연의 도이다." [林氏云, 彼字, 便是造化, 便是天倪.]

○ 박세당이 말하였다. "나와 그대 그리고 다른 사람이 이미 다름이 없다면 장차 저 사람을 힘입어 결정하겠는가? 그렇게 해서는 안 되는 것이 분명하다." [西溪云, 我若與人, 旣無以異, 則將待彼人者, 而決之耶. 明其不可也.]

○ 생각건대 이 문단은 위의 "만 세대 이후에라도 한번 큰 성인을 만나 그 해답을 안다면"(萬世之後, 一遇大聖, 知其解)을 부연해 낸 것이다. "큰 성인이어야 그 시비를 결단할 수 있고, 나와 그대와 다른 사람은 모두 결단하지 못할 것이다"라는 말이니 '피彼'자는 만세의 성인을 가리킨다. [按, 此段, 因上萬世之後, 一遇大聖, 知其解, 而演出. 盖言大聖而後, 可以決其是非, 我若與人, 則俱不能決矣, 彼字指萬世之聖人也.]

⑧ 是不是……亦無辨 : 옳은 것이 과연 옳고 그러한 것이 과연 그러하다면 옳지 않은 것, 그렇지 않은 것과 분변하지 않을 수 없지만, 나와 그대 그리고 다른 사람은 모두 알지 못하여 끝내 분변할 수 없으니 차라리 양쪽이 그대로 행해지도록 맡기고 잊는 것이 더 낫다. [是者果是, 然者果然, 則與不是不然者, 不可以無辨, 而我若與人, 俱不能相知, 終無可辨之時, 不若任其兩行而忘之之爲愈也.]

⑨ 化聲 : 곽상이 말하였다. "시비를 분변하는 것이 화성化聲이다." [郭氏云, 是非之辨爲化聲.]

○ 임희일이 말하였다. "화성은 말로써 설득시키는 것이다." [林氏云, 化聲, 以言語相化服也.]

○ 저백수褚伯秀[58]가 말하였다. "죽음과 삶, 꿈과 깸의 나뉨은 변화에서 나오는 것이고, 상대와 나, 옳음과 그름의 분별은 말에서 나오는 것이다." [褚伯秀云, 死生夢覺之分, 出於化者也, 彼我是非之辨, 出於聲者也.]

---

58) 저백수 : 중국 송나라 때의 도사. 『南華眞經義海纂微』 등을 지었다.

○ 박세당이 말하였다. "화성은 '말로 하는 시비가 변하고 바뀌어 확고한 관점이 없음'을 말한다." [西溪云, 化聲, 謂言之是非幻易無主也.]

○ 생각건대 곽상의 주장이 옳으니, 박세당의 주장은 곽상의 설에 근거하여 해설한 것이다. [按, 郭說是, 西溪因郭說而解者也.]

⑩ 化聲之相待, 若其不相待 : 임희일이 말하였다. "'상대相待'는 '상대相對'(서로 맞섬)이다. 억지로 언어를 가지고 서로 맞서서 변화시키고 감복시키려 한다면, 어떻게 그 옳다고 하는 것을 따라서 서로 대적하지 않을 수 있겠는가?" [林氏云, 相待者, 相對也. 强將言語, 相對敵, 而求以化服之, 何以因其所是, 而不相敵耶.]

○ 박세당이 말하였다. "말로 하는 시비가 변화하고 바뀌는 것이 이와 같은데, 저것을 기다려 바루고자 하는 것이 어찌 그렇게 하지 않고 바로 자연의 도로써 조화시키는 것과 같겠는가? 여기서 '약若'은 '기약豈若'(어찌 ~만하랴)의 뜻이다." [西溪云, 言之是非, 幻易如此, 而欲待彼以正, 豈若不爲而直和之以天倪乎. 若, 豈若.]

○ 생각건대 이 말은 위대한 성인의 결단을 얻지도 못하면서 변화하고 바뀌어 확고한 주관이 없는 말로써 서로 맞선다면 그것을 결정하는 일을 끝내 해결할 수 없을 것이니, 서로 맞서는 것이 맞서지 않는 것과 마찬가지이다. '약若'자는 다만 원래의 글자 뜻으로 보는 것이 옳을 듯하다. [按, 此言旣不得大聖以決, 而以幻易無主之言相待, 其決終無以決之, 則其所相待, 如不相待也. 若字, 只以如一字義看之, 似可.]

⑪ 和 : '화和'는 '호胡'와 '괘卦'의 반절이다. [胡卦切.]

⑫ 天倪 : '倪'의 음은 '예詣'이고 '분수'라는 뜻이다. 천예天倪는 천리의 지극한 분수이니, 바로 앞(제10단)에서 말한 천균天均이다. [音詣, 分也. 天倪, 天理之至分也, 卽上文天均也.]

⑬ 曼 : 음은 '만萬'이다. [音萬.]

⑭ 曼衍 : '만曼'은 '길다'라는 뜻이고, '연衍'은 '끝이 없다'라는 뜻이다. [曼, 長也, 衍, 無極也.]

○ 진상도가 말하였다. "만연曼衍이라는 것은 무궁한 변화이다. 무궁한 변화에 따른다는 것은 그 무궁한 변화에 맡기는 것이니, 이것을 일러 '시是와 비非 모두가 행해지는 것'이라고 한다." [陳氏云, 曼衍者, 無窮之變, 是也. 因之以曼衍者, 任其無窮之變也, 是之謂兩行.]

⑮ 化聲之相待……所以窮年也 : 천리의 지극함으로 조화시키면 논쟁이 없게 된다. 그러므로 스스로 천리를 얻어 그 천수를 다할 수 있다. [和以天倪, 無相辨爭, 故自得於天, 而能窮其天年也.]

○ 여혜경이 말하였다. "'화성지상대化聲之相待'에서 '소이궁년야所以窮年也' 까지는 '하위화지이천예何謂和之以天倪'의 위에 있어야 한다. 간편簡編이 잘못되고 빠진 것이다." [呂氏云, 化聲之相待, 至所以窮年也, 合在何謂和之天倪之上. 簡編誤脫.]

○ 박세당이 말하였다. "여혜경의 설을 따라야 한다." [西溪云, 當從呂說.]

⑯ 振 : 육서성이 말하였다. "'진振'은 '수렴한다'는 뜻이다." [陸氏云, 振收也.]

⑰ 竟 : '극極'(다하다)과 같다. [猶極也.]

⑱ 忘年忘義……故寓諸無竟 : 나이를 잊는다는 것은 죽음과 삶을 잊는 것이고, 옳다는 관념을 잊는다는 것은 시비를 잊는 것이다. 천수를 다한다고 하였으니 오래 산 것을 즐거워할 만하지만, 아울러 자기의 나이까지도 잊는다고 하였으니 망각이 지극한 경지에 도달하여 시비를 저절로 망각하게 된다. 죽음과 삶, 옳음과 그름은 본디 경계가 없는 것이어서, 끝이 없는 데에서 소요하기 때문에 그 끝이 없는 데에 머무를 수가 있는 것이다. 어떤 승려가 "한계가 다하면 어떠합니까?"(畢竟何如)라고 묻자 "한계가 다한 가운데에 다시 끝없음이 있다"(此中亦無畢竟)라고 답하였다는 것도 바로 이 뜻이다. [忘年, 忘死生也, 忘義, 忘是非也. 旣曰窮年, 則年可樂矣, 而併與其年忘之, 則忘之至也, 是非自在忘之之中矣. 夫死生是非, 固無竟矣, 振之於無竟, 故能寓之於無竟也. 有禪者問, 畢竟何如, 答曰, 此中亦無畢竟, 亦此意.]

◇ 이상은 열여섯 번째 단락이다. 나와 그대의 논변을 다른 사람에게 물어서

바로잡으려고 해도 다른 사람은 바로잡지 못하고, 성인이 나타나기를 기다려 바로잡으려고 해도 만세萬歲는 아득한 시간이니 오활하다. 끝내는 천예天倪로써 조화시킬 뿐인데, 천天은 곧 성인이고 성인이 곧 천이다. 따라서 나와 그대 그리고 다른 사람이 바로잡지 못한 것을 반드시 만세 흐르기를 기다리지 않고도 진실로 바로잡을 수 있는 것이다.

이 문단은 이 편의 끝부분에 편입되어 있으니 '제물론'의 뜻을 총괄적으로 정리한 것이다. 그러므로 앞의 문장들과 두루 연결되어 여러 내용에 조응한다. 예컨대 '나와 그대'라는 것은 앞에서 허다하게 '상대'(彼)와 '나'를 짝지어 거론한 것에 응한다. '옳음과 옳지 않음', '그러함과 그렇지 않음'은 앞의 허다한 '옳음과 그름', '그러함과 그렇지 않음', '가可와 불가不可'의 상호논변에 조응한다. '지知'자는 앞의 허다한 지知에 대한 언설들에 조응하고, '화성化聲'은 앞의 허다한 말(言)에 대한 언설들에 조응한다. '천예天倪'는 곧 앞의 '천뢰天籟', '천균天均'이다. '삶과 죽음을 잊고 옳고 그름을 잊으며 무궁한 곳에서 쉰다'는 것은 곧 앞의 '지도리가 구멍 가운데에 있어서 응함이 무궁하다'(環中以應無窮)는 것이니, 지돌이의 구멍 안은 곧 비어 있고 잊는 것 또한 텅 비우는 것이다. '무궁한 데에 맡긴다'는 것은 곧 앞의 '떳떳한 이치에 맡긴다'(寓諸庸)는 것이니, '용庸'은 떳떳함이고 떳떳함이란 무궁한 것이다. '망忘'이라는 것은 곧 남곽자기가 멍하니 자신을 잊은 듯한 것이니, 바로 나를 잊는 것이다. 이 편 중간에서 언급한 '경계'(封畛), '큰 것과 작은 것', '예쁜 것과 추한 것', '이루어짐과 허물어짐', '이로움과 해로움', '죽음과 삶' 등은 모두가 헛된 것들이니, '망忘'은 자기 자신을 위한 공부에 있어서 한 글자의 요결要訣이 된다. 유가儒家의 '경敬'과 불가佛家의 '공空'과 선가仙家의 '존상存想'[59] 등과 같으니, 그러므로 장자는 여러 편에서 자주 '망忘'을 말하였다.

右第十六段. 夫我與若之辨, 欲使人正之, 則人不能正, 欲待聖人正之, 則萬世遼哉濶焉, 遂和之以天倪. 天卽聖也, 聖卽天也, 我若與人之不能正者, 不必待萬世而固可正之矣.

---

59) 존상 : 도가 수련법의 하나로, '마음과 눈을 내 몸에서 떠나지 않게 하여 정신을 손상시키지 않는 것'을 말한다.

盖此段居編之垂末, 總結一篇之旨者也, 故與上文旁照群應. 其曰我若, 應上許多彼我之
對舉, 其曰是不是然不然, 應上許多是非然不然可不可之互辨, 知字應上許多說知, 化聲
應上許多說言, 天倪卽上天籟天均也, 忘年忘義振於無竟, 卽上環中以應無窮也, 環中卽
虛也, 忘亦虛也, 寓諸無竟, 卽上寓諸庸也, 庸者常也, 常者無竟也. 忘者, 卽子綦之嗒然
喪耦, 喪我也. 中間所謂封畛大小妍媸成毀利害死生, 皆虛矣, 忘是自家工夫一字符, 而如
儒家之敬, 佛家之空, 仙家之存想, 故莊子諸篇, 多說忘.

제17단

결 그림자가 그림자에게 물었다. "조금 전에는 그대가 걸어가고 있었는
데 지금은 멈추었고 조금 전에는 그대가 앉아 있었는데 지금은 일어나
있으니, 어찌 그렇게 일정한 지조가 없는가?" 그림자가 말하였다. "내가
의지하는 대상이 있어서 그러한가, 내가 의지하는 대상 또한 의지하는
대상이 있어서 그러한가? 내가 뱀처럼 비늘에 의지하고 매미처럼 날개에
의지하는 것일까? 어떻게 그러한지를 알 것이며, 어떻게 그렇지 아니한지
를 알 것인가?"

罔兩①問景②曰, 曩子行, 今子止, 曩子坐, 今子起, 何其無特操③與④. 景曰, 吾有
待而然者耶⑤, 吾所待又有待而然者耶⑥. 吾待蛇蚹⑦蜩翼耶⑧, 惡識所以然, 惡識
所以不然⑨.

① 罔兩 : 곽상이 말하였다. "그림자 바깥쪽의 희미한 그림자이다." [郭氏云,
影外微陰也.]
○ 진심이 말하였다. "공중에 그림자가 없는 것이다." [陳氏云, 空中無影者也.]
② 景 : '영影'과 같다. [與影同.]

③ 無特操 : 일정한 법도가 없는 것이다. [無定度也.]

④ 與 : 어조사이다. [語辭.]

⑤ 吾有待而然者耶 : 그림자가 가고 멈추는 것은 형체에 의존한다. [影之行止, 待乎形也.]

⑥ 吾所待又有待而然者耶 : 형체는 천天에 의존한다. [形則待乎天也.]

⑦ 蚹 : 음은 '부附'이니, 뱀의 배 아래쪽의 서로 어긋난 것이다. [蚹音附, 蛇腹下齟齬者也.]

⑧ 吾待蛇蚹蜩翼耶 : 앞에서 내가 의존하는 것이 있으나 그 의존하는 대상이 무엇인지는 모르겠다고 하였으니, 이 때문에 뱀의 비늘과 매미의 날개를 말한 것이다. 뱀은 비늘로 가고 매미는 날개로 날아가니, 이것이 바로 형체를 움직이는 것이다. [上言吾有待, 而其所待者, 將不知何物, 故以蛇蚹蜩翼言之. 蛇以蚹行, 蜩以翼飛, 形之動者也.]

⑨ 惡識所以然, 惡識所以不然 : 곽상이 말하였다. "천기天機가 저절로 움직이니 앉고 일어남에 의존함이 없다. 만약 의존하는 바를 따지고 말미암는 바를 찾는다면 그 찾고 따짐이 끝이 없어서 마침내는 따질 곳이 없게 된다. 다만 변화해 갈 뿐이라는 이치가 분명하다." [郭氏云, 天機自爾, 坐起無待. 若責其所待, 而尋其所由, 則尋責無極, 卒至於無責, 而獨化之理, 明矣.]

○ 여혜경이 말하였다. "그림자가 형체에 의존하는 것은 뱀이 비늘에 의존하여 나아가는 것이나 매미가 날개에 의존하여 날아가는 것과는 같지 않으니, 어떻게 그러한지 그렇지 아니한지를 알겠는가?" [呂氏云, 景之待形, 非若蛇之待蚹而行, 蜩之待翼而飛也, 惡識所以然不然哉.]

○ 박세당이 말하였다. "뱀의 비늘과 매미의 날개는 움직일 수 있는 형체이니 또한 그림자가 의존하는 것이다. 그러나 매미와 뱀이 허물을 벗고 변화하고 나면 이전의 비늘과 날개는 곧 이물異物이 되어 자기에게 속하지 않게 된다. 그러므로 형체라는 것은 변천이 있어서 자기의 소유가 됨을 보장하기에 부족한 것이다. 형체가 자기의 소유가 아니라면 반드시 의존하는 대상이 있어서 거기로부터 얻은 것일 터이다. 이것은 곧 그림자가 의존하는 대상이

있는 것과 다름이 없다. 비록 일정한 법도가 없다고 기롱하였으나 또한 부끄럽게 여기지 않은 이유는, 그 동정動靜이 외물에 말미암은 것이지 자기를 말미암은 것이 아니라는 것을 알았기 때문이다. 사람들은 모두 그림자가 의존하는 것이 있어서 자유로울 수 없다는 것에 대해서는 알고 있지만 형체 또한 의존하는 것이 있어서 자유로울 수 없다는 것에 대해서는 모른다. 그래서 끝내 스스로 사사롭게 판단함을 면치 못하여 상대와 나 사이에 시비가 분분히 일어나게 되는 것이다. 그러므로 장자는 여기에서 다시 앞에서 말한 '아침저녁 사이에 이것을 알면'(朝暮得此)과 '저것이 아니면 내가 없다'(非彼非我)를 취하여 재차 깨우친 것이다. 곽상과 여혜경 이하 모두가 '옳음과 그름이 상대하는 것을 비유한 것이다'(是非相對之喩)라고 하였는데 잘못이다." [西溪云, 蛇蚹蜩翼, 形之能動者*, 亦景之所待. 然蜩蛇旣蛻而化矣, 前之蚹翼, 便爲異物, 不屬於己. 是則形有變遷, 而不足以保爲己有也. 形非己有, 則必有所待而得之者, 卽無異景之有待也. 雖譏其無特操, 而亦不以爲恥者, 審乎動靜之由物, 而不由己, 故也. 人皆知景之有待, 不能自由, 獨不知形亦有待, 不可以自由. 是以終不免於自私, 而彼我是非, 樊然而起. 故莊子於此復取前之所謂朝暮得此, 非彼非我者, 而提醒之. 郭呂以下, 俱以爲是非相對之喩者, 謬也.(*形之能動者 : 국역대본에는 '形之能動者'가 빠져 있으나 『남화경주해산보』에 의거하여 추가하였음)]

○ 생각건대 매미와 뱀이 이미 허물을 벗으면 비늘과 날개가 여전히 남아 있어도 나아가거나 날아가지 못하니, 전날에 나아가고 날아간 것은 반드시 그 나아가게 하고 날아가게 한 것이 있었을 것이다. 그 나아가게 하고 날아가게 한 것이 바로 내가 의존하는 그 대상이 의존하는 바이다. 그런데 내가 의존하는 대상은 알 수가 있기에 "내가 뱀처럼 비늘에 의지하고 매미처럼 날개에 의존하는 것인가?"라고 하였으나, 내가 의존하는 그 대상이 의존하는 것이 무엇인지는 알 수가 없기 때문에 "어떻게 그러한지를 알 것이며 어떻게 그렇지 아니한지를 알 것인가?"라고 하였으니 없다고도 할 수 없고 있다고도 할 수 없다는 말과 같다. 그러나 그처럼 하게 하는 것은 '리理'이고 '리'는 곧 '천天'이니, 이것이 바로 말하지 않는 말이고 알지 못하는 앎이다. 사람은 하늘이 낳았고, 태어난 이후에 지각知覺하고 운용運用

하게 하는 것도 하늘이다. 시비의 말과 피차의 형체는 하늘에 의존하니, 그림자가 형체에 의존하고 형체가 하늘에 의존하는 것과 같다. 사람마다 모두 의존하는 하늘이 있고 사물마다 모두 의존하는 하늘이 있다. 하늘은 본디 하나이지만 나와 다른 사람은 둘이 되고, '옳다' '그르다' 하는 것으로써 서로 다투어 사사롭게 자기 생각을 고집하는 사람은 하늘에 의존함을 알지 못한다. [按, 蜩蛇旣蛻, 蚹翼猶存, 而不能行焉飛焉, 則蠹之行焉飛焉者, 必有行之飛之者矣. 行之飛之者, 卽吾所待之所待也. 然而吾所待者, 吾可知之, 故曰, 吾待蛇蚹蜩翼, 而吾所待之所待者, 吾不能知其何, 故曰, 惡識所以然, 惡識所以不然, 如言不可謂無也, 不可謂有也. 然而所以然者理, 理卽天也, 此不言之言, 不識之識也. 夫人生於天, 而旣生之後, 所以知覺運用者, 亦天也. 是非之言, 彼此之形, 皆待於天, 如景待形, 形待天, 而人人皆有天, 物物皆有天. 天固一也, 以己與人有二, 以是與非相爭而私自用者, 是不知有待於天也.]

◇ 이상은 열일곱 번째 단락이다. 천天에 대해 말하여 이 편 첫머리의 천뢰天籟에 응하게 하였다. '대待'자는 "노하듯 떨쳐 일어나게 하는 자는 그 누구인가?"(怒者其誰)의 '수誰'자와 뜻이 같으니, 모두 곧바로 '천天'자를 말하지 않음으로써 사람들로 하여금 마음으로 깨닫게 한 것이다.

右第十七段. 言天以應篇首天籟. 待字, 如怒者其誰之誰字同, 而皆不直言天字, 欲使人以心契之也.

제18단

예전에 장주가 꿈에 나비가 되었다. 나풀나풀 즐거운 나비였다. 스스로 '유쾌하게도 뜻에 맞는구나!'라고 생각하며 자신이 장주인 것도 몰랐다. 잠깐 사이에 꿈에서 깨니 뻣뻣한 장주였다. 알 수 없구나! 장주가 꿈속에서 나비가 된 것일까, 나비가 꿈속에서 장주가 된 것일까? 장주와 나비는 반드시 나뉨이 있으니 (장주가 나비 되고 나비가 장주 되는) 이것을 '물화物化'라고 한다.

昔者莊周夢爲蝴蝶, 栩①栩然②蝴蝶也. 自喻③適志④與⑤, 不知周也. 俄然覺, 卽 蘧蘧⑥然⑦周也. 不知, 周之夢爲蝴蝶與, 蝴蝶之夢爲周與. 周與蝴蝶, 則必有分矣, 此之謂物化⑧.

① 栩 : 음은 '허許'이다. [音許.]

② 栩栩然 : 나비가 나는 모양이다. [蝶飛貌.]

③ 自喻 : 곽상이 말하였다. "스스로 유쾌하게 여기는 것이다." [郭氏云, 自快也.]
   ○ 생각건대 '유喻'자는 마땅히 '깨닫다'라는 뜻으로 보아야 한다. [按, 喻字, 當如字看也.]

④ 適志 : '유쾌하다'라는 뜻이다. [快意也.]

⑤ 與 : 어조사이다. [語辭.]

⑥ 蘧 : 음은 '거渠'이다. [音渠.]

⑦ 蘧蘧然 : 뻣뻣하고 곧은 모양이니, 꿈에서 깨어 침상에 있을 때의 모습이다.
   [僵直之貌, 覺而在床時形也.]

⑧ 不知, 周之夢爲蝴蝶與……此之謂物化 : 유신옹이 말하였다. "꿈꾸고 꿈에서 깨어나는 이야기를 통해서 사람과 사물을 가지런하게 하고 작은 것과 큰 것을 가지런하게 하며 옳음과 그름을 가지런하게 하고 죽음과 삶을 가지런하게 하니, 가지런하게 함이 극진하다. 그럼에도 문득 냉정하게 한마디 말을 돌려서 앞의 허다한 이야기를 다 뒤집고 '장주와 나비는 반드시 나뉨이 있다'라고 말하였으니, 모르는 사람은 '오히려 분별심이 살아 있다' 하고 아는 사람은 '사람과 사물을 모두 잃어버린 조짐이다' 하지만, 바른 말은 거꾸로 말하는 것처럼 들리는 법이다.[60)" [劉氏云, 夢覺, 齊人物, 齊小大, 齊是非,

---

60) 바른 말은 ~ 들리는 법이다 : 『老子』제78장의 "성인이 말하기를……바른 말은

齊死生, 齊盡矣. 却冷轉一語, 翻盡從前許多話柄曰, 周與蝶, 必有分矣, 不知者以爲尙生分別, 知者以爲人物俱失之機也, 正言似反.]

○ 박세당이 말하였다. "앞 단락의 '뱀의 비늘과 매미의 날개는 허물을 벗고 바뀌니 일정함이 없다'(蛇蚹蜩翼, 蛻易無常)는 것에 근거하여 다시 자기 몸에 나아가, '형체가 바뀌어 감이 이와 같은 데에 이름'(形之遷化, 至於如此)을 밝혔다. 죽음과 삶을 말하면 꿈과 깸이 각기 하나에 해당하는 것이고, 저것과 이것을 말하면 장주와 나비가 하나의 몸인 것과 같다. 장주와 나비는 나뉨이 있으나 그것이 끝내 나눌 수 없는 것임을 알면 죽음과 삶, 이것과 저것, 같음과 다름의 분변은 말없이도 깨달을 수 있는 점이 있으니, 가지런히 함을 기다리지 않아도 저절로 가지런해질 것이다. 물화物化는 '사물과 나의 변화가 끝이 없음'을 말한다. 사물과 나의 변화가 무궁함을 알면 당연히 시비란 원래 실체가 없어서 하나로 텅 비게 할 수 있음도 알 것이다." [西溪云, 因上文蛇蚹蜩翼, 蛻易無常, 更就己身, 明形之遷化, 至於如此. 言死生, 則夢覺各一適也, 言彼是, 則周蝶同一身也. 周之與蝶, 有分也, 而知其終不可分, 則死生彼是同異之辨, 有嘿而可喻, 不待齊而自齊者矣. 物化謂物我變化, 無窮盡也. 能知物化之變化無窮, 則亦當於是非無主而可以一空矣.]

○ 생각건대 "장주가 꿈속에서 나비가 된 것인가? 나비가 꿈속에서 장주가 된 것인가?"라고 하였으니, 이것은 장주와 나비를 분별할 수 없다는 말이다. "장주와 나비는 반드시 분별이 있을 것이다"라고 하였으니, 이것은 장주와 나비는 본디 분별이 있다는 말이다. "이것을 물화物化라고 한다"라는 말은 앞의 말을 이어 "이것을 사물의 변화라고 한다"라고 한 것이니, 이 말은 무한한 의미를 함축하고 있다. 한편으로 분별할 수 없고, 한편으로 분별할 필요가 없으며, 한편으로는 의존하는 대상이 있다. 그러나 내가 나눌 수 있거나 나눌 수 없는 것이 아니다.

저 나풀나풀 나는 것은 곧 나비이니 장주는 없고, 뻣뻣하게 누워 있는 것은 장주이니 나비는 없다. 꿈꿀 때에는 깨었을 때가 있음을 알지 못하고, 꿈에서

거꾸로 말하는 듯하다"(是以聖人云……正言若反)에서 인용한 말이다.

깨었을 때에는 꿈이 있음을 알지 못하니, 장주가 나비가 된 것과 나비가 장주가 된 것은 분별할 수가 없다. 그러나 "옛날에 나비가 꿈속에서 장주가 되었다"라고 하지 않고 "장주가 꿈속에서 나비가 되었다"라고 하였다. '여與'[61]는 의문사이니, 의심스러운 것을 끝까지 분변해 가면 장주는 스스로 장주이고 나비는 스스로 나비여서 분별이 있게 된다. 꿈꾸고 깨어나는 것은 잠깐 사이인데도 한 몸의 변화가 오히려 이와 같은데, 하물며 형체가 다른 사물이 끝없이 변화함에 있어서이겠는가? 매가 변하여 비둘기가 되어도 매와 비둘기는 서로 알지 못하고, 꿩이 변하여 조개가 되어도 꿩과 조개가 서로 알지 못하며, 장씨의 셋째 아들이 전생에 이씨의 넷째 아들이었던 것을 모른다. 이와 같은 것이 이른바 분별이 없다는 것이다. 사물이 변화하는 것은 마땅히 그 변화에 따라 거기에 맡길 따름이다. 비둘기가 되었을 때는 비둘기가 될 따름이고 조개가 되었을 때는 조개가 될 따름이다. 변화하여 닭이 되면 새벽 시간 알리기를 바랄 따름이고, 변화하여 탄환이 되면 부엉이 구이를 바랄 따름이다. 이것이 이른바 분별할 필요가 없다는 것이다. 그러나 매가 되고 비둘기가 되며 꿩이 되고 조개가 되는 것은 사물이 변화하는 것인데 모두 왜 그렇게 되는지 스스로는 알지 못하니, 오직 하늘이 그렇게 되게 하는 것이다. 이것이 이른바 의존하는 바가 있어서 그렇게 되는 것이니, 내가 나누거나 나누지 않거나 하지 못하는 것이다. 장주인지 나비인지 알지 못하는 것은 나를 잊은 것이고, 장주와 나비를 분별함이 있는 것은 곧 천리의 밝음에 의지하는 것이다. 사물의 변화가 무궁하다는 것은 곧 구멍에서 나오는 모든 소리가 제각기 다르다는 것인데, 그 변화하게 하는 것을 궁구해 보면 곧 하늘이다. 그 변화하는 것에 따라 거기에 맡기는 것이 곧 옳다 함을 따르는 것이다.

이 단락은 암암리에 머리와 꼬리가 서로 응하여, 분별하는 것 같기도 하고 분별하지 않는 것 같기도 하며 말하는 것 같기도 하고 말하지 않는 것 같기도 하니, 풀숲 속의 뱀 지나간 자취 같고 재 위에 그은 선 같아서 그것을 아는 자가 드물다. [按, 其曰, 周之夢爲蝴蝶與, 蝴蝶之夢爲周與, 此言周蝶不可分也,

---

其曰, 周與蝴蝶則必有分矣, 此言周蝶固有分也, 其曰, 此之謂物化, 此承上言, 此是物之
變化者也, 而含蓄無限意思, 一則無以分也, 一則不必分也, 一則有所待而然而非吾所可
分不分也. 夫栩栩然而飛卽蝶, 無周, 蘧蘧然而臥則周, 無蝶. 夢時不知有覺, 覺時不知有
夢, 則周之爲蝶, 蝶之爲周, 不可分矣. 然而, 不曰昔者蝴蝶夢爲莊周, 而曰莊周夢爲蝴
蝶. 其曰與者疑辭, 疑者終必分辨, 則周自是周, 蝶自是蝶, 自有分矣. 夫夢覺乃俄然之
間, 一身之變, 而猶如此, 況物之異形者, 變化無窮乎. 如鷹化爲鳩, 而鷹鳩無以相知, 雉
化爲蜃, 而雉蜃無以相知, 張三無以知前身之爲*李四, 此所謂無以分也. 物之化者, 當隨
其化而任之耳, 鳩時爲鳩而已, 蜃時爲蜃而已, 化而爲鷄則求時夜而已, 化而爲彈則求鴞
炙而已, 此所謂不必分也. 然而爲鷹爲鳩爲雉爲蜃, 凡物之化者, 皆不自識其所以然, 而
唯天爲之也, 此所謂有所待而然而非吾所可分不分也. 蓋周蝶不知, 卽喪我也, 周蝶有分,
卽以明也. 物化無窮, 卽吹萬不同也, 究其所以化者, 卽天也, 因其化而任之, 卽因是也.
暗中首尾相應, 而若分若不分, 若說若不說, 草中之蛇, 灰中之線, 知者鮮矣.(*爲 : 국역대
본에는 '謂'로 되어 있으나 '爲'의 오자로 판단됨)]

◇ 이상은 열여덟 번째 단락이다. 한 편의 뜻을 총괄하고 '은영隱影'[62]으로 끝을
   맺었다. 이 편 첫머리의 "잠잘 때는 꿈을 꾸고 깨어나면 형체가 열린다"(其寐
   也魂交, 其覺也形開)와 자안字眼[63]이 서로 조응한다.

   右第十八段. 摠括一篇之旨, 而隱影以結. 與篇首其寐也魂交, 其覺也形開, 字眼相照.

◇ 「제물론」 총설

   이 편에서는 천天(○), 심心(◎), 지知(◉), 형形(◇), 언言(◈), 도道(□), 일一(■),
   용庸(●: 자연의 이치), 이명以明(回: 천리의 밝음으로써 비춤), 인시인시(◼: 옳은 것

---

62) 은영 : 의미를 뚜렷이 드러내지 않고 숨기는 것을 뜻하는 듯하나 미상이다.
63) 자안 : 詩文 가운데서 안목이 되는 가장 중요한 문자를 가리키는데, 여기서는 '夢'
    자를 지목한 듯하다.

을 따름), 피차彼此(■: 저것과 이것), 시비是非(■: 옳음과 그름), 이해利害(●: 이로움과 해로움), 사생死生(●: 죽음과 삶) 등의 글자들이 혹 대비를 통해 언급되기도 하고 혹 뒤섞여 언급되기도 하는데, 차례대로 나오거나 멀고 가까운 것이 서로 응하기도 하며 나왔다가 사라지고 닫혔다가 열리어서, 신묘한 변화가 눈을 부시게 한다. '있음'과 '없음', '큼'과 '작음', '이루어짐'과 '허물어짐', '꿈'과 '깸', '옳음'과 '옳지 않음', '그러함'과 '그렇지 아니함', '분변함'과 '분변하지 않음' 등의 글자가 또 어지럽게 뒤따른다. 그래서 반드시 핵심적인 글자를 살핀 뒤에야 분명히 깨달을 수 있다. 이것은 마치 수많은 군사를 변별하는 것이 단지 계급을 분명히 구별할 줄 아는데 달려 있는 것과 같다. 그러나 그 가운데 원수元帥가 있고 부장副將이 있으며 전방주둔군이 있고 후방주둔군과 복병과 말 탄 기병이 있으니, 그것을 잘 살펴야 한다.

○天, ◎心, ◉知, ◇形, ◈言, □道, ■一, ●庸, 回以明, ▣因是, ▢彼此, ▬是非, ◖利害, ◗死生, 諸字或對待說去, 或雜錯說去, 次第以生, 遠近以應, 出沒闔闢, 神變悅惚, 而有無大小成毁夢覺可不可然不然辨不辨等字, 又紛紜從之, 必審其字眼, 然後可以領略不亂. 如辨多多之軍者, 只在分數明也, 然而其中有元帥, 有副將, 有前茅後廂伏兵遊騎, 當察之.

○ 이 편을 논하는 사람들은 모두 "장자가 옳은 것과 그른 것을 같게 생각하고, 이루어짐과 허물어짐을 같게 생각하며, 죽음과 삶을 같게 생각하고, 꿈꾸는 것과 깨어 있는 것을 같게 생각하여, 천하의 모든 사물을 섞어 하나로 만들어서 분별이 없게 하려 한다"라고 하였다. 그러나 이러한 주장은 장자의 뜻을 모를 뿐만 아니라 그 문장도 이해하지 못한 것이다.

論此篇者, 皆以莊子齊是非, 齊成毁, 齊死生, 齊夢覺, 欲使天下萬物, 混同而無分也. 此不徒不知莊子之意也, 並與其文不能解也.

○ 생각건대 이 편은 첫머리에서 '천天'을 말하고 다음은 '심心'을 말하였는데, 이것이 여러 학설들을 가지런히 하는 주체이다. 다음에 '천리의 밝음에 비춤'(以明)을 말하고 그 다음에 '옳음을 따름'(因是)을 말하였으니, 이것은 여

러 학설을 가지런히 하는 방법이다. 여러 학설이 가지런하지 않은 것을 소송하는 자들이 서로 다투는 것에 비유하자면, 심心은 소송을 판결하는 관리이고 천天은 임금으로서 법률을 제정하는 자이다. 피차간의 시비를 듣고 현혹되지 않는 것이 곧 천리의 밝음으로써 송사를 처리하는 것이다. 법률에 비추어 옳은 자의 편을 들어 주는 것이 곧 옳음을 따르는 것이다. 「제물론」한 편의 핵심이 여기에 있으니, 시종일관 이것을 반복하는 것이다.

장자는 반드시 시비를 밝히려는 뜻을 품었다. 만약 시비를 섞어 하나로 보아 분별하지 않으려고 했다면 무엇 때문에 하늘의 밝은 이치에 비추려고 했으며, 무엇 때문에 온전한 본심(成心)을 스승으로 삼으려 했으며, 무엇 때문에 천리의 밝음을 숭상했으며, 무엇 때문에 옳음을 취했겠는가? 만세 뒤의 성인을 기다리려 하고 시비에 밝지 못한 자는 시비를 바로잡을 수 없다고 한 것은 무엇 때문이겠는가? "우주 밖은 그냥 두고 논하지 않았고, 우주 안은 논하되 자세히 따지지 않았으며, 『춘추』는 세상의 큰 법이 되니 자세히 따지되 시비를 가리려고 논변하지는 않았다"라고 하였으니, 장자가 분수에 밝아서 논의를 신중하게 한 것이 또 어떠한가? 시비가 분명해진 이후에야 물론物論을 가지런히 할 수 있다. 시비가 밝혀지지 않으면 자기가 옳은 것만 알고 남이 옳은 것은 알지 못하며 남이 그른 것만 알고 자기가 그른 것은 알지 못하기 때문에, 다투어 논변하느라 분주하여 스스로 가지런히 할 수가 없다. 장자는 바야흐로 시비가 밝혀지지 않는 것을 근심하였는데, 하물며 시비를 섞어 같게 하려 했겠는가? 도는 작게 이루어지는 것을 부끄러워하고 말은 큰 변론을 지극하다고 하였는데, 그가 과연 큰 것과 작은 것을 같게 여겼겠는가? 사사롭게 사랑하는 마음이 이루어짐으로써 도가 허물어짐을 탄식하고 소문昭文와 사광師光과 혜자惠子 이 세 사람이 성취한 것이 없음을 비웃었는데, 그가 과연 이루어짐과 허물어짐을 같게 여겼는가? "크게 깬 이후에 큰 꿈이었음을 안다"(有大覺而後, 知大夢)라고 하고 "장주와 나비는 반드시 구별이 있을 것이다"(周與蝶則必有分)라고 하였는데, 그가 과연 꿈과 꿈에서 깸을 같게 여겼는가? 형화形化[64]를 큰 슬픔으로 여겨 도끼와 자귀에 잘리지 않는 것을 앞의 「소요유」에서 말하였고[65] 「양생주養生主」의

편으로 이 뒤를 이었는데, 그가 과연 죽음과 삶을 같은 것으로 여겼겠는가? 다만 그 말이 혹 익살스럽고 혹 분노하여 격렬하며 혹 굽은 것을 바로잡느라 지나치게 곧아서 "공자도 또한 꿈꾸고 있다"라는 말과 "여희가 울었던 것을 후회한다"라는 등의 비유를 하고 있으나, 장자의 가슴속에는 스스로 크고 분명하게 깨달은 것이 있었다.

무릇 만물이 생겨나기 전에는 그 이치가 하나일 뿐이다. 이것이 바로 우리 유학에서 말하는 '형이상形而上'이고 장자가 말하는 '아직 사물이 있지 않다'는 것이다. 만물이 생겨난 이후에는 그 형체가 각기 다른데, 형체라는 것은 그릇이니 그 쓰임새 또한 각기 다르다. 이것이 바로 우리 유학에서 말하는 '이치가 전혀 같지 않다'는 것이고 장자가 말하는 '만물은 본디 옳다고 하는 바가 있고, 만물은 본디 옳은 바가 있다'는 것이다. 그 옳다고 하는 것과 옳은 것이 사물마다 전혀 서로 같지 않은데 억지로 같게 해서야 되겠는가? 같지 않음에 근거하여 같지 않다고 하고 각기 옳다고 하는 것을 옳다고 하며 각기 옳은 것을 옳게 여기는 것이 곧 옳음을 따르는 것이다. 그러므로 풀줄기는 그 작음에 맞게 쓰고 기둥은 그 큼에 맞게 쓴다. 나무를 베어 집을 완성하는 것을 보는 것은 그 이루어짐에 의거한 것이고, 집을 짓느라 나무가 베어지는 것을 보는 것은 그 허물어짐에 의거한 것이다. 미꾸라지가 축축한 곳에서 살고 원숭이가 나무 위에서 살며 고라니와 사슴이 풀을 좋아하고 지네가 뱀을 좋아하는 것은 모두 자기에게 맞는 것을 따르는 것이다. 이처럼 그 쓰임이 다른 것으로써 보면 만 가지나 되지만, 이치에 합당한 것으로써 말하면 같은 것이니, 같으면 가지런하게 된다. 그러므로 '제물齊物'의 '제齊'는 그 뜻이 '제가齊家'의 '제齊'와 같으니, '제가'라는 말이 어찌 집안의 노인과 젊은이, 높은 사람과 낮은 사람, 남자와 여자를 다 같이 하나로 보아 분별이 없도록 하는 것이겠는가? "씀바귀를 뜯고 가죽나무를 땔감으로 하여 우리 농부를 먹이노라"[66], "봄술을 만들어서 장수하도록 돕노

---

64) 형화 : 도가의 신선술로, 형체가 변화한다는 뜻이다.
65) 형화를 ~ 말하고 : 「逍遙遊」제11단 "惠子謂莊子曰, 吾有大樹……不夭斧斤, 物無害者, 無所可用, 安所困苦哉" 부분이 여기에 해당한다.

라"67)라고 하였는데, 이것은 먹는 것이 서로 가지런하지 않음을 말한다. "어린아이는 비단으로 만든 저고리와 바지를 입히지 않고"68), "오십이 된 자는 비단을 입는다"69)라고 하였는데, 이것은 입는 옷이 서로 가지런하지 않음을 말한다. "어른은 아랫목에 거처하고 어린아이는 구석자리에 앉는 다"70)라고 하였는데, 이것은 거처하는 곳이 서로 가지런하지 않음을 말한 다. "남자는 왼쪽, 여자는 오른쪽"71)이라고 하였는데, 이것은 행함이 서로 가지런하지 않음을 말한다. 그 가지런하지 않은 것을 가지런히 하는 것이다. 가지런하지 않음은 '나누어져서 다른 것'(分殊)이고 가지런함은 '이치가 하 나'(理一)인 것이다. 그러므로 장자는 가지런하지 않은 것을 가지런하게 하려 고 한 사람이지만, 보통사람들은 가지런한 것을 가지런하지 않게 하려고 한다. 그렇다면 장자가 주장한 것은 우리 유가의 주장과 큰 차이가 없다. 그런데도 장자를 이단이라고 하는 것은 어째서인가?

장자가 '천天'을 말하고 '심心'을 말하고 '천리의 밝음에 비춤'(以明)을 말한 것은 그 대체大體를 잘 파악한 것이다. 그러나 '옳음을 따름'(因是)의 '인因'(따 름)에는 마침내 폐단이 있다. 만물은 참으로 따를 수 있는 것이 있고 따를 수 없는 것이 있다. 미꾸라지, 원숭이, 고라니와 사슴처럼 서로 통할 수 없는 종류라면 각기 자연의 이치를 따르는 것이 마땅하지만, 똑같은 사람이라면

---

66) 씀바귀를 ~ 먹이노라 : 『詩經』「豳風・七月」에 나오는 구절.

67) 봄술을 ~ 돕노라 : 『詩經』「豳風・七月」에 나오는 구절.

68) 어린아이는 ~ 입지 않고 : 『禮記』「內則」에, "열 살이 되면 바깥의 스승에게 보내고 바깥사랑에 거처하게 하며 글씨와 셈법을 가르치는데, 비단으로 된 저고리와 바지를 입지 못하게 한다"(十年, 出就外傅, 居宿於外, 學書計, 衣不帛襦袴)라는 구절이 있다.

69) 오십이 ~ 입는다 : 『孟子』「梁惠王上」에, "5묘의 집 가장자리에 뽕나무를 심으면 50세가 된 자가 비단옷을 입을 수 있다"(五畝之宅, 樹之以桑, 五十者, 可以衣帛矣)라는 구절이 있다.

70) 어른은 ~ 앉는다 : 『禮記』「曲禮上」에, "자식된 자는 아랫목을 차지하지 않는다"(爲人子者, 居不主奧)라는 구절이 있다.

71) 남자는 ~ 오른쪽 : 陳澔의 『禮記集說』에 "자식이 태어난 지 3개월이 되면 배냇머리를 잘라 상투를 만들어 머리에 차는데, 남자는 왼쪽에 차고 여자는 오른쪽에 찬다"(子生三月, 則剪其胎髮爲鬌, 帶之于首, 男左女右)라는 구절이 있으나, 신경준이 이 구절의 '男左女右'를 인용한 것인지는 확실하지 않다.

모두 형체가 나와 같고 본성이 나와 같으니 지극히 어리석고 흐리멍덩한 자라도 끝내 반드시 깨닫게 할 수 있는 이치가 있다. 그래서 어진 사람과 군자는 일찍이 어리석고 흐리멍덩한 자라 하더라도 결코 버리지 않고, 상심한 듯 측은히 여겨서 가르치고 인도하여 밝게 깨우쳐 반드시 함께 선善에 돌아가게 하고자 도道와 교教[72], 충忠과 서恕[73]를 번번이 함께 거론한다. 그러나 공자가 천하를 두루 돌아다니며 유세한 것과 맹자가 말하기를 좋아하여 스스로 그만두지 못한 것도 장자의 입장에서 시비하자면, 분명히 안다고 해도 단지 가슴속에 품고만 있을 뿐 다른 사람에게 열어 보이지는 말아야 한다. 그러므로 「제물론」 전체 열여덟 단락 가운데 앞의 열한 단락에서 시비를 밝히는 요령을 말하고 난 후 뒤의 일곱 단락에서는 분변하지 말라는 뜻을 말하였는데, 분변하지 않는 것의 지극함은 말하지 않는 것이니 이것이 어찌 현자와 군자의 마음이겠는가? '따른다'는 것은 나의 힘을 쓰지 않고 상대의 마음에도 어긋나지 않으면서 편리함을 차지하고 재앙을 피하는 방편이다. 그러므로 장자가 비록 '망아忘我'를 주장하였으나 실제로 그것은 양주楊朱의 '위아爲我'[74]이다.

按, 此篇首言天, 次言心, 此齊物之主也. 次言以明, 次言因是, 此齊物之方也. 譬物論之不齊者, 訟者之相爭也, 心者聽訟之官也, 天者君而制法律者也. 彼此是非, 聽之不眩, 卽以明也, 照之于法律, 是者與之, 卽因是也. 一篇關鍵在於此, 而反覆終始焉. 莊子之志, 切於明是非矣. 若混同是非而無分, 則何必照之于天乎, 何必以成心爲師乎, 何尙乎明乎, 何取乎是乎. 欲待萬世之聖人, 而謂黮闇者不能正, 又何也. 六合之外, 存而不論, 六合之內, 論而不議, 春秋經世, 議而不辨, 其明於分數, 而重於論議者, 又何如也. 是非明, 然後可以齊物. 是非不明, 則只知己之是, 而不知人之是, 只知人之非, 而不知己之非, 爭辨

---

72) 도와 교 : 『中庸』 제1장에, "하늘이 명한 것을 性이라 하고, 성을 따르는 것을 道라 하고, 도를 닦는 것을 教라 한다"(天命之謂性, 率性之謂道, 修道之謂教)라는 구절이 있다.
73) 충과 서 : 『論語』 「里仁」편에, "증자가 말하기를, '선생님의 도는 忠과 恕일 따름이다'라고 하였다"(曾子曰, 夫子之道, 忠恕而已矣)라는 구절이 있다.
74) 양주의 위아 : 『孟子』 「盡心上」에 나오는 내용으로, 자기 본위로 나의 이익만을 따질 뿐 타인은 고려하지 않는다는 전국시대 楊朱의 爲我說을 가리킨다.

紛紜, 自不得齊矣. 莊子方以是非之不明爲憂, 則況可混同之乎. 道以小成爲恥, 言以大辨爲至, 其果齊大小乎. 嘆愛成而道虧, 笑三子之無成, 其果齊成虧乎. 日有大覺而後知大夢, 日周與蝶則必有分, 其果齊夢覺乎. 以形化爲大哀, 以不夭斧斤, 言於前, 以養生主, 繼於後, 其果齊死生乎. 但其言, 或滑稽, 或憤激, 或矯枉過直, 有如夫子亦夢之說, 麗姬悔泣之譬, 而其胸中, 自有大分曉者也. 夫物未生之前, 其理一而已, 此吾儒所謂形而上也, 莊子所謂未始有物也. 物旣生之後, 其形殊, 形者器也, 其用自殊, 吾儒所謂理絕不同也, 莊子所謂物固有所然, 物固有所可也. 其然其可, 物之絕然不同, 則其可强使之同乎. 因不同而不同之, 各然其然, 各可其可, 卽因是也. 故莛則因其小, 楹則因其大, 見伐木而成室, 則因其成, 而見爲室而毁木, 則因其毁. 鰌之於濕, 猨之於木, 糜鹿之於薦, 蝍蛆之於帶, 皆因之己. 以其用之殊觀之則有萬, 而以合於理言之則一也, 一則爲齊矣. 故齊物之齊, 其義如齊家之齊, 齊家云者, 豈家內老小尊卑男女混同而無分乎. 採茶薪樗, 食我農夫, 爲此春酒, 以介眉壽, 此食之不齊也. 幼不帛襦袴, 五十者衣帛, 此衣之不齊也. 長者居奧, 童子坐隅, 此居之不齊也. 男左女右, 此行之不齊也. 其不齊者, 所以齊也. 不齊者, 分殊也, 齊者, 理一也. 故莊子以不齊而齊者也, 衆人以齊而不齊者也, 然則莊子所論, 與吾儒無大異, 而其爲異端者何也. 其言天言心言以明, 能得其大體, 而因是之因, 其終有弊. 物固有可因者, 有不可因者, 如鰌猨糜鹿之不得相通者, 固當因之, 而至於人也, 其形與我同, 其性與我同, 雖至愚至迷者, 終必有可覺之理. 故仁人君子, 未嘗因其愚迷而棄之, 惻然如傷, 開導曉喻, 必欲與之同歸於善, 而道與敎, 忠與恕, 每每對舉. 孔子之轍環, 孟子之好辯自不得已也, 乃若莊子之意, 是非則明知, 而但懷之於中, 不欲開示於人. 故此篇凡十八段, 上十一段, 言明是非之要, 下七段, 言勿分辨之意, 而勿分辨之至, 至於不言, 則此豈仁人君子之心乎. 大抵因者, 不費吾力, 不攖物情, 而爲占便之道, 避禍之術也. 故莊子雖以忘我爲言, 而其實楊朱之爲我也.

○ 유인劉因[75])이 「장주몽호접도서莊周夢蝴蝶圖序」[76])에서 말하였다. "나비와

---

75) 유인 : 1249~1293. 중국 원나라 때 사람으로, 초명은 駰이다. 자는 夢吉·夢驥이고 호는 靜修이며 시호는 文靖이다. 承德郞·右贊善大夫 등을 지냈다. 許衡·吳澄과 더불어 원나라 3대 학자로 일컬어졌으며, 특히 허형과 함께 '元 北方의 兩大儒'로 일컬어졌다. 저서에 『四書精要』·『易繫辭說』·『四書語錄』 등이 있었다고 하는데 남아 있지 않고 『靜修文集』만 전한다.

장주는 모두 허깨비이다. 허깨비이기 때문에 어디를 가든지 적응할 수 있다. 어디를 가든지 적응할 수 있는 것은 곧 가지런하게 되는 것이다." 이를 이어서 원굉도袁宏道[77]가 말하였다. "꿈속의 인물 중 나에게 화를 내는 자나 나를 헐뜯는 자가 있다면 이것은 꿈속의 나와 꿈속의 이 사람이 꿈속에서 번영하고 쇠락하는 것이니, 깨어났을 때에는 그것이 이어지지 않는다. 깨어 있을 때의 슬픔과 기쁨 또한 꿈속으로 이어지지 않는다. 어느 것이 진짜이고 어느 것이 가짜인가? 허공에 비친 꽃은 '없다'고도 말할 수 있고 '있다'고도 말할 수 있으며, 물결 속에 비친 형상은 '나'라고도 말할 수 있고 '저 사람'이라고도 말할 수 있으니, 만물은 본디 스스로 가지런한 것이지 내가 가지런하게 할 수 있는 것이 아니다. 만약 가지런하게 하는 것이 가능하다 하더라도 그것은 끝내 만물을 가지런하게 하는 것이 아니다. 만약 성인이라야 시是와 비非가 분리될 수 없음을 깨달을 수 있고 어리석은 사람은 시와 비를 판단하지 못한다고 한다면, 진실로 일만 명의 석가가 있다고 한들 어느 곳에 발을 디딜 수 있겠는가?"

劉因序莊周夢蝴蝶圖曰, 蝶也周也, 皆幻也, 幻則無適而不可也, 無適而不可者, 乃所以爲齊也. 袁宏道繼之曰, 夢中之人物, 有嗔我者, 有齮我者, 是我是人, 夢中之榮悴, 醒時不相續, 醒中之悲喜, 夢時亦不相續, 孰眞孰僞. 空中之花, 可以道無, 亦可以道有, 波中之象, 可以言我, 而亦可以言彼, 物本自齊, 非我能齊. 若有可齊, 終非齊物. 聖如可悟不離是非, 愚而可迷是非, 是實雖萬釋迦, 何處着脚哉.

○ 생각건대 불교가 중국에 들어온 후로 『장자』를 해석하는 사람들은 흔히 불교의 공허하고 헷갈리는 교리를 섞어 설명하였으니, 장자의 말은 더욱 공허하고 허무한 것으로 귀착되었다. 그러나 석가가 사물을 환상으로 보고 모든 것을 쓸어 제거하려고 한 데 비해 장자는 이러한 사물을 그대로 두고

---

76)「장주몽호접도서」:『靜修集』권11에 수록.
77) 원굉도 : 1568~1610. 명나라 말기 학자로, 자는 中郎이고 호는 石公이다. 형 宗道, 아우 中道와 함께 三袁으로 일컬어졌고, 출신지 이름을 따서 公安派라고도 불렸다. 李贄의 문하에서 수학하였으며, 王世貞 등의 古文辭派에 의한 擬古運動에 반대하였다. 저서에 『袁中郎集』이 있다.

가지런히 하고자 하였으며, 석가의 설교가 항상 우주 밖을 대상으로 한 데 비해 장자는 우주 밖은 논하려고 하지 않았으니, 이것이야말로 장자와 석가의 다른 점이다.

按, 佛法入中國之後, 解莊子者, 多以佛氏之空幻, 參互爲說, 而莊子之言, 尤歸於廓蕩虛無之域矣. 然而, 佛氏以物爲幻, 欲一切掃除之, 莊子則存是物而欲齊之, 佛氏之說, 常在於六合之外, 莊子則六合之外, 欲不論, 此莊子之所以異於佛氏也.

양생주養生主

◇ '주主'란 유가에서 말하는 '일신의 주재主宰'라는 것이고, 불교에서 말하는 '주인공主人公'이라는 것이다. 양생하는 자는 마땅히 이 삶의 주재자를 먼저 길러야 할 것이다.

主者, 儒家所謂一身之主宰, 禪家所謂主人公. 養生者, 當先養其主此生者.

제1단

우리의 삶은 한계가 있으나 지知는 한계가 없다. 한계가 있는 삶을 살면서 한계가 없는 지를 따르면 위태하다. 그런데도 지를 추구하는 것은 위태할 따름이다. 선을 행하여 명예를 가까이하지 말며, 악을 행하여 형벌을 가까이하지 말라. 중도를 따라서 그것을 상도常道로 삼는다면 몸을 보전할 수 있고 삶을 온전히 할 수 있으며 어버이를 봉양할 수 있고 천수를 다할 수 있다.

吾生也有涯①, 而知②也無涯③, 以有涯隨無涯, 殆④已. 已而⑤爲知者, 殆而已矣⑥. 爲善無近名, 爲惡無近刑⑦. 緣督以爲經⑧, 可以保身, 可以全生⑨, 可以養親⑩, 可以盡年⑪.

① 涯 : '한계'이다. [涯, 限也.]

② 知 : '지知'라는 것은 마음이 외물에 감응하여 통한 것이니, 곧 칠정七情이다.
[知者, 心之感於物而通者也, 卽七情.]

③ 知也無涯 : 천하의 사물은 한계가 없기 때문에 그것을 따르는 지知 또한
무한하다. [天下之事物無限, 故知隨之而亦無限.]

④ 殆 : '위태하다'는 뜻이다. [危也.]

⑤ 已而 : 「제물론」편의 "옳음을 따를 뿐이다. 그런데도 그렇게 되는 이치를
알지 못한다"와 문장구성법이 같다. [與上篇, 因是已, 已而不知其然, 同一文法.]

⑥ 吾生也有涯……殆而已矣 : 유한한 삶을 살면서 무한한 지知를 따르면 유한
한 우리의 삶이 무한한 지 때문에 피곤해진다. 그런데도 반드시 끝까지 따르
려고 하니 어찌 위태하지 않겠는가? 위태한데도 스스로 깨닫지 못하고 여전
히 지를 따른다면 위태함에서 마치게 됨이 당연하다. [以有限之生, 隨無限之知,
有限者, 疲於無限者, 而將必澌盡, 豈不殆乎. 殆而不自覺, 猶且爲知, 宜乎卒於殆也.]

⑦ 爲善無近名, 爲惡無近刑 : 곽상이 말하였다. "선과 악을 잊고 중도에 처하
기 때문에 형벌과 명예가 자기에게서 멀어진다." [郭氏云, 忘善惡而居中, 故刑
名遠己.]

　　○ 임자林自[1]가 말하였다. "혹 삶을 가벼이 여기고 의를 좇아서 한때의 명예
를 얻으려고 하거나 혹 삶을 탐하고 이익을 좇다가 중도에 죽는 것은 모두
이른바 '명예에 가깝고 형벌에 가까운' 선과 악이니, '성명性命의 실정에 순
응하여 그 너무 심한 바를 제거하는 것'이 아니다." [林疑獨云, 或輕生趨義,
以要一時之名, 或貪生趨利, 以陷中道之夭, 皆所謂近名近刑之善惡, 非順性命之情而去
其已甚者也.]

　　○ 임희일이 말하였다. "만약 선이라고 한다면 다시 명예를 가까이하는 일
이라고 일컬을 것이 없고, 악이라고 한다면 다시 형벌을 가까이하는 일이라
고 지목할 것이 없음을 말한다." [林氏云, 謂若以爲善, 又無近名之事可稱, 若以爲
惡, 又無近刑之事可指*也.(*指 : 국역대본에는 '措'로 되어 있으나 오기임)]

---

1) 임자 : 중국 송나라 때 사람으로, 자는 疑獨이다. 『太學十先生易解』·『莊子解』 등의
저술이 있다.

○ 박세당이 말하였다. "장자의 뜻은 대체로 '악을 행하는 자는 본디 형벌을 가까이하기 때문에 사람들이 모두 그것이 옳지 않음을 알지만, 선을 행하여 명예를 가까이하는 일 같은 것은 그것이 옳지 못함을 아는 사람이 없다'는 말이다. 일반적으로 선을 귀하게 여기는 것은 그것이 본성을 따르는 것이기 때문이고 자신을 진실하게 하는 것이기 때문이다. 선을 행하되 명예를 가까이하면 이것은 본성을 벗어나고 진실하지 않은 것이다. 진실하지 않은 것은 거짓이니, 거짓은 악과의 거리가 얼마나 되겠는가? 명예는 형벌과의 거리가 단지 한 칸 사이일 뿐이다. 세상사람들이 지식의 노예가 되어 삶을 해치면서도 스스로를 돌이켜보지 못하는 것은 이 명예나 형벌을 가까이하는 것에 지나지 않는다." [西溪云, 莊子之意, 盖謂爲惡者, 固近於刑, 人皆知其不可, 若爲善而近於名, 則人未有知其不可者也. 夫所貴乎善者, 爲其率性也, 爲其誠己也, 善而爲名, 是離性而不誠. 不誠則僞, 僞之與惡, 相去幾何. 名之與刑, 只一間耳. 世之人役知*傷**生, 莫能自反者, 不過爲此***名與刑而已.(*知 : 국역대본에는 '志'로 되어 있으나 '知'의 오기임. **傷 : 국역대본에는 '相'으로 되어 있으나 '傷'의 오기임. ***此 : 국역대본에는 '此'가 빠져 있으나 『남화경주해산보』에 의거하여 보충함)]

○ 생각건대, 지知는 무한하지만 총괄하면 선과 악 두 가지일 뿐이고, 명예와 형벌은 선행과 악행의 결과를 극단적으로 말한 것이다. 말하자면 "선을 행하여 명예를 가까이할 필요도 없고, 악을 행하여 형벌을 가까이할 필요도 없다"는 것이니, 이 말이 어찌 "큰 선은 행하지 말고, 작은 악은 행하라"라는 뜻이겠는가? 대체로 명예도 추구하지 않고 꾸짖음을 당하지도 않으면서 상황에 맞게 처신하여, 재목감이 되는 것과 재목감이 되지 않는 것의 사이에 처하는 것[2]일 따름이다. 저 명예라는 것은 많은 사람들이 질투하는 것이어서 자기 몸을 보존하고자 하는 사람들은 반드시 명예를 피하니, 스스로 천한 목동들 틈에 섞이기까지 한다. 그러나 명예를 피하는 것과 명예를 좋아하는 것은 높고 낮음이 다르기는 하지만 모두 중도는 아니다. 군자가 선을

---

2) 재목감이 되는 ~ 처하는 것 : 『莊子』「山木」편에 "弟子問於莊子曰, 昨日山中之木, 以不材得終其天年, 今主人之雁, 以不材死. 先生將何處. 莊子笑曰, 周將處乎材與不材之間"이라는 구절이 있다.

행하는 것은 단지 자기의 도리를 다하는 것일 따름이니, 명예가 있고 없음
은 알 바가 아니다. 명예를 피하거나 좋아하는 자는 명예에 마음이 움직이
는 것을 면하지 못한 것이다. [按, 知雖無限, 而總之善與惡二者而已, 名與刑, 善惡
之極效也. 言不必爲善而近於名, 不必爲惡而近於刑, 是其意豈善大則不爲, 惡小則爲之
乎. 蓋欲無譽無訾, 一龍一蛇, 處於材不材之間耳. 夫名者, 衆之所忌也, 思保身者必避名,
至於自混賤牧. 然避名與好名, 高下雖異, 而皆非中道也. 君子爲善, 只以盡己之道而已,
名之有無, 非所知也. 避之好之者, 不免動心於名矣.]

⑧ 緣督以爲經 : 곽상이 말하였다. “중도를 따라서 상법으로 삼는 것이다.”
[郭氏云, 順中以爲常也.]

○ 초횡이 말하였다. “‘독督’은 ‘가운데’라는 뜻이니, 기경팔맥奇經八脈[3] 중
의 가운데 맥을 ‘독’이라고 한다. 옷등 가운데의 재봉선도 ‘독’이라고 하니,
『예기禮記』 「심의深衣」의 주에 보인다.” [焦氏云, 督, 中也, 奇經八脈中脈爲督.
衣背當中之縫, 亦謂之督, 見禮記深衣註.]

○ 임희일이 말하였다. “‘연緣’은 ‘따르다’는 뜻이고, ‘독督’은 ‘닥치다’는 뜻
이다. 닥친 후에 응하되 무심하게 응하여, 이것으로써 상도를 삼을 따름이
다.” [林氏云, 緣順也, 督迫也. 迫而後應, 應以無心, 以此爲常而已.]

○ 생각건대 곽상의 설을 따르는 것이 마땅하다. 주자 또한 ‘독督’자를 ‘가운
데’로 해석하였다. [按, 當從郭說. 朱子亦解督以中.]

⑨ 可以保身, 可以全生 : 그 몸을 손상시킴이 없다는 것이다. [無虧傷其體也.]

⑩ 可以養親 : 나의 삶도 귀하게 여겨 기르고자 하였는데, 하물며 나를 낳은
자이겠는가? 그러나 내 몸을 보존한 이후에 어버이를 봉양할 수 있다. [旣貴
吾之生而欲養之, 況生吾者乎. 然而保身而後, 可以養親.]

⑪ 可以盡年 : 하늘이 정해 준 나이를 다할 수 있다는 것이다. [能盡天定之年限
也.]

---

3) 기경팔맥 : 12경맥 사이에서 종합적인 조절작용을 하는 여덟 맥을 말한다. 12경맥
은 經絡의 주체이므로 12正經이라고 하고, 여기에 속하지 않는 8맥은 상호간에 일
정한 陰陽表裏의 配偶관계가 없이 단독적으로 작용하므로 ‘奇’자를 써서 奇經이라
부른다. 督脈·任脈·衝脈·帶脈·陽蹻脈·陰蹻脈·陽維脈·陰維脈의 8종이 있다.

◇ 이상은 첫 번째 단락이다. 삶이라는 것은 육체를 두고 한 말이고, 지知라는 것은 이 육체를 주재하는 것이다. 지가 외물을 좇아 그것에 동화되면, 기름에 불이 붙은 것과 같이 되어 안에서는 정신이 녹아 없어지고, 육체가 지의 종이 되어 밤낮 쉬지 못하니 밖에서는 몸이 지치게 되고, 실제의 일에 있어서는 혹 명예를 좇다가 목숨을 잃거나 혹 형벌에 빠지기도 하여 자기 몸을 보존하지 못하게 된다. 장자는 양생을 논하면서 지를 주제로 삼았으니 거의 도道에 가깝다. 저 단사丹砂와 황정黃精[4] 같은 약이나 웅경熊經과 조신鳥伸[5] 같은 도인법導引法은 모두 조잡하고 말단적인 것이다. "어버이를 봉양할 수 있다"라고 말했으니 인륜을 망각하고 인정을 끊은 채 깊은 산속에 숨어 사는 자와는 다르고, "천수를 다할 수 있다"라고 말했으니 신선이 되어 길이 살려고 하는 자와는 달리 단지 하늘이 정해 준 수명을 다할 것을 생각할 따름이다. 그 식견이 매우 높다.

右第一段. 生者, 形也, 知者, 主此形者也. 知隨物化, 膏火相煎, 而神銷於內, 形爲知役, 日夜無歇, 而力疲於外, 其措之於事也, 或殉於名, 或陷於刑, 不能保其身者矣. 莊子論養生, 而以知爲主, 其幾於道乎. 彼丹砂黃精之藥餌, 熊經鳥伸之導引, 皆粗與末耳. 曰養親, 則非如忘倫割情, 冥棲深山者也, 曰盡年, 則非欲羽化長生, 而只思盡其天定之年而已. 其見識甚高.

제2단

포정庖丁이 문혜군文惠君을 위하여 소를 잡았다. 손이 닿고 어깨를 비스듬히 기울이며 발을 움직이고 무릎을 살짝 굽히는 곳에서 쓰윽쓰윽

---

4) 단사와 황정 : 長生不死藥을 가리킨다. 丹砂는 단약을 만들 때 쓰이는 광물이고 黃精은 仙家에서 복용하는 약초의 이름이다.
5) 웅경과 조신 : 고대 導引養生法의 일종. 熊經은 곰이 나무에 올라가 스스로 매달리듯이 하여 몸을 단련하는 방법이고 鳥伸은 새가 목을 길게 뺀 것처럼 하여 몸을 단련하는 방법이다.

소리가 울리고 휘익휘익 칼 놀리는 소리가 나는데, 음률에 맞지 않는 것이 없었으니 상림桑林의 춤에 합치되고 경수經首의 악장에 춤추는 무리에게 알맞았다. 문혜군이 말하였다. "아! 기술이 어떻게 이러한 경지에 이르렀는가?" 포정이 칼을 놓고 대답하였다. "신이 좋아하는 것은 도道이니, 기술보다 차원이 높은 것입니다. 처음 신이 소를 잡을 때에는 눈에 보이는 것이 소 아닌 것이 없더니, 3년이 지나고 나자 온전한 소는 아예 볼 수가 없었습니다. 지금은 정신으로 소를 접촉하지 눈으로 보지 않습니다. 내 몸의 감각기관으로 소를 파악하지 않고 정신이 움직입니다. 타고난 결을 따라 큰 틈을 치고, 큰 구멍에 칼을 넣되 본래의 있는 그대로를 따라갑니다. 나의 기술이 뼈와 살이 엉켜 있는 곳에도 칼을 댄 일이 없는데, 하물며 큰 뼈를 건드리겠습니까? 솜씨 좋은 백정은 한 해에 한 번 칼을 바꾸니, 베기 때문입니다. 솜씨가 좋지 못한 백정은 한 달에 한 번 칼을 바꾸니, 뼈를 부러뜨리기 때문입니다. 지금 신의 칼은 19년이나 되었고 수천 마리의 소를 잡았지만 칼날이 마치 금방 숫돌에서 갈아 낸 것 같습니다. 저 마디라는 것은 틈이 있고 칼날은 두께가 없습니다. 두께가 없는 것을 틈이 있는 곳에 넣으니, 넓고 넓어 칼날을 놀림에 반드시 여유가 있습니다. 이 때문에 19년이나 되었지만 칼날이 마치 금방 숫돌에서 갈아 낸 것 같습니다. 그러나 근육과 뼈가 뭉친 곳에 이르면 저는 처리하기 어려움을 알고 조심스럽게 경계하여, 시선을 멈추고 느릿느릿 행동하며 가볍게 가볍게 칼을 움직입니다. 그러면 홀연히 근육과 뼈가 저절로 해체되어 흙처럼 땅에 쌓이게 되니, 칼을 잡고 서서 사방을 돌아보며 머뭇머뭇 하다가 뜻대로 잘 해체되었으면 칼을 잘 닦아 보관합니다." 문혜군이 말하였다. "훌륭하다! 나는 포정의 말을 듣고 양생의 도를 알았다."

庖丁①爲文惠君②解牛③. 手之所觸, 肩之所倚④, 足之所履⑤, 膝之所⑥踦⑦, 砉⑧

然⑨嚮⑩然, 奏刀⑪騞⑫然⑬, 莫不中⑭音, 合於桑林之舞⑮, 乃中經首之會⑯. 文惠君
曰, 譆⑰, 技盖至此乎. 庖丁釋刀⑱對曰, 臣之所好者道也, 進乎技矣⑲. 始臣之解牛之
時, 所見無非牛者⑳, 三年之後, 未嘗見全牛也㉑, 方今之時, 以神遇, 而不以目視㉒.
官㉓知止㉔, 而神欲行㉕. 依乎天理㉖, 批㉗大郤㉘, 導㉙大窾㉚, 因其固㉛然㉜. 技經肯㉝
綮㉞之未嘗, 而況大軱㉟乎㊱. 良庖㊲歲更刀, 割也, 族庖㊳月更刀, 折㊴也㊵, 今臣之
刀十九年㊶矣, 所解數千牛矣, 而刀刃若新發於硎㊷. 彼節者有間㊸, 而刀刃無厚㊹,
以無厚入有間㊺, 恢恢乎㊻, 其於遊刃, 必有餘地矣㊼. 是以十九年, 而刀刃若新發於
硎. 雖然, 每至於族㊽, 吾見其難爲㊾, 怵然㊿爲[51]戒, 視爲止[52], 行爲遲[53], 動刀甚微[54],
謋[55]然[56]已解[57], 如土委地[58], 提刀而立, 爲之四顧, 爲[59]之躊躇[60], 滿志[61], 善刀而藏
之[62]. 文惠君曰, 善哉, 吾聞庖丁之言, 得養生焉[63].

① 丁 : 임희일이 말하였다. "정丁은 백정의 이름이다." [林氏云, 丁, 庖人名也.]
   ○ 생각건대 '정丁'은 '역정役丁'(부역에 종사하는 남자)의 '정丁'과 같은 뜻이다.
   [按, 丁, 役丁之丁.]

② 文惠君 : 임희일이 말하였다. "양혜왕梁惠王이다." [林氏云, 梁惠王.]
   ○ 생각건대 여불위呂不韋가 이 일을 인용하며 '송宋나라의 포정庖丁'[6]이라
   고 하였으니, 문혜군 또한 송나라의 임금이다. 임희일이 '혜惠' 한 글자가
   같다고 해서 양혜왕이라고 한 것은 잘못이다. [按, 呂不韋引此事而曰, 宋之庖丁,
   然則文惠君, 亦是宋君也. 林氏以惠之一字爲梁惠王, 誤也.]

③ 解牛 : '해解'는 그 뼈와 살을 해체하는 것인데, 묶인 것을 풀어 힘이 없게
   하는 것과 같으니 '해'자가 '도屠'자보다 낫다. 가축을 잡고 요리하는 일은
   지극히 천한 기술이다. 도살과 양생은 이질적인 것인데 이것으로 비유하여
   도가 어디에나 존재함을 밝혔으니, 이 또한 골계이다. [解謂解其骨肉, 如結之

---

6) 송나라의 포정 : 『呂氏春秋』 권9 「精通」에, "송나라의 포정이 소를 잘 해체하였으
   니, 눈에 보이는 것이 죽은 소가 아닌 것이 없었다"(宋之庖丁, 好解牛, 所見無非死牛
   者)라는 구절이 있다.

解而無疆也, 勝於屠宰. 夫庖宰, 技之至賤也. 屠殺與養生異, 而以此設譬, 明道無所不在, 而亦是滑稽.]

④ 肩之所倚 : 손으로 칼을 쓰면 어깨가 비스듬히 기울어진다. [以手用刀, 則肩有 斜勢.]

⑤ 足之所履 : 칼을 쓰면서 나아가고 물러나니, 발이 저절로 약간 움직이는 것이다. [用刀進退, 自有步武.]

⑥ 所 : 네 '소所'자가 모두 흥미롭다. [四所字, 皆有味.]

⑦ 踦 : '기踦'는 '거居'와 '피彼'의 반절이니, 약간 굽히는 것이다. 몸이 소에게 나아가니 무릎이 약간 굽는 것이다. [居彼切, 微曲也. 以身就牛, 則膝微曲.]

⑧ 砉 : 음은 '획畫'이다. [音畫]

⑨ 砉然 : 가죽과 뼈가 떨어지는 소리이다. [皮骨相離聲.]

⑩ 嚮 : '향響'(메아리)과 뜻이 같으니, 소리가 서로 응하는 것이다. [與響同, 聲之相 應者也.]

⑪ 奏刀 : 칼을 움직이는 것이다. [進刀也.]

⑫ 騞 : '騞'의 음은 '혁洫'이니, 부수어지는 소리이다. 『열자』에 "휘익휘익 하고 지나간다"[7]라고 하였다. [音洫, 破聲. 列子, 騞然而過.]

⑬ 砉然嚮然, 奏刀騞然 : 임희일이 말하였다. "'획연砉然', '향연嚮然', '혁연騞然' 은 모두 칼을 쓰는 소리이다. 문득 '주도奏刀' 두 글자를 중간에 안배하였는 데, 이것은 문장구성법이다. 『시경』의 '팔월에 들에 있고 구월에 문간에 있네. 시월에 귀뚜라미는 내 침상에 있네'[8]에서 '실솔蟋蟀' 두 글자를 중간에 안배한 것과 같다." [林氏云, 砉然嚮然騞然, 皆用刀之聲, 而却以奏刀兩字, 安在中間, 文法也. 如詩, 八月在野, 九月在戶, 十月蟋蟀, 入我床下, 以蟋蟀字, 安在中間.]

---

7) 휘익휘익 하고 지나간다 : 『列子』 권5 「湯問」에, "세 번째 도검은 宵練이라고 하는 데…… 사물에 닿으면 휘익 하고 스쳐 지나간다"(三日宵練……其觸物也, 騞然而過) 라는 구절이 있다.
8) 팔월에는 ~ 있다 : 『詩經』 「豳風·七月」에 나오는 구절.

⑭ 中 : 거성去聲이니, 아래도 같다. [去聲. 下同.]

⑮ 桑林之舞 : '상림桑林'은 탕임금의 음악 이름이다. 어떤 사람은 송나라의
음악 이름이라고도 한다. [湯樂名. 一云, 宋樂名.]

⑯ 經首之會 : '경수經首'는 함지咸池의 악장이고, '회會'는 춤추는 사람이 모인
것이다. [咸池樂章. 會, 舞者之聚也.]

○ 양신이 말하였다. "하늘과 땅 사이에 음악 아닌 것이 없다. 장사꾼의
목탁 소리도 황종률黃鐘律[9]에 맞고, 포정의 칼 쓰는 소리도 상림의 춤에
맞으며, 목동의 풀피리나 아낙네의 다듬이 소리에 이르러서도 음악에 맞지
않는 것이 없다. 어떻게 음악이 이미 망했다고 할 수 있으랴!" [楊升庵云,
天地之間, 無非樂也. 賈人之鐸, 諧黃鐘之律, 庖丁之刀, 中桑林之舞, 至於牧童之吹葉,
閭婦之鳴砧, 無不比於音者. 樂何嘗亡哉.]

○ 생각건대 손·어깨·발·무릎은 칼을 쓸 때에 움직이는 신체부위이고,
'쓰윽쓰윽', '휘익휘익' 하는 것은 칼을 움직일 때 나는 소리이다. 편의에
따라 기교를 써서 몸의 움직임과 칼 움직이는 소리가 모두 적절하게 표현되
었다. 여기가 바로 천기天機가 구현된 곳이니, 장자의 문장 또한 한 편의
생동하는 그림이다. [按, 手肩足膝, 用刀時, 形之所動者也, 砉然騞然, 用刀時, 聲之
所應者也. 因便施巧, 形聲俱適. 此天機流動處, 而莊子之文, 亦一活畵.]

⑰ 譆 : 음은 '희熙'이다. 탄식하는 것이다. [音熙, 嘆也.]

⑱ 釋刀 : 공경스러운 태도로 대답하는 것이다. [敬其對也.]

⑲ 臣之所好者道也, 進乎技矣 : "좋아하는 것은 도인데, 단지 그것을 기술에
의탁하는 것일 따름이다"라는 말이다. 기술보다 앞선다는 것은 일개 말단적
인 기술에 그치는 것이 아니라는 말이니, 문혜군이 기술이라고 말했기 때문
에 대답이 이와 같았던 것이다. [言所好者道, 特寓之於技耳. 進乎技者, 言不止於一
技之末而已, 文惠君以技稱之, 故所對如此.]

⑳ 所見無非牛者 : 소의 온몸이 한덩어리가 되어 틈이 없다는 것이다. [牛之全

---

9) 황종률 : 중국 律呂체계의 기본이 되는 율을 가리킨다.

體, 渾然無間.]

㉑ 未嘗見全牛也 : 뼈마디 사이, 근육과 맥락이 뭉친 곳 등이 조각조각 분리되어 환하게 눈에 들어오니, 소는 해체하지 않아도 해체된 것으로 보인다. 그래서 눈에 온전한 소가 없게 되는 것이다. [骨節之間, 筋絡之會, 片片*分析, 昭在眼中, 雖不解而若解. 所以目無全牛也.(*片 : 국역대본에는 '言'으로 되어 있으나 오기로 판단됨)]

㉒ 始臣之解牛之時……而不以目視 : 소를 잡기 시작해서 3년까지는 여전히 눈으로 소를 보았는데, 19년이 지난 지금은 정신으로 대한다는 것이다. 눈으로 보는 것은 기술에 해당하고, 정신으로 대하는 것은 도이다. [三年則猶以目視, 十九年則特以神契. 以目視者技也, 以神契者道也.]

㉓ 官 : 눈은 보는 것을 담당하고 귀는 듣는 것을 담당하며 손은 잡는 것을 담당하고 발은 걷는 것을 담당하기 때문에 모두 '관官'이라고 말한 것이다. [目司視, 耳司聽, 手司執, 足司行, 皆謂之官.]

㉔ 官知止 : "감각기관으로 인식하는 것을 멈춘다"라는 것은 "여러 감각기관을 통해 인식하는 것을 모두 멈추고 사용하지 않는다"라는 말이다. [官知止者, 言諸官之所知, 皆止而不用.]

㉕ 官知止, 而神欲行 : 바야흐로 소를 잡을 때에, 감각기관을 통한 인식을 모두 멈추고 가만히 섰는데 정신이 저절로 움직여서 행하고자 하는 것이다. 정신이 행하고자 하기를 기다려서 행하는 것은 억지로 하는 것이 아니다. [方解牛之時, 官知皆止, 凝然以立, 而自然神動, 欲行之也. 俟其神欲行而行之, 非强也.]

㉖ 依乎天理 : '의依'는 '따르다'라는 뜻이다. 자연적으로 이루어진 살결을 따라 해체하는 것이다. [依, 脩也. 脩其天成之腠理, 而解之也.]

㉗ 批 : 음은 '피披'이니, 치는 것이다. [音披, 椎也.]

㉘ 大郤 : '극郤'은 '극隙'(틈)과 통한다. '큰 틈'은 뼈와 마디가 연결되는 곳이니, 이곳을 쳐서 떨어지게 하는 것이다. [與隙通. 大郤, 骨節交際之處也, 批之令離.]

㉙ 導 : 칼로 인도引導하는 것이지 힘을 쓰는 것이 아니다. [以刀引也, 不用力也.]

㉚ 大窾 : '관窾'은 '고苦'와 '관管'의 반절이다. '큰 구멍'은 뼈마디 사이의 크게
비고 갈라진 곳이어서 칼을 넣으면 해체된다. [苦管切. 大窾, 骨節之間, 大空罅
處也, 導之卽解.]

㉛ 固 : 어떤 본에는 '자自'로 되어 있다. [一作自.]

㉜ 依乎天理……因其固然 : '고연固然'은 자연적인 결이니, '큰 틈', '큰 구멍'
처럼 저절로 갈라지는 곳이다. "나는 단지 그것에 의거하여 소를 해체할
뿐이니, 빈틈을 타고 결을 따라 칼을 써서 일찍이 칼에 부담을 주지 않았다"
라는 말이다. [固然, 天理也, 卽大郤大窾之自分處也. 我但因而解之, 乘虛順理, 未嘗
勞刀.]

㉝ 肯 : 『설문해자說文解字』[10]에는 '긍肎'자로 되어 있다. '살과 뼈가 붙어 있다'
는 뜻이다. [說文作肎, 着肉骨也.]

㉞ 肯綮 : '경綮'은 '고苦'와 '정挺'의 반절이니, '결結'과 같다. '긍경肯綮'은 뼈와
살이 연결된 곳이다. [苦挺切, 猶結也. 肯綮, 骨肉聯絡處.]

㉟ 軱 : 음은 '고姑'이니, 큰 뼈이다. [音姑, 大骨也.]

㊱ 技經肯綮之未嘗, 而況大軱乎 : "나의 기술 수준이 일찍이 뼈와 살이 엉킨
곳에 칼이 지나가거나 걸린 적이 없었을 정도인데, 하물며 큰 뼈이겠는가?"
라는 말이다. [言我之爲技, 未嘗經綮於肯綮之處, 況大骨乎.]

㊲ 良庖 : 기술이 좋은 백정이다. [庖之善者也.]

㊳ 族庖 : 보통사람으로서 백정 노릇을 하는, 기술이 좋지 못한 자이다. [衆人之
爲庖, 劣者也.]

㊴ 折 : '뼈를 부러뜨린다'는 말이다. 여러 학자들이 모두 '칼이 부러진다'(刀折)
로 해석하였는데, 잘못이다.[11] [折, 言其折骨也. 諸家皆以刀折解之, 誤矣.]

---

10) 『설문해자』: 중국 한나라 때 許愼(30~124)이 만든 문자해설서. 흔히 『說文』으로
약칭한다.
11) 여러 학자들이 ~ 잘못이다. : 임희일의 『장자구의』에서는 "솜씨가 좋지 못한 백정
은 한 달에 한 번 칼을 바꾸니, 큰 뼈를 자르다가 칼이 상하거나 혹 부러지게 되기
때문이다"(庖之劣者, 則其刀一月一更, 以其斫大骨, 而有損刀, 或折也)라고 해석하였고,

⑩ 良庖歲更刀, 割也, 族庖月更刀, 折也 : 소 잡는 기술이 좋은 백정도 오히려 자연의 결에 의거하여 칼을 쓰지 못해서 뼈와 살이 엉긴 것을 자르고 베기 때문에 해마다 칼을 바꾸고, 기술이 좋지 못한 백정은 큰 뼈를 부수거나 부러뜨리기 때문에 달마다 칼을 바꾸는 것이다. [庖人善者, 猶未能因其固然, 而割切其肯綮, 故歲更一刀, 庖之劣者, 斫折其大軱, 故月更一刀.]

⑪ 十九年 : 음수와 양수를 다한 것이다. [歷陰陽之數也.]

⑫ 新發於硎 : ‘硎’의 음은 ‘형刑’이고, 숫돌을 뜻한다. 금방 갈아 낸 듯하다는 뜻이다. [音刑, 砥石也. 若新磨也]

⑬ 彼節者有間 : 마디란 두 뼈가 연결되는 곳이니, 연결되는 곳에는 반드시 틈이 있다. [節者, 兩骨交際之縫也, 縫處必有間.]

⑭ 刀刃無厚 : 칼날은 지극히 얇다. [至薄者, 刃也.]

⑮ 以無厚入有間 : 두께가 없으면 걸림이 없고, 틈이 있으면 들어갈 수 있다. [無厚則無所礙, 有間則有所容.]

⑯ 恢恢乎 : ‘회恢’는 ‘크다’는 뜻이니, ‘회회恢恢’는 크고 또 큰 것이다. [恢大也, 恢恢, 大而又大也.]

⑰ 以無厚入有間……必有餘地矣 : “뼈마디 사이에서 칼날을 놀리니 넓고 넓을 뿐만 아니라 또 여유 공간이 있다”라는 말이다. 비록 마디는 틈이 있고 칼날은 두께가 없으나, 어찌 반드시 이처럼 넓고 넓겠는가? 창틈에 이 한 마리를 매달아 놓고 3년 동안 그것을 보면 이가 수레바퀴만큼 커 보이니, 그 이치가 같은 것이다. 포정의 칼은 기창紀昌의 화살[12] 같은 것인가? [言以刃遊弄於骨節之間, 非但恢恢, 又有餘地矣. 節雖有間, 刃雖無厚, 而豈必如是恢恢乎. 窓

박세당의 『남화경주해산보』에서는 “뼈를 건드려서 칼이 부러진다”(中骨而折刀也)라고 해석하였으며, 곽상의 『장자주』에서도 “뼈를 건드려서 칼이 부러진다”(中骨而折刀)라고 해석하였다.

12) 기창의 화살 : 紀昌은 『列子』「湯問」에 나오는 고대 전설 속의 명궁이다. 일찍이 飛衛에게서 활쏘기를 배웠는데, 벼룩 한 마리를 실에다 꿰어 창문에다 걸어 놓고는 매일 시선을 집중시킨 결과, 3년 만에 벼룩이 수레바퀴처럼 크게 보여 그 심장을 관통할 수 있었다고 한다.

間懸一蝨, 而視之三歲, 蝨大如輪, 其理一也. 庖丁之刀, 如紀昌之矢乎.]

○ 한원진이 말하였다. "포정이 소를 해체하는 이 한 문단은 '중도를 따라 상법으로 삼는다'는 뜻을 비유한 것이다. '저 마디는 틈이 있다'는 것은 곧 선과 악은 거리가 있다는 것이고, '두께가 없는 칼날이 저 틈이 있는 마디에 들어간다'는 것은 곧 몸이 선과 악의 사이에서 움직인다는 것이다. 그리고 '칼날을 움직이는 데 있어 넓고 넓다'는 것은 곧 몸이 선과 악의 사이에서 행동함에 있어서 넓고 넓어 주변의 재앙에 부딪칠 걱정이 없다는 것이다." [韓南塘云, 庖丁解牛一段, 喻緣督爲經之意. 彼節有間, 卽善惡之有間, 以刀刃無厚, 入於彼節有間, 卽以身行於善惡之間也, 恢恢遊刃, 卽身之行於善惡之間者, 恢恢然無左右觸禍之患也.]

㊽ 族 : 입성入聲이다. '족族'은 근육과 뼈가 모여 엉긴 곳이다. [入聲. 族, 筋骨之聚會盤結者也.]

㊾ 吾見其難爲 : 위에서는 "억지로 행하지 않는다"라고 말하였고, 여기서는 "처리하기 어려움을 알아서 신중할 줄 안다"라고 말하고 있다. [上言行其所無事, 此言知難知愼.]

㊿ 怵然 : 마치 마음에 변화가 있는 듯한 것이다. [若有變動於心也.]

(51) 爲 : 거성去聲이다. 아래도 같다. [去聲. 下同.]

(52) 視爲止 : '다시 다른 물건에 눈길이 닿지 않는다'는 말이다. [言不復屬目於他物也.]

(53) 行爲遲 : 그 손을 천천히 움직이는 것이다. [徐用其手也.]

(54) 動刀甚微 : 가볍게 가볍게 칼을 움직이는 것이니, 감히 힘을 많이 주지 못하는 것이다. [運刀輕輕然, 不敢甚着力也.]

(55) 謋 : 음은 '획畫'이다. [音畫.]

(56) 謋然 : '갑자기'라는 뜻이다. [忽然之意.]

(57) 謋然已解 : 순식간에 근육과 뼈가 갑자기 해체되는 것이다. [無何之頃, 筋骨忽然自解.]

⑱ 如土委地 : '결이 해체되어도 칼을 쓴 흔적이 없어서 마치 흙을 모아 놓은 듯하다'는 말이다. [言理解而無刀跡, 若聚土也.]

⑲ 爲 : 다섯 개의 '위爲'자가 모두 힘이 있다. [五爲字, 皆有力.]

⑳ 爲之躊躇 : 해체한 소를 두루 살펴 혹 처리함에 미진한 점이 있지나 않은지를 염려하여 다시 머뭇거리는 것이다. [周察其所解, 而慮其或有未盡於理者, 更爲躊躇也.]

㉑ 滿志 : '뜻대로 되다'라는 뜻이니, 자만함을 말하는 것은 아니다. [如意也, 非曰自滿也.]

㉒ 善刀而藏之 : 그 칼을 잘 닦아서 간직하는 것이다. 바야흐로 소를 해체할 때에는 정신이 움직여 기세 좋게 칼을 놀리지만, 해체된 이후에는 신묘한 기량은 감추고 조용히 정돈하여 가지런히 하니 더욱 볼만하다. [善爲拂拭其刀, 而藏之也. 方其解牛之時, 神動而沛然揮霍, 旣解之後, 斂却神功, 從容整齊, 尤可觀.]
○ 이원탁李元卓[13]이 말하였다. "칼을 움직이는 소리가 쓰윽쓰윽 하고 들리니 외물에 응하는 수고로움이 없고, 칼을 움직이는 것이 매우 정미로우나 외물과 다투는 마음이 없으며, 칼을 놓고 대답하니 외물에 미련을 두어 구속됨이 없고, 칼을 잡고 서 있으니 외물에 끌리어 따라감이 없으며, 칼을 잘 닦아 간직함으로써 다시 무용無用으로 돌아간다." [李元卓云, 奏刀騞然, 而無應物之勞, 動刀甚微, 而無競物之心, 釋刀而對, 無留物之累, 提刀而立, 無逐物而遊, 善刀而藏, 復歸於無用矣.]
○ 저백수가 말하였다. "19년이 되었지만 칼날이 금방 숫돌에서 갈아낸 것 같으면 몹시 번거로운 일을 처리한 것이 그 얼마나 많은지 알 수 없지만 나의 정기精氣는 오랜 세월이 흘러도 피곤하지 않은 것이다. 칼을 잘 닦아서 보관하는 데 이르면 곧 외물에 대응하는 여가에 지혜를 거두고 빛을 감추어 물物은 그 적절함을 다하고 일은 그 이치를 극진히 하여 이용利用이 일찍이 조금도 이지러지지 않은 것이다." [褚氏云, 十九年而刀若新發於硎, 則制煩治劇, 不知其幾, 而吾之精者, 愈久而不弊. 至于善刀而藏, 則應物餘暇, 斂知韜光, 物遂其適,

---

13) 이원탁 : 중국 송나라 때 사람으로, 자는 士表이다. 『莊列十論』을 지었다.

事盡其理, 吾之利用, 未嘗或虧.]

○ 박세당이 말하였다. "시선을 집중하고 행동을 느리게 하며 칼을 매우 세밀하게 움직이는 것은 매우 신중한 것이다. 스르륵 해체되어 흙덩이처럼 땅에 떨어지는 것은 일이 제대로 이루어진 것이다. 칼을 잡고 서서 머뭇거리며 사방을 둘러보는 것은 이미 일이 제대로 이루어졌지만 조심하고 또 조심하는 것이다. 마음에 흡족함을 느낀 뒤에 칼을 잘 닦아 간직하는 것은 특별한 총애를 차지하지 않는 것이니, 그의 경지가 도에 가까웠음을 알 수 있다." [西溪云, 視止行遲, 動刀甚微, 謹之至也. 謋然已解, 如土委地, 事之得*也. 提刀而立, 躊躇四顧者, 事旣得矣, 謹之又謹也. 滿志之後, 善刀藏之者, 不居於寵利也, 可見其近於道矣.(*得 : 국역대본에는 '謂'로 되어 있으나 '得'의 오기임)]

㉖ 文惠君曰善哉……得養生焉 : 포정의 말을 한 번 듣고 미루어 양생법을 아니 문혜군 또한 거의 도를 깨달은 인물이다. 그러나 이 대목을 보고 나는 문혜군을 양혜왕이라고 한 것을 더욱 믿지 못하겠다.[14] 포정의 이 도를 미루어 나아가면 어찌 양생법을 아는 데 그치겠는가? [一聞其言, 反隅養生, 文惠君亦幾於道也. 以文惠君爲梁惠王, 吾於斯, 尤未信焉. 然推是道也, 奚止養生.]

◇ 이상은 두 번째 단락이다. 앞 단락에서는 지知 곧 마음을 양생의 주재자라고 하였고, 이 문단에서는 비유를 통해 그것을 증명하였다. '외물'을 '소'에, '마음'을 '칼'에 비유한 것이다. '마음'은 '몸'의 주인이고, '정신'은 '마음'의 주인이다. 이 단락에서는 오로지 정신을 기르는 것에 대하여 말하였다. "천리天理에 의지한다", "본디 그러함에 인한다", "두께가 없는 것을 틈이 있는 곳에 넣는다", "매번 근육과 뼈가 엉긴 곳에 이르러서는 칼을 매우 세밀하게 움직인다"라고 말한 것이 그 핵심이다. '틈이 있다'는 것은 결(理)을 두고 한 말이다. 모든 물건의 맥락이 갈라지는 곳을 결이라고 하니, 이른바 '옥의 결', '나무의 결'이라고 하는 것으로 보면 '리理'자의 뜻을 알 수가 있다. 그 지체가 나누어지는 곳에는 반드시 틈이 있고, 틈이 있는 곳은 반드시

---

14) 이 대목을 ~ 못한다 : 「양생주」 제2단의 원주 ② 참조.

비어 있으니, 그 빈 곳이 곧 결이 붙는 곳이다. 그러므로 "결(理)은 작으나 길(道)은 크다"라고 하는 것이다. '두께가 없다'는 것은 '지知'를 말한 것이니, '지'는 마음의 영靈으로서 지극히 정미하여 아무리 작은 것이라도 쪼갤 수 있고 아무리 단단하여도 뚫을 수 있다. 그러므로 "마음이 작아지고자 해서 지극히 정미해진다면 텅 빈 곳에 들어감에 어찌 걸림이 있겠는가?"라고 하는 것이다. 틈이 있다는 것은 '텅 빈' 것이고 두께가 없다는 것은 '밝다'는 것이니, '허虛'와 '명明' 두 글자는 곧 양생의 실제 부절이다. 사물이 복잡하게 섞여 있어도 그 옳음과 그름, 선함과 악함의 사이, 이로움과 해로움, 얻음과 잃음의 사이, 취함과 버림, 행함과 그침의 사이 그 자체에 천리의 본질적 속성이 내포되어 있다. 나는 단지 그것에 의거하여 행할 뿐이고 모두가 스스로 그러한 것이어서, 거스르는 외물이 없고 나도 피로하지 않아 정신이 저절로 온전하게 된다. 그러나 일에는 '큰 틈', '큰 구멍' 같이 쉽게 보이는 틈이 있는 것도 있고, '족族'처럼 틈이 있으나 알기 어려운 것이 있다. 처리하기 어렵다고 해서 그냥 지나쳐 버리면 일이 잘못되어 근심하기 십상이다. 그러므로 감히 그 능력을 자랑하지 않고 조심 또 조심하면 반드시 실패하지 않는다. 그런데 하물며 형벌을 가까이하겠는가?

右第二段. 前段以知爲養生之主, 此段設譬以明之也. 物譬則牛也, 知譬則刀也. 知者形之主也, 神者知之主也. 此段專以養神言, 其曰依乎天理, 因其固然, 其曰以無厚入有間, 其曰每至於族, 動刀甚微, 此其要也. 有間者以理言也. 凡物之脉絡條分處, 皆謂之理, 以所謂玉理木理者觀之, 理字之義可知. 其條分處, 必有間, 有間處, 必虛, 虛處卽理之所寓也. 故曰, 理細而道大. 無厚者以知言也, 知者心之靈, 而至精至微, 無細不析, 無堅不透者也. 故曰, 心欲小以至精, 入於虛處, 何嘗有礙乎. 故有間者虛也, 無厚者明也, 虛明二字, 乃養生之實符也. 事物紛錯, 而其於是非善惡之間, 利害得失之間, 取舍行止之間, 自有天理固然者. 我但依而行之, 咸其自爾, 物無所拂, 我無所勞, 而神自全矣. 然而事有如大郤大窾, 而其有間易見者, 始族而其有間難知者, 難處若放過, 則易致慮失. 故不敢恃其能, 而謹之又謹, 必無見敗, 況近於刑乎.

○ 앞에서 포정의 허다한 언설을 서술하고 끝에서 '득양생得養生' 세 자로

끝맺으면서 다시 한마디 말도 덧붙이지 않았으니, 문장이 신묘한 경지에 이르렀다. 유자후柳子厚[15]의 「재인전梓人傳」·「곽탁타전郭橐駝傳」[16]은 뒷부분에서 말을 뒤집어 앞부분의 각주脚註로 삼았으나 말이 쓸데없이 길다. 굴삼려屈三閭[17]의 「복거卜居」[18], 한퇴지의 「송궁문送窮文」[19], 유자후의 「걸교문乞巧文」[20] 등은 「양생주」의 이 단락과 같은 체제이나, 세 사람이 처음부터 모르고 물은 것이 아닌데 듣는 자가 무엇 때문에 시끄럽게 꼭 대답한 것인가? 그러므로 「복거」의 끝부분에서는 단지 "점을 쳐도 진실로 알지 못할 일"[21]이라는 말로 끝맺었으나, 궁귀窮鬼와 천손天孫의 대답이 너무 많아 이 문장은 예스럽지 못하다.

上敍庖丁許多說話, 而卒乃以得養生三字結之, 更不着一言, 神於文者也. 柳子厚梓人傳郭橐駝傳, 下面翻說, 爲上面註脚, 涉於冗長. 如屈三閭卜居篇, 韓退之送窮文, 柳子厚乞巧文, 同一體, 而三子者, 初非不知而問也, 聽之者, 何必呶呶以答乎. 故卜居之末, 只以龜策誠不知事, 結之, 而窮鬼天孫之答甚多, 此文不古者也.

---

15) 유자후 : 중국 당나라 때의 문인 柳宗元(773~819)을 말한다. 子厚는 그의 자이며, 출신지가 河東이고 柳州刺史를 지냈기 때문에 柳河東이나 柳柳州로도 불린다. 韓愈와 함께 古文의 대가로 병칭되었다. 『柳河東集』 등의 저술이 전한다.

16) 「재인전」·「곽탁타전」 : 「梓人傳」은 목수가 건물을 지을 때 적재적소에 인재를 부리는 것을 가지고 천하를 다스리는 재상의 도리에다 비유한 글이고, 「郭橐駝傳」은 나무를 심는 일을 가지고 백성을 다스리는 방법을 비유한 글이다.

17) 굴삼려 : 屈原을 가리킨다. 초나라 懷王 때 三閭大夫를 지냈으므로 그를 屈三閭로 부르기도 한다.

18) 「복거」 : 굴원이 쫓겨난 뒤 자신이 邪佞함을 따라야 할지 正直함을 따라야 할지 정하지 못하여 蓍龜에게 자신의 거처를 점쳐서 묻는다는 내용이다.

19) 「송궁문」 : 한유가 智窮·學窮·文窮·命窮·交窮의 다섯 窮鬼가 자신을 괴롭힌다고 토로하면서 그들을 내쫓기 위해 지었다는 글이다.

20) 「걸교문」 : 예로부터 칠석날 밤에 부녀자들이 견우와 직녀 두 별을 향해 길쌈과 바느질 솜씨가 좋아지게 기원하는 것을 '乞巧'라고 하는데, 유종원이 謀身策의 졸렬함을 버리기 위해 견우와 직녀에게 기원하는 내용의 글이다.

21) 점을 ~ 못할 일 : 『楚辭章句』 권6 「卜居」에, "그대의 마음 가는 대로, 그대의 뜻대로 행하시오. 점을 쳐도 진실로 이 일은 알 수 없는 것이라오."(用君之心, 行君之意. 龜策誠不能知此事)라는 구절이 있다.

제3단

공문헌公文軒이 우사右師를 보고 놀라서 말하였다. "이 사람은 어떤 사람인가? 어찌 발이 하나인가? 운명인가, 사람이 그렇게 한 것인가?" (공문헌이) 말하였다. "하늘이 그렇게 한 것이지 사람이 그렇게 한 것이 아니다. 하늘이 이 사람을 낼 때에 발이 하나이게 하였다. 사람의 모양은 두 발이 있는 것이니, 이 때문에 운명이고 사람이 그렇게 한 것이 아님을 알겠다."

公文軒①見右師②而驚曰, 是何人也. 惡乎介③也, 天與其人與④. 曰⑤, 天也, 非人也. 天之生是使獨⑥也. 人之貌有與⑦也, 以是知其天也非人也⑧.

① 公文軒 : 공문公文은 성이고 헌軒은 이름이니, 송나라 사람이다. [公文, 姓, 軒, 名. 宋人.]

② 右師 : 관직 이름이다. [官名.]

③ 介 : '개介'는 어떤 책에는 '올兀'로 되어 있는데, 또 '월跀'로 되어 있는 책도 있다. 곽상이 말하였다. "'개介'는 한쪽 발뒤꿈치가 잘린 사람에 대한 명칭이다." [介, 一本作兀, 又作跀. 郭氏云, 介, 偏削之名也.]

④ 天與其人與 : "운명이어서 지혜로는 어쩔 수 없었던 것인가, 지혜를 잘못 사용하여 자초한 것인가?"라는 말이다. [言由於命而知之所無奈耶, 不善用知而自取耶.]

⑤ 曰 : 자문자답한 것이다. [自問而自答也.]

⑥ 獨 : 한쪽 발만 있는 것을 말한다. [獨, 謂一足獨存也.]

⑦ 有與 : 두 발로 나란히 걷는 것을 말한다. [有與, 謂兩足並行也.]

⑧ 以是知其天也非人也 : 여혜경이 말하였다. "우사는 사람 모양을 하고 있지만 자연 그대로인 자이다. 꿋꿋이 한 발로 서 있어서 사람이 아닌 것으로

의심한 것이다." [呂氏云, 右師, 人貌而天者也. 介然獨立, 故疑其非人.]

○ 임희일이 말하였다. "무릇 사람의 몸은 두 발이 있어서 서로 나란히 하여 걷는다. 그러나 이 사람은 여러 사람 가운데 홀로 이처럼 특이하니, 곧 하늘이 그렇게 되도록 한 것이지 사람이 그렇게 한 것이 아니다. 대개 '인간세상에 남음과 부족함이 있는 것은 모두 조물주가 그렇게 한 것이다. 설사 사람이 그렇게 만들었다고 하더라도 그것은 조물주가 시켜서 그렇게 된 것이니, 또한 순순히 받아들여야 한다'라는 말이다." [林氏云, 凡人之形有兩足, 相并而行, 此於衆人之中, 獨異如此, 便是天使之, 非人使之也. 盖謂人世有餘不足, 皆是造物, 雖人做得他底, 也是造物爲之, 而亦當順受之也.]

○ 박세당이 말하였다. "악을 행하여 형벌을 받는 것은 하늘의 도이고, 태어날 때 두 발이 있는 것은 사람의 본성이다. 우사는 양생을 잘하지 못하여 몸을 상하게 하는 재앙을 자초하였으니, 하늘의 도에는 어긋나지 않았어도 사람의 도리에 있어서는 결점이 있다. 그러므로 '그것은 하늘의 도이지 사람의 본성이 아님을 알겠다'라고 말한 것이다. '비인非人'은 '몸을 보존하여 삶을 온전하게 하지 못해서 그 본성의 바름을 잃었다'는 것이니, 이것이 사람이 사람이 된 까닭이 아니라는 것이다. 사람에게 두 발이 있는 것은 하늘의 이치이고 악을 행하여 형벌을 받는 것은 사람의 일인데, 공문헌의 말은 우사로 하여금 발이 하나이게 한 것을 하늘의 이치라고 하고 둘이 있는 것을 사람의 본성이라고 했으니, 하늘의 벌은 피할 수가 없고 사람의 본성은 온전하지 않음이 없음을 다시 밝힌 것이다. 반어법을 써서 그 뜻이 깊으니, 양생의 도를 잃어버린 사람의 잘못을 경계함이 친절하다." [西溪云, 爲惡而刑, 天之道也, 生有兩足, 人之性也. 右師不善養生, 自取形禍, 則於天道而不舛, 在人理則有虧. 故曰, 知其天也非人也. 非人, 謂不能保身全生, 失其性命之正, 是非人之所以爲人也. 盖人有兩足者, 天之理也, 爲惡而戮者, 人之事也, 而今公文軒之言, 以使獨者爲天, 而有與者爲人, 則又以明天討之不可逭, 而人性之無不全. 其辭反而其旨深, 所以警人之失養生之道者, 切矣.[22]]

---

22) 이 부분은 『남화경주해산보』의 기술 내용과 약간의 차이가 있다. 『남화경주해산보』의 내용은 다음과 같다. "按, 此解者, 不同公文軒之意. 以爲爲惡而刑, 天之道也, 生

○ 한원진이 말하였다. "'유여有與'의 '여與'자는 어조사이다. '천여天與', '인 여人與'의 '여與'와 같으니, '사람의 모양이 이 사람처럼 발이 하나인 경우가 있는가? 사람의 모양은 본래 하나인 경우가 없는데 이 사람만 하나이니, 하늘이 그렇게 한 것임을 알겠다'라는 말이다." [南塘云, 有與之與字, 語助辭, 與天與人與之與同. 言人之貌有是獨也與, 人貌本無是獨而斯人也獨, 則知其天也云.]

◇ 이상은 세 번째 단락이다. 악을 행하여 형벌을 받아서 몸이 온전하지 못한 것을 말한 것이다.

右第三段. 言爲惡而刑, 形之不全者也.

제4단

늪에 사는 꿩은 열 걸음에 한 번 쪼아 먹고 백 걸음에 한 번 물을 마시지만 새장 속에서 길러지기를 바라지 않는다. 정신이 왕성하여도 좋지는 않기 때문이다.

澤雉, 十步一啄, 百步一食①, 不蘄畜於樊②中. 神雖王③, 不善也④.

① 十步一啄, 百步一食 : 임희일이 말하였다. "마시고 쪼기가 어렵다는 말이 다." [林氏云, 飮啄之難也.]

② 樊 : 꿩을 기르는 새장이다. [養雉之籠.]

③ 王 : '왕旺'(왕성하다)과 같다. [與旺同.]

有兩足, 人之性也. 右師不善養其生以自取, 夫形禍則於天道而不舛, 在人理則有虧. 故曰, 知其天也非人也, 非人謂非夫人之所以爲人也. 言人能保身全生, 而不失其性命之正, 方可謂 能得人之所以爲人之理, 而右師刖足, 未可謂得其理也. 盖人有兩足者, 天之理也, 爲惡而戮 者, 人之事也, 而今公文軒之言, 以使獨者爲天, 而有與者爲人, 則又以明天討之不可逭, 而 人性之無不全. 其辭反而其旨深, 所以警人之失養生之道者, 可謂切矣."

④ 神雖王, 不善也 : 임희일이 말하였다. "새장 속에서 마시고 먹는 것이 비록 배가 부르고 그 정신이 왕성한 듯하여도 끝내 좋지 않은 것이다." [林氏云, 籠中之飮啄, 雖飽, 雉之精神, 雖若暢旺, 而終不善.]

○ 초횡이 말하였다. "늪에 사는 꿩은 새장 속을 괴롭게 여기고, 그 정신을 즐겁게 할 것을 생각한다." [焦氏云, 澤雉, 以樊中爲苦, 思以善其神.]

○ 박세당이 말하였다. "몸이 비록 왕성하고 윤택하여도 정신은 진실로 좋다고 여기지 않는다." [西溪云, 形雖旺澤, 而神固不以爲善也.]

◇ 이상은 네 번째 단락이다. 앞 단락에서는 몸이 온전하지 못한 것을 말하였고, 이 단락에서는 몸이 비록 온전하다고 해도 정신이 온전하지 못한 것을 말하였다. 몸이 온전하지 않은 것과 정신이 온전하지 않은 것은 모두 양생養生을 잘하지 못한 것이다.

저 앵무새는 말을 할 줄 알기 때문에 새장에 갇히고, 새매는 사냥을 잘하기 때문에 줄에 묶인다. 꿩이 새장 속에서 길러지는 것도 화려한 깃털이 있기 때문이다. 사람이 명예 때문에 세상에 얽매이는 것 또한 그러하다. 그러므로 끼니마다 네 그릇의 밥을 먹는 것이 파리한 모습으로 산택山澤에서 사는 것만 못하고, 으리으리한 큰 집에서 사는 것이 오두막집에서 편안한 마음으로 사는 것만 못하다. 근심과 두려움이 마음속에 가득하면 정신은 자적할 수 없으니, 사람들이 비록 존귀하게 여긴다고 해도 새장 속의 꿩이 사람들에게 사랑받는 것과 무엇이 다르겠는가? 이것은 '선을 행하여 세상에 이름이 알려졌을 때의 근심거리'를 넌지시 말하고 있는 것이다.

이 문단에 대한 여러 학자들의 주장은 같지 않다. 임희일은 "늪의 꿩은 사람이 세상에서 처해 있는 상황을 비유한 것이니, 늘 역경이 많아서 문득 호랑이 꼬리를 밟고 예羿의 과녁 안에서 노니는 격이라는 뜻이다"라고 말하였고, 진심은 "늪의 꿩은 먹을 것을 구하기가 어렵지만 사람에 의하여 길러지기를 바라지는 않는다. 지금 우사右師는 새장 속에 갇힌 격이어서 늪의 꿩보다 훨씬 못하다"라고 말하였는데, 모두 잘못 설명한 것이다.

右第四段. 前段言形之不全, 此段言形雖全而神不全也. 形不全神不全, 此皆不善養生者
也. 夫鸚鵡以能言入籠, 鷹鸇以善獵受緤, 雉之畜於樊中, 亦以有華采也. 人之以名羈縻於
世者亦然. 故每食四蒭, 不如山澤之癯, 廈屋渠渠, 不如蓬蓽之安, 憂懼切於中, 而神無以
自適, 人雖視以尊貴, 而何以異於樊雉之被人愛乎. 此暗說爲善有名之累也. 諸家論此段
不同, 林氏云, 借澤雉喻人生處世, 逆境常多, 便是履虎尾, 遊羿彀之意, 陳氏云, 澤雉求
食之難, 然不願畜於人, 今右師處於樊籠之中, 不及澤雉多矣, 皆誤.

제5단

노담老聃이 죽었다. 진일秦失이 조문 가서 세 번 호곡하고 나오니 제자가
말하였다. "선생님의 친구가 아닙니까?" 진일이 답하였다. "그렇다." "그렇
다면 이와 같이 조문하는 것이 옳습니까?" 진일이 답하였다. "그렇다.
처음에 나는 그가 도를 지닌 사람이라고 여겼는데, 지금은 아니다. 조금
전에 내가 들어가서 조문할 때에 보니, 노인들이 곡을 하는 것은 마치
자식을 잃고 곡을 하는 것 같았고, 젊은이들이 곡을 하는 것은 마치
그 어머니를 잃고 곡을 하는 것 같았다. 그것은 노자가 그들을 감동시켰기
때문일 것이다. 이는 필시 말하기를 바라지 않으면서도 말하게 한 것이
있어서이고, 곡하기를 바라지 않으면서도 곡하게 한 것이 있어서이다.
이것은 천도天道를 저버리고 성정性情과 어긋나서 하늘로부터 받은 바를
잊은 것이니, 옛날에는 이것을 '천도를 저버린 데 대한 형벌'이라고 하였다.
마침 온 것은 선생이 때가 되어서 온 것이고 마침 간 것은 선생이 자연의
이치를 따른 것이니, 때를 편안히 여기고 자연의 이치를 따른다면 슬픔과
즐거움이 끼어들 틈이 없다. 옛날에는 이것을 '상제의 구속이 풀렸다'라고
하였다. 저렇게 눈앞의 땔감은 다해 없어지지만 불은 전해지니, 그 끝을
알 수 없다.

老聃死. 秦失^①弔之, 三號而出. 弟子^②曰, 非夫子^③之友耶. 曰然. 然則弔焉若此, 可乎^④. 曰然^⑤, 始也吾以爲其人也^⑥, 而今非也. 向吾入而弔焉, 有老者哭之, 如哭其子, 少者哭之, 如哭其母^⑦, 彼^⑧其所以會之. 必有不蘄言而言^⑨, 不蘄哭而哭者^{*⑩}. 是遁天^⑪倍^⑫情^⑬, 忘其所受^⑭, 古者謂之遁天之刑^⑮. 適來, 夫子時^⑯也, 適去, 夫子順^⑰也^⑱, 安時而處順, 哀樂不能入也^⑲, 古者謂是帝之縣^⑳解^㉑. 指^㉒窮^㉓於爲^㉔薪^㉕, 火^㉖傳^㉗也, 不知其盡也^㉘.(*者 : 국역대본에는 '者'가 빠져 있음)

① 失 : 음은 '일逸'이다. [音逸.]

② 弟子 : 진일의 제자이다. [秦失之弟子.]

③ 夫子 : 임희일이 말하였다. "부자夫子는 진일을 가리킨다." [林氏曰, 夫子, 指秦失.]

　　○ 어떤 사람은 '노자를 가리킨다'라고 하였다. [或云, 指老子.]

④ 然則弔焉若此, 可乎 : 호곡號哭을 짧게 하여 깊이 슬퍼하지 않으니, 박정薄情하지 않은가 의심한 것이다. [號之不多, 哀之不深, 疑其情之薄也.]

⑤ 然 : '이와 같이 조문하는 것이 옳다'라는 말이다. [言弔之如此, 可也.]

⑥ 始也吾以爲其人也 : '처음 노자를 도가 있는 사람인 것으로 생각하였다'라는 말이다. [言始以老子爲有道之人也.]

⑦ 有老者哭之……如哭其母 : 늙은이와 젊은이 할 것 없이 모두 슬퍼하여 마치 자식이나 어머니가 죽은 것처럼 우는 것은, 노자를 깊이 사랑하여 지극히 슬퍼하는 것이다. [老者少者, 無人不哀, 如子如母, 愛之深而哀之至者也.]

⑧ 彼 : 노자를 가리킨다. [指老子.]

⑨ 言 : 슬픔을 이야기하는 것이다. [說哀.]

⑩ 彼其所以會之, 必有不蘄言而言, 不蘄哭而哭者 : 모든 사람이 이렇게 깊이 슬퍼하고 지극히 사랑하게 된 것은, 노자가 평소 타인에게 먼저 은혜를 베풀어서 사람의 마음을 깊이 감동시켰기 때문에 그렇게 해 주기를 바라지

않았음에도 사람들이 그렇게 한 것일 뿐이다. 다만 노자가 만약 죽음과 삶이 같은 것이라는 이치만으로는 죽음의 의미를 설명하기에 부족하다고 생각해서 평소에 죽음의 의미를 밝혔더라면 사람들이 의식적으로 슬픔을 잊으려 하지 않고도 저절로 잊었을 것이니, 노인과 젊은이가 무엇 때문에 이처럼 곡을 하였을 것이며 제자는 무엇 때문에 세 번 호곡하는 것을 의아하게 여겨 따져 물었겠는가? [使人人有此深哀至愛者, 是老子平日, 先物施惠, 感會人心者, 必有怛焉, 不期然而然耳. 且老子若以死生如一之理, 不足怛化之義, 素有明之者, 則人亦不蘄乎忘哀, 而自忘矣, 老者少者何以哭之如此乎, 弟子何必疑於三號而問之乎.]

⑪ 遁天 : 자연의 변함없는 이치를 등지는 것이다. [反天道之常也.]

⑫ 倍 : '배背'와 같다. [與背同.]

⑬ 倍情 : 성정의 진면목과 어긋난다는 뜻이다. [背性情之眞也.]

⑭ 忘其所受 : 하늘로부터 부여받은 명命을 잊었다는 것이다. [忘其所受於天之命也.]

⑮ 遁天之刑 : 하늘에 죄를 지었음을 말한다. [謂得罪於天也.]
　○ 곽상이 말하였다. "다른 사람을 감동시킴이 너무 깊어 적당함에서 그치게 하지 못한 것은 자연의 이치를 등진 것이다. 근심과 즐거움 속으로 내달리면 비록 형벌을 받지 않더라도 마음은 이미 피곤하고 고통스러우니, 이것이 형벌이 아니겠는가?" [郭氏云, 感物太深, 不止於當, 遁天者也. 馳騖於憂樂之境, 雖楚戮未加, 而性情已困痛, 非刑乎.]

⑯ 時 : 하나의 때이다. [一時也.]

⑰ 順 : 이치를 따르는 것이다. [理之順也.]

⑱ 適來……夫子順也 : '적適'은 '때마침'이라는 뜻이다. [適, 適然也.]

⑲ 適來, 夫子時也……哀樂不能入也 : 노자가 태어나고 죽은 것은 모두 때마침 그렇게 된 것일 따름이다. '때마침'이라는 것은 작위함이 없는데도 그렇게 되고 오게 함이 없는데도 오는 것이니, 곧 하늘이 그렇게 하는 것이다. 그 때에 해당하면 그것을 편안히 여길 줄 알고 하늘의 이치를 알아 거기에

처하며 하늘에서 받은 명을 순순히 따르기만 하면 슬픔과 즐거움이 마음속에 들어올 수가 없다. 슬픔과 즐거움은 마음속에서 생겨나는 것이고, 태어남과 죽음을 외적인 것으로 생각했기 때문에 '입入'이라고 한 것이다. [其來其去, 皆適然耳. 適然者, 莫之爲而爲, 莫之致而致也, 乃天也. 當其時而安之, 知其順而處之, 聽其所受於天而已, 則哀樂不能入也. 哀樂生於內, 而以死生爲外, 故曰入.]

⑳ 縣 : 위에 묶인 것은 모두 '현縣'이라고 한다. 후세에 '심心'을 더하여 '현懸'이 되었다. [凡係於上者, 謂之縣. 後世加心爲懸.]

㉑ 帝之縣解 : 박세당이 말하였다. "진일이 노자를 곡한 것은 본디 죽음의 세계로 들어가는 노자를 놀라게 하지 않으려는 것이었는데, 제자는 '진일이 친구에게 박하게 대한 것이 아닌가?' 하고 의심한 것이다. 그 때문에 그렇게 행동한 것을 스스로 변명하지 않고, 마치 죽음에 처하는 노자의 방법에 진선盡善하지 못함이 있어 태어남을 편안히 여기고 죽음을 자연의 이치에 따르는 것으로 여기지 못했기 때문에 사람들로 하여금 슬픔과 즐거움의 감정에 매이게 한 것에 대해 좋아하지 않는 것처럼 말한 것이다. 대개 참으로 아들을 곡하고 어머니를 곡하는 듯이 한 행위가 자연의 이치를 어기고 사람의 실정을 배반하는 것임을 안다면, 자기가 슬퍼하지 않은 듯이 곡한 것이 친구에게 박하게 대접한 것이 아님을 알 수 있다는 것이다." [西溪云, 秦失之哭老子, 本不欲怛化, 而弟子疑其薄於友, 故不自辨其所以然, 而爲若不悅於老子之所以處化者, 有所未盡善, 不能安時處順, 而使人係乎哀樂之情也. 蓋苟能契哭子哭母之爲, 出於遁天倍情, 則己之所以哭之不哀者, 非薄於友, 可知也.]

○ 임희일이 말하였다. "'현縣'이라는 것은 마음이 묶인 곳이 있다는 뜻이다. '제帝'라는 것은 하늘이다. 죽고 사는 것이 자연스러운 이치임을 안다면 하늘이 죽음과 삶으로써 나를 묶을 수가 없다. '하늘도 나를 어떻게 할 수 없다'라는 말이다." [林氏云, 縣者心有所係着也. 帝者, 天也. 知理之自然, 則天帝不能以死生係着我矣. 言天亦無奈我何也.]

○ 진심이 말하였다. "'현縣'은 '거꾸로 매달렸다'라고 할 때의 '현懸'과 같으니, 괴롭게 묶여 있다는 뜻이다. 천제도 일찍이 죽음과 삶으로 사람을 묶지

않았는데 사람이 스스로 묶은 것이다. 죽음과 삶이 나의 정신을 변화시킬 수 없으면 천제의 속박에서 저절로 풀려날 것이다." [陳氏云, 縣如倒懸之懸, 固縛也. 帝亦未嘗以死生縛人, 人自縛之. 死生無變於己, 帝之縣, 自解矣.]

○ 생각건대 '천제에게 묶였다'는 것은 "죽음과 삶이 천제에게 달려 있다"라는 말이고, '풀렸다'는 것은 "그것이 하늘에 달려 있음을 알지만, 내 마음이 그것 때문에 움직이지 않으면 이것이 바로 풀려난 것"이라는 말이다. '현縣'을 "마음이 묶여 있는 것이다"[23], "거꾸로 매달려 위태롭게 묶여 있는 것이다"[24]라고 풀이한 것은 잘못이다. 그 가운데 "하늘 또한 나를 어쩔 수 없다"라고 말한 것은 너무 지나치다. [按, 帝之縣, 謂死生係於天也, 解者, 謂知其係於天而我無所動心, 則便是解矣. 其以縣爲心有係着, 爲倒懸困縛, 誤矣. 其曰, 天亦無奈我何者, 說得太過.]

㉒ 指 : '지指'자에 대한 해석은 같지 않다. 곽상은 '손가락'으로 보아 "손가락으로 앞에 있는 땔나무를 가리키는 것이다"라고 하였고, 임희일은 '가리키며 보는 것'이라고 풀이하여 "그 땔나무를 가리키며 보는 것이다"라고 하였다. 임희일의 설을 따르는 것이 옳다. [指字解不同. 郭氏爲手指而曰, 以指前薪也, 林氏爲指示曰, 指其薪而觀之. 當從林說.]

㉓ 窮 : '다하다'라는 뜻이다. [盡也.]

㉔ 爲 : '전前'과 같다. [猶前也.]

㉕ 薪 : '신薪'까지가 한 구句이다. [句.]

㉖ 火 : 어떤 사람은 '신화薪火'까지를 끊어 구句로 보았다. 횃불이 전하여 퍼져 간다는 것이다. [一說, 以薪火爲絶句. 爝火傳傳延也.]

○ 생각건대 '작화爝火'는 횃불이니, '신薪'까지를 끊어 구句로 보는 것보다 못하다. [按, 爝火炬火也, 不如以薪爲絶句.]

---

23) 마음이 ~ 것이다 : 임희일의 『장자구의』에서는 "懸은 마음이 묶여 있는 것이다"(懸者, 心有係着也)라고 주석하고 있다.

24) 거꾸로 ~ 것이다 : 진심의 『莊子品節』에서는 "懸은 '거꾸로 매달린다'(倒懸)고 할 때의 '懸'과 같다"(懸如倒懸之懸)라고 주석하고 있다.

㉗ 傳 : 서로 전해져서 이어짐을 말한다. [謂相傳繼續也.]

㉘ 指窮於爲薪, 火傳也, 不知其盡也 : 여혜경이 말하였다. "불은 생명을 비유한 것이고, 땔감은 몸을 비유한 것이다." [呂氏云, 火以喩生, 薪以喩形.]

○ 유개劉槩²⁵⁾가 말하였다. "땔감과 불의 관계에 대한 주장은 정신이 몸에 깃들어 여러 번 옮겨 감을 비유한 것이다. 옛날의 지인이 육체를 여관과 같다고 본 것은 이 때문이다." [劉槩云, 薪火之論, 以譬神舍于形而屢移也. 古之至人, 視形骸爲逆旅者, 以此.]

○ 초횡이 말하였다. "불교 경전에서는 이것을 풀이하여 '불이 땔감에 전해지는 것은 정신이 몸에 전해지는 것과 같으니, 불이 다른 땔감으로 옮겨 붙는 것은 정신이 다른 몸으로 옮겨 가는 것과 같다. 미혹된 사람은 몸이 일생을 살고 나면 죽어서 썩는 것을 보고는 문득 정신과 마음이 함께 없어진다고 생각한다. 이것은 불이 하나의 땔나무에서 다하는 것을 보고는 문득 기한이 끝나서 모두 없어졌다고 생각하는 것이니, 옳은 것인가?'라고 하였다. 설명이 매우 정치하다." [焦氏云, 佛典解此, 火之傳於薪, 猶神之傳于形, 火之傳異薪, 猶神之傳異形. 惑者見形朽於一生, 便謂神情共喪, 猶觀火窮於一木, 便謂終期都盡, 可乎. 其說甚精.]

○ 유신옹이 말하였다. "예로부터 지금까지, 단지 이 불이 어디에서 왔는지를 알지 못했을 뿐 땔감에서 온 것이 아니라는 것은 알 수 있었다. 이 편을 여기에서 끝맺은 것이 오묘하다." [劉須溪云, 自古及今, 只是此火不知從何來, 非從薪來也, 是則可知也. 此篇之結於此, 妙哉.]

○ 박세당이 말하였다. "땔감과 불로 비유한 것은 한 사람의 말일 뿐이다. 그런데 도가에서는 형해를 비유한 것으로, 불가에서는 윤회를 비유한 것으로 여기니, 저 칠원의 노인²⁶⁾이 어찌 다시 도·불의 담론이 있을 줄 알았겠는가? 하나의 이치가 만 가지 형체에 부여되는 것이 마치 하나의 불이 만 개의 땔감에 전해지는 것과 같다는 것이다. 이치는 무궁한데 형체는 유한한

---

25) 유개 : 중국 송나라 때 사람으로, 『莊子』의 「外篇」과 「雜篇」을 주해하였다.
26) 칠원의 노인 : 장자를 가리키는 말로, 柒園의 관리를 지냈다.

것이 또한 불은 다함이 없는데 땔감은 없어지는 것과 같다. 사람은 하늘에서 받은 바를 잊어서는 안 된다. 그런데도 천리를 따르지 않고 때가 되어 하늘로부터 받은 몸을 제멋대로 자기 소유로 여긴다." [西溪云, 薪火一人之說耳, 道者以爲形骸之喩, 佛者以爲輪回之譬, 彼柒園老叟, 豈復知有二家者談哉. 盖謂一理之賦萬形, 猶一火之傳萬薪, 理無窮而形有窮, 亦猶火不盡而薪則盡. 人不可忘其所受於天者, 而不脩天理, 自私自有其適棄之形.]

○ 생각건대 이 단락은, 한편으로 '천도를 저버린 데 대한 형벌'을 말하였으니, 이것은 "태어나는 것과 죽는 것이 모두 하늘에 달린 것이어서 도피할 수 없다"라는 말이다. 다른 한편으로 '때마침 오고 때마침 감'을 말하였으니, 이것은 "한 번 태어나고 한 번 죽는 것이 모두 우연히 그리된 것이니 뜻을 둘 만한 일이 아니다"라는 말이다. 끝에서는 땔감과 불로써 형체는 다해도 정신은 전해짐을 비유하였으니, 이것은 "죽어도 죽지 않는 것이 있으니 진실로 슬퍼할 필요가 없다"라는 말이다. 이러한 뜻이 반복하여 단계별로 여러 번 나오니, 더욱 빼어나고 고상하다. 요컨대 죽음과 삶에 초연하라는 것이다. [按, 此段, 一則曰逋天之刑, 此言其生其死皆在天, 而不可逃遁也, 一則曰適來適去, 此言一生一死, 皆適然而不足留意也. 末乃以薪火喩, 形窮而神傳, 此言死而有不死者存, 固不必哀也. 反覆層出, 愈奇愈高, 要之忘情於死生也.]

◇ 이상은 다섯 번째 단락이다. 앞에서는 "삶을 잘 보존하는 것이 마땅하다"라고 말하고 여기서는 "죽음은 슬퍼할 것이 없다"라고 말하니, 어째서 앞에서 한 말과 뒤에서 한 말이 상반되는가? 양생의 도 가운데 가장 좋은 것은 '감정을 잊는 것'인데, 삶을 즐거워하고 죽음을 슬퍼하는 것이 감정 가운데 큰 것이다. 이것27)을 이해할 수 있다면 그 나머지는 말할 것도 없다. 칠정七情 가운데 가장 잊기 어려운 것이 '애哀'이고, 가장 정신을 손상시키는 것도 '애哀'이다. 그러므로 "죽음을 슬퍼하지 않는다"라는 말로써 끝맺은 것은

---

27) 이것 : 인간의 감정 가운데 가장 큰 것인, 삶과 죽음에 대한 감정을 잊는 것이 가장 좋은 양생법이라는 것을 가리킨다.

기발한 발상이다. 노자는 감정을 잊는 것에 대하여 깊은 조예가 있는 사람인데, 그럼에도 오히려 지인至人이 아니라고 하였다. 이것은 감정을 잊음이 지극하고 또 지극한 경지이기를 바란 것이니, 또한 기발하다.

右第五段. 前言生之當養, 此言死不足哀, 豈故相反哉. 養生之道, 太上忘情, 而樂生哀死, 情之大者也. 能於此理解, 則況其餘乎. 七情之中, 最難忘者哀也, 最傷神者哀也. 故以不哀死結末, 奇矣. 老子深於忘情者也, 而猶以爲非也, 則盖欲忘之至而又至也, 亦奇矣.

○ 진심이 말하였다. "「제물론」 삼천 여 글자도 장황한 것이 아니고, 「양생주」 오백 여 글자도 짧은 것이 아니다. 두 편은 곧 장자의 본질적 학문세계를 표현한 것이고, 문장 또한 우수하다."

陳氏云, 齊物論三千餘言, 不爲煩, 養生主五百餘字, 不爲簡. 二篇, 乃莊子本來學問, 得意文字.

‖ 주요 참고문헌 ‖

원전류

申景濬, 『文章準則莊子選』, 필사본, 개인소장.
_____, 『旅菴遺稿』, 한국문집총간 231, 한국고전번역원.
莊　周, 『莊子』, 목판본.
老　聃, 『老子』, 목판본.
郭　象, 『莊子注』, 四庫全書.
林希逸, 『莊子口義』, 四庫全書.
焦　竑, 『莊子翼』, 漢文大系, 富山房, 1984.
朴世堂, 『南華經註解刪補』, 국립중앙도서관 소장본.
韓元震, 『莊子辨解』, 규장각 소장본.

단행본류

陳鼓應, 『莊子今註今釋』, 中華書局, 1991.
方　勇, 『莊子纂要』, 學苑出版社, 2012.
박세당 지음, 박헌순 옮김, 『박세당의 장자읽기 1』, 유리창, 2012.

논문류

김송희, 「朴世堂『南華經註解』逍遙遊篇 考察」, 숙명여자대학교 중국연구소, 1991.
조유진, 「旅菴 申景濬의 思惟樣式과 詩文學世界」, 경북대학교 교육대학원 한문교
　　　육전공 석사학위논문, 1996.
김명희, 「旅菴 申景濬의 詩則考 I 」, 수원대학교 동고학연구소, 1998.

송항룡·조민환, 「朝鮮朝 老莊註解書 硏究(1)」, 동양철학연구회, 2001.

_____, 「朝鮮朝 老莊註解書 硏究(2)」, 동양철학연구회, 2002.

고동환, 「旅菴 申景濬의 학문과 사상」, 역사문화학회, 2003.

김형석, 「韓·中·日 莊子學의 비교검토를 통한 朴世堂·韓元震의 莊子注 연구」, 한국양명학회, 2010.

이준영, 「旅菴 申景濬의 學問傾向과 詩世界」, 서울대학교 대학원 국어국문학과 석사학위논문, 2011.

지은이 신경준申景濬

1712(숙종 38)~1781(정조 5). 본관은 고령이고, 자는 순민舜民, 호는 여암旅庵이다. 유학자이면서도 도교와 불교의 사상에 밝았고 성률聲律·의복醫卜·법률·기서奇書 등에도 두루 뛰어났으며, 실학사상을 바탕으로 한 고증학적인 방법으로 지리학을 개척하였다. 1754년(영조 30) 증광문과에 급제하였다. 1770년『문헌비고』편찬에 참여하여「여지고輿地考」를 담당했고, 그 공으로 동부승지를 거쳐 병조참지가 되어『팔도지도』,『동국여지도』를 완성하였다. 1750년(영조 26)에『훈민정음운해訓民正音韻解』를 지었는데, 이 책은 훈민정음 창제 이후 가장 깊이 있는 문자론을 전개한 학술적 업적으로 평가된다. 그 밖에『소사문답素沙問答』,『일본증운日本證韻』,『언서음해諺書音解』,『평측운호거平仄韻互擧』,『병선책兵船策』,『거제책車制策』,『수차도설水車圖說』,『강계지疆界志』,『산수경山水經』 등 다양한 분야의 저서가 있다.

역주자 김남형金南馨

고려대학교 대학원 국어국문학과에서 박사학위(한국한문학 전공)를 받았고, 현재 계명대학교 사범대학 한문교육과 교수로 있다. 역서로는『퇴계전서退溪全書』(공역),『보각국사비普覺國師碑』,『효빈잡기效顰雜記』,『성호 이익 시선』,『서예비평』,『서예비평 Ⅱ』등이 있으며, 논문으로는「조선 후기 근기실학파의 예술론 연구」,「성호 이익의 문학론과 시세계」등 30여 편이 있다.

원전총서

박세당의 노자 (新註道德經) 박세당 지음, 김학목 옮김, 312쪽, 13,000원
율곡 이이의 노자 (醇言) 이이 지음, 김학목 옮김, 152쪽, 8,000원
홍석주의 노자 (訂老) 홍석주 지음, 김학목 옮김, 320쪽, 14,000원
북계자의 (北溪字義) 陳淳 지음, 김충열 감수, 김영민 옮김, 295쪽, 12,000원
주자가례 (朱子家禮) 朱熹 지음, 임민혁 옮김, 496쪽, 20,000원
서경잡기 (西京雜記) 劉歆 지음, 葛洪 엮음, 김장환 옮김, 416쪽, 18,000원
고사전 (高士傳) 皇甫謐 지음, 김장환 옮김, 368쪽, 16,000원
열선전 (列仙傳) 劉向 지음, 김장환 옮김, 392쪽, 15,000원
열녀전 (列女傳) 劉向 지음, 이숙인 옮김, 447쪽, 16,000원
선가귀감 (禪家龜鑑) 청허휴정 지음, 박재양·배규범 옮김, 584쪽, 23,000원
공자성적도 (孔子聖蹟圖) 김기주·황지원·이기훈 역주, 254쪽, 10,000원
공자세가·중니제자열전 (孔子世家·仲尼弟子列傳) 司馬遷 지음, 김기주·황지원·이기훈 역주, 224쪽, 12,000원
천지서상지 (天地瑞祥志) 김용천·최현화 역주, 384쪽, 20,000원
도덕지귀 (道德指歸) 徐命庸 지음, 조민환·장원목·김경수 역주, 544쪽, 27,000원
참동고 (參同攷) 徐命庸 지음, 이봉호 역주, 384쪽, 23,000원
박세당의 장자, 남화경주해산보 내편 (南華經註解刪補 內篇) 박세당 지음, 전현미 역주, 560쪽, 39,000원
초원담노 (椒園談老) 이충익 지음, 김윤경 옮김, 248쪽, 20,000원

퇴계원전총서

고경중마방古鏡重磨方 — 퇴계 선생의 마음공부 이황 편저, 박상주 역해, 204쪽, 12,000원
활인심방活人心方 — 퇴계 선생의 마음으로 하는 몸공부 이황 편저, 이윤희 역해, 308쪽, 16,000원
이자수어李子粹語 퇴계 이황 지음, 성호 이익·순암 안정복 엮음, 이광호 옮김, 512쪽, 30,000원

연구총서

논쟁으로 보는 중국철학 중국철학연구회 지음, 352쪽, 8,000원
논쟁으로 보는 한국철학 한국철학사상연구회 지음, 326쪽, 10,000원
중국철학과 인식의 문제 (中國古代哲學問題發展史) 方立天 지음, 이기훈 옮김, 208쪽, 6,000원
중국철학과 인성의 문제 (中國古代哲學問題發展史) 方立天 지음, 박경환 옮김, 191쪽, 6,800원
현대의 위기 동양 철학의 모색 중국철학회 지음, 340쪽, 10,000원
역사 속의 중국철학 중국철학회 지음, 448쪽, 15,000원
중국철학의 이단자들 중국철학회 지음, 240쪽, 8,200원
공자의 철학 (孔孟荀哲學) 蔡仁厚 지음, 천병돈 옮김, 240쪽, 8,500원
맹자의 철학 (孔孟荀哲學) 蔡仁厚 지음, 천병돈 옮김, 224쪽, 8,000원
순자의 철학 (孔孟荀哲學) 蔡仁厚 지음, 천병돈 옮김, 272쪽, 10,000원
유학은 어떻게 현실과 만났는가 — 선진 유학과 한대 경학 박원재 지음, 218쪽, 7,500원
유교와 현대의 대화 황의동 지음, 236쪽, 7,500원
역사 속에 살아있는 중국 사상 (中國歷史に生きる思想) 시게자와 도시로 지음, 이혜경 옮김, 272쪽, 10,000원
덕치, 인치, 법치 — 노자. 공자. 한비자의 정치 사상 신동준 지음, 488쪽, 20,000원
리의 철학 (中國哲學範疇精髓叢書 — 理) 張立文 주편, 안유경 옮김, 524쪽, 25,000원
기의 철학 (中國哲學範疇精髓叢書 — 氣) 張立文 주편, 김교빈 외 옮김, 572쪽, 27,000원
동양 천문사상, 하늘의 역사 김일권 지음, 480쪽, 24,000원
동양 천문사상, 인간의 역사 김일권 지음, 544쪽, 27,000원
공부론 임수무 외 지음, 544쪽, 27,000원
유학사상과 생태학 (Confucianism and Ecology) Mary Evelyn Tucker·John Berthrong 엮음, 오정선 옮김, 448쪽, 27,000원
공자曰, 공자는 이렇게 말했다 안재호 지음, 232쪽, 12,000원
중국중세철학사 (Geschichte der Mittelalterischen Chinesischen Philosophie) Alfred Forke 지음, 최해숙 옮김, 568쪽, 40,000원
북송 초기의 삼교회통론 김경수 지음, 352쪽, 26,000원
죽간·목간·백서, 중국 고대 간백자료의 세계 1 이승률 지음, 576쪽, 40,000원
중국근대철학사 (Geschichte der neueren Chinesischen Philosophie) Alfred Forke 지음, 최해숙 옮김, 936쪽, 65,000원

역학총서

주역철학사 (周易研究史) 廖名春·康學偉·梁韋弦 지음, 심경호 옮김, 944쪽, 30,000원
송재국 교수의 주역 풀이 송재국 지음, 380쪽, 10,000원
송재국 교수의 역학담론 — 하늘의 빛 正易, 땅의 소리 周易 송재국 지음, 536쪽, 32,000원
소강절의 선천역학 高懷民 지음, 곽신환 옮김, 368쪽, 23,000원
다산 정약용의 『주역사전』, 기호학으로 읽다 방인 지음, 704쪽, 50,000원

한국철학총서

조선 유학의 학파들 한국사상사연구회 편저, 688쪽, 24,000원
실학의 철학 한국사상사연구회 편저, 576쪽, 17,000원
퇴계의 생애와 학문 이상은 지음, 248쪽, 7,800원
조선유학의 개념들 한국사상사연구회 지음, 648쪽, 26,000원
유교개혁사상과 이병헌 금장태 지음, 336쪽, 17,000원
남명학파와 영남우도의 사림 박병련 외 지음, 464쪽, 23,000원
쉽게 읽는 퇴계의 성학십도 최재목 지음, 152쪽, 7,000원
홍대용의 실학과 18세기 북학사상 김문용 지음, 288쪽, 12,000원
남명 조식의 학문과 선비정신 김충열 지음, 512쪽, 26,000원
명재 윤증의 학문연원과 가학 충남대학교 유학연구소 편, 320쪽, 17,000원
조선유학의 주역사상 금장태 지음, 320쪽, 16,000원
율곡학과 한국유학 충남대학교 유학연구소 편, 464쪽, 23,000원
한국유학의 악론 금장태 지음, 240쪽, 13,000원
심경부주와 조선유학 홍원식 외 지음, 328쪽, 20,000원
퇴계가 우리에게 이윤희 지음, 368쪽, 18,000원
조선의 유학자들, 켄타우로스를 상상하며 理와 氣를 논하다 이향준 지음, 400쪽, 25,000원
퇴계 이황의 철학 윤사순 지음, 320쪽, 24,000원

성리총서

송명성리학 (宋明理學) 陳來 지음, 안재호 옮김, 590쪽, 17,000원
주희의 철학 (朱熹哲學研究) 陳來 지음, 이종란 외 옮김, 544쪽, 22,000원
양명 철학 (有無之境─王陽明哲學的精神) 陳來 지음, 전병욱 옮김, 752쪽, 30,000원
정명도의 철학 (程明道思想研究) 張德麟 지음, 박상리·이경남·정성희 옮김, 272쪽, 15,000원
주희의 자연철학 김영식 지음, 576쪽, 29,000원
송명유학사상사 (宋明時代儒學思想の研究) 구스모토 마사쓰구(楠本正繼) 지음, 김병화·이혜경 옮김, 602쪽, 30,000원
북송도학사 (道學の形成) 쓰치다 겐지로(土田健次郎) 지음, 성현창 옮김, 640쪽, 3,2000원
성리학의 개념들 (理學範疇系統) 蒙培元 지음, 홍원식·황지원·이기훈·이상호 옮김, 880쪽, 45,000원
역사 속의 성리학 (Neo-Confucianism in History) Peter K. Bol 지음, 김영민 옮김, 488쪽, 28,000원
주자어류선집 (朱子語類抄) 미우라 구니오(三浦國雄) 지음, 이승연 옮김, 504쪽, 30,000원

불교(카르마)총서

학파로 보는 인도 사상 S. C. Chatterjee·D. M. Datta 지음, 김형준 옮김, 424쪽, 13,000원
불교와 유교 — 성리학, 유교의 옷을 입은 불교 아라키 겐고 지음, 심경호 옮김, 526쪽, 18,000원
유식무경, 유식 불교에서의 인식과 존재 한자경 지음, 208쪽, 7,000원
박성배 교수의 불교철학강의: 깨침과 깨달음 박성배 지음, 윤원철 옮김, 313쪽, 9,800원
불교 철학의 전개, 인도에서 한국까지 한자경 지음, 252쪽, 9,000원
인물로 보는 한국의 불교사상 한국불교원전연구회 지음, 388쪽, 20,000원
은정희 교수의 대승기신론 강의 은정희 지음, 184쪽, 10,000원
비구니와 한국 문학 이향순 지음, 320쪽, 16,000원
불교철학과 현대윤리의 만남 한자경 지음, 304쪽, 18,000원
유식삼심송과 유식불교 김명우 지음, 280쪽, 17,000원
유식불교, 『유식이십론』을 읽다 효도 가즈오 지음, 김명우·이상우 옮김, 288쪽, 18,000원
불교인식론 S. R. Bhatt & Anu Mehrotra 지음, 권서용·원철·유리 옮김, 288쪽, 22,000원

노장총서

유학자들이 보는 노장 철학 조민환 지음, 407쪽, 12,000원
不二 사상으로 읽는 노자 — 서양철학자의 노자 읽기 이찬훈 지음, 304쪽, 12,000원
김항배 교수의 노자철학 이해 김항배 지음, 280쪽, 15,000원
서양, 도교를 만나다 J. J. Clarke 지음, 조현숙 옮김, 472쪽, 36,000원

동양문화산책

주역산책 (易學漫步) 朱伯崑 외 지음, 김학권 옮김, 260쪽, 7,800원
동양을 위하여 홍원식 외 지음, 264쪽, 8,000원
서원, 한국사상의 숨결을 찾아서 안동대학교 안동문화연구소 지음, 344쪽, 10,000원
녹차문화 홍차문화 츠노야마 사가에 지음, 서은미 옮김, 232쪽, 7,000원
류짜이푸의 얼굴 찌푸리게 하는 25가지 인간유형 류짜이푸(劉再復) 지음, 이기면·문성자 옮김, 320쪽, 10,000원
안동 금계마을 — 천년불패의 땅 안동대학교 안동문화연구소 지음, 272쪽, 8,500원
안동 풍수 기행, 와혈의 땅과 인물 이완규 지음, 256쪽, 7,500원
안동 풍수 기행, 돌혈의 땅과 인물 이완규 지음, 328쪽, 9,500원
영양 주실마을 안동대학교 안동문화연구소 지음, 332쪽, 9,800원
예천 금당실·맛질 마을 — 정감록이 꼽은 길지 안동대학교 안동문화연구소 지음, 284쪽, 10,000원
터를 안고 仁을 펴다 — 퇴계가 굽어보는 하계마을 안동대학교 안동문화연구소 지음, 360쪽, 13,000원
안동 가일 마을 — 풍산들가에 의연히 서다 안동대학교 안동문화연구소 지음, 344쪽, 13,000원
중국 속에 일떠서는 한민족 — 한겨레신문 차한필 기자의 중국 동포사회 리포트 차한필 지음, 336쪽, 15,000원
신간도견문록 박진관 글·사진, 504쪽, 20,000원
안동 무실 마을 — 문헌의 향기로 남다 안동대학교 안동문화연구소 지음, 464쪽, 18,000원
선양과 세습 사라 알란 지음, 오만종 옮김, 318쪽, 17,000원
문경 산북의 마을들 — 서중리, 대상리, 대하리, 김룡리 안동대학교 안동문화연구소 지음, 376쪽, 18,000원
안동 원촌마을 — 선비들의 이상향 안동대학교 안동문화연구소 지음, 288쪽, 16,000원
안동 부포마을 — 물 위로 되살려 낸 천년의 영화 안동대학교 안동문화연구소 지음, 440쪽, 23,000원
독립운동의 큰 울림, 안동 전통마을 김희곤 지음, 384쪽, 26,000원

일본사상총서

도쿠가와 시대의 철학사상 (德川思想小史) 미나모토 료엔 지음, 박규태·이용수 옮김, 260쪽, 8,500원
일본인은 왜 종교가 없다고 말하는가 (日本人はなぜ 無宗教なのか) 아마 도시마로 지음, 정형 옮김, 208쪽, 6,500원
일본사상이야기 40 (日本がわかる思想入門) 나가오 다케시 지음, 박규태 옮김, 312쪽, 9,500원
사상으로 보는 일본문화사 (日本文化の歷史) 비토 마사히데 지음, 엄석인 옮김, 252쪽, 10,000원
일본도덕사상사 (日本道德思想史) 이에나가 사부로 지음, 세키네 히데유키·윤종갑 옮김, 328쪽, 13,000원
천황의 나라 일본 — 일본의 역사와 천황제 (天皇制と民衆) 고토 야스시 지음, 이남희 옮김, 312쪽, 13,000원
주자학과 근세일본사회 (近世日本社會と宋學) 와타나베 히로시 지음, 박홍규 옮김, 304쪽, 16,000원

예술철학총서

중국철학과 예술정신 조민환 지음, 464쪽, 17,000원
풍류정신으로 보는 중국문학사 최병규 지음, 400쪽, 15,000원

한의학총서

한의학, 보약을 말하다 — 이론과 활용의 비밀 김광중·하근호 지음, 280쪽, 15,000원

남명학연구총서

남명사상의 재조명 남명학연구원 엮음, 384쪽, 22,000원
남명학파 연구의 신지평 남명학연구원 엮음, 448쪽, 26,000원
덕계 오건과 수우당 최영경 남명학연구원 엮음, 400쪽, 24,000원
내암 정인홍 남명학연구원 엮음, 448쪽, 27,000원
한강 정구 남명학연구원 엮음, 560쪽, 32,000원

예문동양사상연구원총서

한국의 사상가 10人 — 원효 예문동양사상연구원/고영섭 편저, 572쪽, 23,000원
한국의 사상가 10人 — 의천 예문동양사상연구원/이병욱 편저, 464쪽, 20,000원
한국의 사상가 10人 — 지눌 예문동양사상연구원/이덕진 편저, 644쪽, 26,000원
한국의 사상가 10人 — 퇴계 이황 예문동양사상연구원/윤사순 편저, 464쪽, 20,000원
한국의 사상가 10人 — 남명 조식 예문동양사상연구원/오이환 편저, 576쪽, 23,000원
한국의 사상가 10人 — 율곡 이이 예문동양사상연구원/황의동 편저, 600쪽, 25,000원
한국의 사상가 10人 — 하곡 정제두 예문동양사상연구원/김교빈 편저, 432쪽, 22,000원
한국의 사상가 10人 — 다산 정약용 예문동양사상연구원/박홍식 편저, 572쪽, 29,000원
한국의 사상가 10人 — 혜강 최한기 예문동양사상연구원/김용헌 편저, 520쪽, 26,000원
한국의 사상가 10人 — 수운 최제우 예문동양사상연구원/오문환 편저, 464쪽, 23,000원

강의총서

김충열 교수의 노자강의 김충열 지음, 434쪽, 20,000원
김충열 교수의 중용대학강의 김충열 지음, 448쪽, 23,000원
모종삼 교수의 중국철학강의 牟宗三 지음, 김병채 외 옮김, 320쪽, 19,000원

민연총서 — 한국사상

자료와 해설, 한국의 철학사상 고려대 민족문화연구원 한국사상연구소 편, 880쪽, 34,000원
여헌 장현광의 학문 세계, 우주와 인간 고려대 민족문화연구원 한국사상연구소 편, 424쪽, 20,000원
퇴옹 성철의 깨달음과 수행 — 성철의 선사상과 불교사적 위치 조성택 편, 432쪽, 23,000원
여헌 장현광의 학문 세계 2, 자연과 인간 고려대 민족문화연구원 한국사상연구소 편, 432쪽, 25,000원
여헌 장현광의 학문 세계 3, 태극론의 전개 고려대 민족문화연구원 한국사상연구소 편, 400쪽, 24,000원
역주와 해설 성학십도 고려대 민족문화연구원 한국사상연구소 편, 328쪽, 20,000원
여헌 장현광의 학문 세계 4, 여헌학의 전망과 계승 고려대학교 민족문화연구원 편, 384쪽, 30,000원

인물사상총서

한주 이진상의 생애와 사상 홍원식 지음, 288쪽, 15,000원
범부 김정설의 국민윤리론 우기정 지음, 280쪽, 20,000원

동양사회사상총서

주역사회학 김재범 지음, 296쪽, 10,000원
유교사회학 이영찬 지음, 488쪽, 17,000원
깨달음의 사회학 홍승표 지음, 240쪽, 8,500원
동양사상과 탈현대 홍승표 지음, 272쪽, 11,000원
노인혁명 홍승표 지음, 240쪽, 10,000원
유교사회학의 패러다임과 사회이론 이영찬 지음, 440쪽, 20,000원

경북의 종가문화

사당을 세운 뜻은, 고령 점필재 김종직 종가 정경주 지음, 203쪽, 15,000원
지금도 「어부가」가 귓전에 들려오는 듯, 안동 농암 이현보 종가 김서령 지음, 225쪽, 17,000원
종가의 멋과 맛이 넘쳐 나는 곳, 봉화 충재 권벌 종가 한필원 지음, 193쪽, 15,000원
한 점 부끄럼 없는 삶을 살다, 경주 회재 이언적 종가 이수환 지음, 178쪽, 14,000원
영남의 큰집, 안동 퇴계 이황 종가 정우락 지음, 227쪽, 17,000원
마르지 않는 효제의 샘물, 상주 소재 노수신 종가 이종호 지음, 303쪽, 22,000원
의리와 충절의 400년, 안동 학봉 김성일 종가 이해영 지음, 199쪽, 15,000원
충효당 높은 마루, 안동 서애 류성룡 종가 이세동 지음, 210쪽, 16,000원
낙중 지역 강안학을 열다, 성주 한강 정구 종가 김학수 지음, 180쪽, 14,000원
모원당 회화나무, 구미 여헌 장현광 종가 이종문 지음, 195쪽, 15,000원
보물은 오직 청백뿐, 안동 보백당 김계행 종가 최은주 지음, 160쪽, 15,000원
은둔과 화순의 선비들, 영주 송설헌 장말손 종가 정순우 지음, 176쪽, 16,000원
처마 끝 소나무에 갈무리한 세월, 경주 송재 손소 종가 황위주 지음, 256쪽, 23,000원
양대 문형과 직신의 가문, 문경 허백정 홍귀달 종가 홍원식 지음, 184쪽, 17,000원
어질고도 청빈한 마음이 이어진 집, 예천 약포 정탁 종가 김낙진 지음, 208쪽, 19,000원
임란의병의 힘, 영천 호수 정세아 종가 우인수 지음, 192쪽, 17,000원
영남을 넘어, 상주 우복 정경세 종가 정우락 지음, 264쪽, 23,000원
선비의 삶, 영덕 갈암 이현일 종가 장윤수 지음, 224쪽, 20,000원
청빈과 지조로 지켜 온 300년 세월, 안동 대산 이상정 종가 김순석 지음, 192쪽, 18,000원
독서종자 높은 뜻, 성주 응와 이원조 종가 이세동 지음, 216쪽, 20,000원
오천칠군자의 향기 서린, 안동 후조당 김부필 종가 김용만 지음, 256쪽, 24,000원
마음이 머무는 자리, 성주 동강 김우옹 종가 정병호 지음, 184쪽, 18,000원
문무의 길, 영덕 청신재 박의장 종가 우인수 지음, 216쪽, 20,000원
형제애의 본보기, 상주 창석 이준 종가 서정화 지음, 176쪽, 17,000원
경주 남쪽의 대종가, 경주 잠와 최진립 종가 손숙경 지음, 208쪽, 20,000원
변화하는 시대정신의 구현, 의성 자암 이민환 종가 이시활 지음, 248쪽, 23,000원

기타

다산 정약용의 편지글 이용형 지음, 312쪽, 20,000원
유교와 칸트 李明輝 지음, 김기주·이기훈 옮김, 288쪽, 20,000원
유가 전통과 과학 김영식 지음, 320쪽, 24,000원